大跨径斜拉桥施工技术及养护管理研究

于健　陈鹏　庄明　侯洪超　仲丁　著

天津出版传媒集团

天津科学技术出版社

图书在版编目(CIP)数据

大跨径斜拉桥施工技术及养护管理研究 / 于健等著 . -- 天津：天津科学技术出版社，2024.4
　　ISBN 978-7-5742-1886-4

Ⅰ.①大… Ⅱ.①于… Ⅲ.①长跨桥-斜拉桥-桥梁施工-研究②长跨桥-斜拉桥-桥梁-养护-研究 Ⅳ.①U448.27

中国国家版本馆CIP数据核字(2024)第060969号

大跨径斜拉桥施工技术及养护管理研究
DAKUAJING XIELAQIAO SHIGONG JISHU JI YANGHU GUANLI YANJIU

责任编辑：吴　頔
责任印制：兰　毅

出　　版：	天津出版传媒集团
	天津科学技术出版社
地　　址：	天津市西康路35号
邮　　编：	300051
电　　话：	（022）23332377
网　　址：	www.tjkjcbs.com.cn
发　　行：	新华书店经销
印　　刷：	河北万卷印刷有限公司

开本 710×1000　1/16　印张 17.5　字数 220 000
2024年4月第1版第1次印刷
定价：98.00元

前　言

大跨径斜拉桥作为现代公路桥梁的一种主要形式，其结构优越性和美观度得到了广泛的应用，具有明显的工程价值和社会效益。大跨径斜拉桥的施工技术和养护管理是确保桥梁安全、延长使用寿命的重要因素。

随着现代工程技术的发展，大型施工机械和先进的建筑技术在斜拉桥的建设中得到了广泛应用，这为施工提供了更高的效率，也带来了更多的技术挑战。如何更好地利用这些技术，确保大跨径斜拉桥的施工质量和后期的养护管理，是工程界面临的重要问题。

本书旨在对大跨径斜拉桥的施工技术及养护管理进行深入探讨和研究。

第1~3章主要介绍了大跨径斜拉桥的基础知识，包括其定义、技术特点、国内发展状况以及体系与结构组成等，为后续章节打下坚实基础。

第4章结合国内的实际案例（如南京长江第二大桥、荆州长江公路大桥等）对大跨径斜拉桥的建设和管理进行了深入探讨。

第5~7章详细分析了大跨径斜拉桥的基本技术要求、养护制度与理念以及养护技术，从桥梁的荷载、限界、结构刚度到养护制度的创新进行了全面探讨。

第8章总结了大跨径斜拉桥施工技术及养护管理的研究成果，并对其未来发展提出了展望。

本书逻辑清晰，内容翔实，系统地介绍了大跨径斜拉桥施工技术

及养护管理的核心内容，旨在为桥梁工程领域的研究者和从业人员提供有益的参考。笔者在编写过程中努力追求准确和全面，但仍不免存在疏漏，期待广大读者的宝贵意见和建议！

目 录

第1章 概 述 / 001
    1.1 大跨径斜拉桥的定义与技术特点 / 001
    1.2 国内大跨径斜拉桥的发展状况 / 010
    1.3 斜拉桥的体系与结构组成 / 020

第2章 大跨径斜拉桥的结构分析 / 030
    2.1 大跨径斜拉桥的索力调整 / 030
    2.2 大跨径斜拉桥的平面分析 / 040
    2.3 大跨径斜拉桥的空间分析 / 047
    2.4 大跨径斜拉桥的非线性分析 / 050
    2.5 大跨径斜拉桥的动力特性分析 / 063
    2.6 大跨径斜拉桥的局部分析 / 075
    2.7 大跨径斜拉桥的抗震分析 / 078

第3章 大跨径斜拉桥施工技术 / 096
    3.1 索塔及基础施工 / 096
    3.2 主梁施工 / 104
    3.3 拉索施工 / 114
    3.4 桥面系施工 / 133
    3.5 施工控制 / 137

第4章 典型大跨径斜拉桥实例简介 / 145
    4.1 南京长江第二大桥 / 145

4.2 荆州长江公路大桥 / 153
4.3 武汉白沙洲长江公路大桥 / 157
4.4 夷陵长江大桥三塔斜拉桥 / 163
4.5 齐河黄河大桥 / 169

第5章 大跨径斜拉桥基本技术要求 / 174
5.1 荷载的相关技术要求 / 174
5.2 限界的相关技术要求 / 179
5.3 结构整体刚度的相关技术要求 / 180
5.4 基础沉降的相关技术要求 / 184
5.5 结构耐久性的相关技术要求 / 185

第6章 大跨径斜拉桥养护制度与理念 / 190
6.1 大跨径斜拉桥的养护制度 / 190
6.2 传统养护模式 / 199
6.3 管养一体化模式 / 204

第7章 大跨径斜拉桥养护技术 / 214
7.1 斜拉桥检查方法 / 214
7.2 检查重点与试验 / 221
7.3 技术与适应性评定 / 229
7.4 维护与保养的未来发展与技术创新 / 231

第8章 结论与展望 / 253
8.1 结 论 / 253
8.2 展 望 / 261

参考文献 / 268

第1章 概 述

1.1 大跨径斜拉桥的定义与技术特点

1.1.1 斜拉桥的基本概念

斜拉桥（cable-stayed bridge）又称斜张桥，它的上部结构由主梁（girder）、斜拉索（stay cable）和索塔（pylon）三种基本构件组成，属于组合体系桥梁[①]。

在这种结构中，主梁得到索塔上的斜拉索支撑，仿佛桥梁的脊梁被多个弹性支撑所吊起。这种设计使主梁的弯矩显著减小，进而降低了主梁的高度和结构自重。这种减重的效果直接提高了桥梁的跨越能力，为超长跨度的桥梁设计打开了大门。斜拉索对混凝土主梁产生的轴向预压作用进一步强化了主梁的抗裂性能，从而减少了对高强钢材的依赖。通过对斜拉索的预拉力进行精确调整，工程师能够优化主梁的内力分布，使其更加均匀与合理。

---

① 姜福香，王玉田. 桥梁工程[M]. 2版. 北京：机械工业出版社，2022：350.

斜拉桥的形式多种多样，这主要取决于其不同的分类标准。从拉索的间距来看，斜拉桥可以分为稀索体系和密索体系，早期的斜拉桥大多采用稀索体系，而到了20世纪60年代末，斜拉桥拉索的设计则逐步转向了密索体系。从主梁、塔和墩的结合方式来看，斜拉桥有漂浮体系、支承体系、塔梁固结体系以及刚构体系等，每种体系都有其独特的结构和功能特点，以适应各种工程需求。根据主梁的材料，斜拉桥也可以分为钢主梁、混凝土梁、钢混凝土组合式主梁等。从索塔的结构形式出发，斜拉桥又可以分为单柱式、A字形、倒Y形等多种形式。

在密索体系中，加劲梁主要受压；而在稀索体系中，加劲梁主要受弯。斜拉索作为主要的支承体系，它以受拉为主，索塔主要承受压力。这种独特的受力特点确保了斜拉桥在斜拉索张紧的状态下，主梁可以如同具有多点弹性支承的连续梁一样工作，从而显著减小了其跨度。这种设计理念不仅使恒载弯矩得到了有效减小，还确保了大跨径斜拉桥的恒载内力占据的比重最大。因此，这种结构设计有助于显著减小主梁截面，进而提高桥梁的跨越能力。斜拉索在水平方向上的分力也为主梁带来了轴向的预应力，既最大限度地利用了高强材料的特性，又有效提高了主梁的抗裂性能。

斜拉桥的设计不仅基于单一的结构形态，还是一个广泛的组合体系，可以根据地质和地形条件进行不同的构件组合。斜拉桥具有很强的竖向和抗扭刚度，抗风稳定性也大大增强，而且无须昂贵的锚碇结构。但斜拉桥的复杂性也难以忽视，尤其是斜拉索、主梁和索塔之间的连接构造，这对施工技术提出了更高的要求。由于斜拉桥是一种高次超静定的组合结构，其设计变量众多，仅从结构体积、用料或满应力的角度出发很难判断其技术经济的合理性。

1.1.2 斜拉桥的结构特点

斜拉桥的结构形态和受力机理与传统的桥梁有着本质的不同，这源

第 1 章 概 述

于斜拉桥中特有的斜拉索对其整体结构性能的影响[1]。斜拉桥的核心特点在于主梁由多根斜拉索作为弹性支承，这些斜拉索固定在索塔上，使主梁呈现多点弹性支承的连续梁特性。这种结构配置使斜拉索能够承接主梁的自重和活载，将其有效地传递给索塔。这种传递方式降低了主梁跨中的正弯矩，从而显著增强了主梁的跨越能力。而斜拉索的水平分力为主梁带来了巨大的纵向预压力，增强了其稳定性。

与斜拉桥相比，悬索桥的结构刚度显然较小。尽管悬索桥中的吊索也可以看作加劲梁的弹性支承，但其力是首先传递给主弹性支承的主缆的。这种力的传递方式导致悬索桥的结构刚度远小于斜拉桥。

从预应力的角度来看，斜拉桥可以被视为一个预应力体系，其中斜拉索是该体系的体外索[2]。这意味着在设计过程中，我们除了要考虑斜拉索本身的疲劳、防腐等问题，还需要考虑与体外索相关的因素。为了给予主梁纵向的约束，我们可以在塔梁之间设置弹性索，而当塔上支承改为索支承，并在两侧墩采用活动支座时，斜拉桥便转变为漂浮体系。漂浮体系能够减少主梁在塔处的负弯矩，但需要在主塔处为主梁设置侧向支座，以限制主梁的侧向位移。

固定塔梁的连接处使其成为刚结点可以增强悬臂施工的安全性，并增加成桥后的侧向刚度。但这种做法也对索支承的特性产生了影响，使刚结点、塔柱截面甚至主塔基础都需要增大，以承受更大的跨矩和剪力。

与常规的非索结构桥梁相比，斜拉桥的结构特点更加明显，尤其是索的非线性和结构的非线性。虽然索垂度造成的索的非线性可以在恒载状态下基本消除，但是在成桥后，由活载引起的结构非线性仍然是设计

---

[1] 马光述，李莹.桥梁工程[M].武汉：武汉大学出版社，2018：257.
[2] 张君瑞，林智，左宝仪.道路桥梁工程技术研究[M].长春：吉林科学技术出版社，2022：120.

中必须考虑的一个重要因素。

1.1.3 斜拉桥的具体分类

1. 按照结构体系进行分类

这种分类方法是根据结构组成及主要构件之间的连接方式，将斜拉桥细分为多种结构体系。结构体系不仅决定了桥梁的外观形态，还直接关系到桥梁的受力性能、建造工艺和经济性。

（1）漂浮体系斜拉桥[①]。漂浮体系斜拉桥是现代桥梁工程中的一种创新设计，与传统的斜拉桥相比，它在结构和功能上都有所不同。从结构上看，漂浮体系斜拉桥的设计十分独特，它采用了多点弹性支承的连续梁设计，使主梁在纵向上能够进行一定的漂浮。塔与梁的分离是此结构体系的另一个显著特点，这种设计使主梁仅在两端设有支座进行约束，塔与墩则是固结在一起的，这样不仅提高了桥梁的稳定性，还使施工过程更为简便，大大缩短了施工周期。

桥面的主要部分由斜拉索吊挂起来，这些拉索在整个桥梁结构中起到了关键的作用，它们不仅确保了桥面的稳定性，还使整个桥梁在受到外部力量的作用时，能够保持受力平衡。这些斜拉索还具有很好的视觉效果，与整体的桥梁结构形成了和谐的统一。

漂浮体系斜拉桥在设计和施工过程中也面临着一些问题，如如何确保多点弹性支承的连续梁能够在各种外部条件下保持稳定、如何确保斜拉索的张力能够在长时间内保持恒定以及如何确保桥梁的整体稳定性等。

漂浮体系斜拉桥在实际应用中也得到了广泛的认可，世界各地都有这种桥梁的身影。这种桥梁不仅为城市交通提供了便捷的通道，还成为

---

① 胡金桂.桥梁上部结构施工[M].成都：西南交通大学出版社，2019：198.

城市的新地标，吸引着众多的游客前来参观。

（2）半漂浮体系斜拉桥（也被称为支撑体系斜拉桥）。与漂浮体系斜拉桥相似，半漂浮体系斜拉桥也采用了塔梁分离和塔墩固结的设计，这种设计方式可以确保在桥梁受到外部压力或其他不利因素的影响时，其结构能够保持稳定，避免发生塌陷或者断裂。塔梁分离的设计还为斜拉索提供了更大的自由度，使斜拉索可以在不同的位置进行调整，以适应不同的工程需求。

半漂浮体系斜拉桥与漂浮体系斜拉桥的最大区别在于其支撑系统。在塔墩的位置，半漂浮体系斜拉桥设置了额外的支座，这样就增加了桥梁的支点。这种设计方式使桥梁可以获得多点弹性支撑，进一步增强了其结构的稳定性，特别是在面对强风、地震或其他极端条件时，多点弹性支撑可以有效地分散桥梁上的压力，避免集中受力导致的破坏。

半漂浮体系斜拉桥的设计理念来源于对传统桥梁与现代桥梁的深入研究。工程师发现，在传统桥梁结构上增加弹性支撑可以大大提高桥梁的稳定性和使用寿命。在实际应用中，半漂浮体系斜拉桥已经被广泛地应用于各种桥梁工程项目中，它不仅可以为城市交通提供便捷的通道，还可以作为一种新的城市地标，吸引众多的游客前来参观。由于其出色的稳定性和长寿命，半漂浮体系斜拉桥也被认为是一种经济高效的桥梁设计方案。

半漂浮体系斜拉桥在设计和施工过程中也存在一些问题，如何确保多点弹性支撑能够在各种外部条件下保持稳定、如何根据实际工程需求进行斜拉索的调整以及如何确保桥梁的整体稳定性等。

（3）塔－梁固结体系斜拉桥。在塔－梁固结体系设计中，桥梁的主要承重部分——塔和梁被设计为一个不可分割的整体，这意味着与传统的斜拉桥相比，塔－梁固结体系斜拉桥不再需要多个支撑点来确保桥梁的稳定性，整个桥梁结构仅在塔柱的位置设置了一个固定支座，大大简化了桥梁的支撑系统。这一创新的设计不仅降低了桥梁的建设成本，

大跨径斜拉桥施工技术及养护管理研究

还提高了桥梁的抗震性和稳定性。

但是，将塔和梁固结为一个整体也带来了新问题，如如何确保整体结构的稳定性和承重能力。传统的斜拉桥通过多个支撑点来分散桥梁上的重量和外部压力，而塔-梁固结体系斜拉桥需要依靠其整体结构的强度来承受这些压力。因此，这种设计必须确保桥梁的材料和结构能够承受极大的压力和应力。

由于整体结构的特点，塔-梁固结体系斜拉桥在施工过程中也面临着更为复杂的工程挑战，如如何确保整体结构在施工过程中的稳定性、如何有效地吊装和固定大型的桥梁结构以及如何在施工过程中确保斜拉索的正确位置和张力，这些都是工程师需要解决的问题。

尽管存在这些挑战，塔-梁固结体系斜拉桥仍在实际工程中取得了显著的成功。与传统的斜拉桥相比，塔-梁固结体系斜拉桥具有更好的稳定性和耐久性，而且由于其简化的支撑系统，它的建设成本也更为经济。这种桥梁还被认为是一种视觉上更为美观的设计，成为许多城市的新地标。

（4）刚构体系斜拉桥[①]。刚构体系斜拉桥的显著特点是所有主要构件（包括梁、塔和墩）都相互固结，这种设计使桥梁成为一个完整的刚性结构，形成了一个具有多点弹性支承的刚构桥梁体系。与其他体系相比，刚构体系的稳定性和受力性能都有其独特之处。

刚构体系的主要优势在于其提供的高度稳定性。由于所有主要的桥梁构件都是固结的，这大大减少了外部因素（如风荷载或地震）对桥梁结构产生的不利影响。刚构体系斜拉桥的多点弹性支承设计也为桥梁提供了额外的稳定性，确保了桥梁在各种外部条件下都能保持其原始形态。

刚构体系斜拉桥的设计也使桥梁在受力性能上具有显著的优势。由

---

① 申爱国. 桥梁工程施工技术 [M]. 武汉：武汉大学出版社，2016：202.

于所有的主要构件都被固结在一起，这意味着任何在桥梁上的荷载或压力都会被均匀地分散到整个结构中，从而避免了因局部超载而导致的结构损坏或失效。这种受力性能的优势使刚构体系斜拉桥在面对突发性的外部事件（如地震或风暴）时能够更好地保持其稳定性和完整性。

这种高度固结的设计同样会带来新的问题。由于所有的主要构件都被固结在一起，这使桥梁的施工过程变得更为复杂，工程师必须确保每一个构件都被准确地定位和固定，以确保整个桥梁结构的完整性和稳定性。这种设计也要求工程师在施工过程中必须更加注意每一个细节，以确保所有的构件都能够完美地固结在一起。刚构体系斜拉桥的设计和施工还需要高度的技术精确性，任何一个小的错误或疏忽都可能导致整个桥梁结构的稳定性受到威胁，因此建造这种桥梁需要高度的技术专长和经验。

2. 按照主梁材料进行分类

不同的材料具有不同的力学特性、耐久性和经济性，我们可按照主梁材料的差异来对斜拉桥进行分类。

（1）预应力混凝土主梁斜拉桥[1]。混凝土主梁的造价相较于钢梁更为低廉。尽管其较大的单位自重会导致斜拉索成本上涨，但在跨径为 200～450 m 的范围内，预应力混凝土主梁斜拉桥在性价比上仍然具有显著的优势。混凝土结构具有良好的结构刚度，在活载作用下的挠度最小，这使混凝土结构成为活载较大的铁路桥梁的理想选择。混凝土材料还具有优越的抗风、抗潮湿性能以及较低的后期养护成本。

（2）钢主梁斜拉桥[2]。钢材料的密度较小，所以钢主梁的自重显著低

---

[1] 王修山.道路与桥梁工程概论[M].北京：机械工业出版社，2020：293.
[2] 鲍学员，马延安，沈建成.桥梁工程[M].银川：宁夏人民出版社，2014：247.

于混凝土主梁，大约只有混凝土主梁的1/4，这一特点赋予了钢主梁在大跨径斜拉桥中的竞争优势。钢材料的另一个优点是它可以实现工厂化预制，进而在施工现场进行拼装，大大简化和加速了施工过程。

（3）钢－混凝土组合梁斜拉桥。钢－混凝土组合梁斜拉桥是一种新型的结构，综合了钢主梁和混凝土主梁的优点。在此结构中，钢梁和混凝土板通过一系列的剪力连接在一起，共同承受外部荷载。这种组合结构的主要优点是其自重比单纯的混凝土结构要轻，同时比单纯的钢梁具有更好的稳定性和耐久性。

（4）钢－混凝土混合梁斜拉桥。在这种结构体系中，主跨使用钢梁或钢－混凝土组合梁，边跨则采用混凝土梁。这种设计方式能够有效地增加边跨的自重比，从而减少或消除由于边跨端点产生的反力。这不仅提高了桥梁的受力性能，在经济性上也具有一定的优势。

3. 其他类型的分类

除了上述比较主流的分类方式，斜拉桥还存在以下几种常见的分类方法。

（1）按索面数量分类。①单索面斜拉桥：这种类型的斜拉桥仅有一个索面，即所有的拉索都连接在桥梁的同一侧。②双平行索面斜拉桥：这种类型的斜拉桥有两个索面，且两索面平行布置。③双斜索面式斜拉桥：这种斜拉桥同样有两个索面，但它们是斜向布置的。

（2）按拉索间距分类。①稀索体系斜拉桥：这种斜拉桥的特点是拉索之间的距离较大。②密索体系斜拉桥：与稀索体系相反，这种斜拉桥的拉索间距较小。

（3）按照索塔的高度分类。①常规式斜拉桥：这种斜拉桥的索塔高度是标准的，与大多数的斜拉桥相似。②矮塔斜拉桥：这种斜拉桥的索塔相对较矮，与常规斜拉桥相比，其结构形式和力学特性有所差异。

（4）按拉索顺桥向布置方式分类。①竖琴形拉索斜拉桥：在这种布置方式中，拉索呈先逐渐增长再逐渐缩短的排列方式，形似竖琴的弦。②辐射形拉索斜拉桥：拉索从索塔辐射出去，长度由短到长，再从长到短，形成一个对称的布置。③扇形拉索斜拉桥[①]：拉索以索塔为中心呈扇形散开，形成一个非对称的布置。

为斜拉桥进行详细分类是为了给工程师和研究者提供详细的参考，以便他们更好地理解、设计和评估不同类型的斜拉桥的性能和适用性。

1.1.4 大跨径所引起的问题

在斜拉桥跨径不断增大的趋势下，一系列新的受力和技术问题也随之出现。

随着斜拉桥的跨径增大，斜拉索对主梁产生的水平拉力也增大，导致主梁内部承受的轴向压力增大。在近塔处，这种轴向压力可达到相当高的值。如果主梁截面积不足，轴向应力会过大，容易导致主梁的压屈失稳。为了避免这种情况，我们可以适当增大主梁的截面积，但单纯地增大主梁的截面积会导致主梁自重增大，进而引发恶性循环，并使施工成本大幅度上升。

对于大跨径斜拉桥来说，风荷载常常是主要的控制荷载。在桥梁成桥和施工状态下，风荷载的影响变得尤为显著。为了确保桥的稳定性，我们必须准确估计风荷载，研究各构件的空气静力系数，特别是桥塔和主梁在风下可能发生的涡激振动以及风致的各种非线性表现，这些都需要深入研究和解决。

较大的跨径意味着较长的斜拉索。超长的斜拉索更容易受到外部环境因素的影响而产生振动，这些振动的致振机理非常复杂，包括但不限于涡激振动、尾流驰振、风雨激振、抖振和参数振动等。这些振动不仅

---

① 王伯惠.斜拉桥结构发展和中国经验：上册[M].北京：人民交通出版社，2003：14.

可能影响桥的使用寿命，还可能对过桥的行车安全构成威胁。

随着跨径的增加，斜拉桥的结构刚度可能会大幅下降，这可能导致一系列新的问题。当桥的跨径较小时，非线性对其影响较小，因此传统的设计往往采用线性计算方法。但是，随着跨径的不断增大，非线性计算与线性计算之间的差异也在增大，这使传统的设计方法不再适用于大跨径斜拉桥的设计工作。

斜拉桥跨径的增大无疑给其设计、施工和使用带来了很多难题。为了确保桥梁的安全、稳定和经济，我们需要充分考虑上述受力问题，并采取相应的措施进行应对。这不仅需要我们对现有的技术进行完善和创新，还需要深入研究桥梁在不同受力情况下的性能，为桥梁的长远发展提供坚实的技术支撑。

1.2 国内大跨径斜拉桥的发展状况

1.2.1 早期斜拉桥的发展历程

桥梁建筑的家族宏大且多样，各类桥梁根据结构体系被分类为梁桥、拱桥、刚架桥及缆索承重桥，其中缆索承重桥可进一步细分为悬索桥和斜拉桥。作为家族中较新的成员，斜拉桥在其短暂的发展历程中，已被视为当代极具审美、广受关注且应用广泛的桥梁类型。斜拉桥的兴起与桥梁结构体系的持续创新与发展紧密相连，这个发展过程始于最基本的梁桥，并逐渐经历了刚架桥、拱桥和悬索桥的创新，最终形成了斜拉桥的设计与建造。

早期桥梁建筑中已可觉察到斜拉桥结构的影子。事实上，近代的悬索桥和斜拉桥均源于古代使用藤和竹制作的悬索桥。19世纪初，特威德河（Tweed River）和萨勒河（Saale River）上的几座斜拉桥遭到破坏，导致斜拉桥的发展暂时陷入停滞状态。Roebling 和 Gisclard 为了降低

第1章 概　述

悬索桥的竖向挠度，向悬索桥中引入了斜拉索，从而使接近斜拉桥的设计得以实践，如1883年完成的Brooklyn桥，尽管它是悬索桥，但却让Roebling认识到，与传统悬索体系相比，斜拉体系更具有刚度。

不过，这些建造于早期的斜拉桥更多的只是被视为经典案例，它们对现代斜拉桥设计的影响相对有限。实际上，20世纪20年代由Eduardo Torroja设计的Tampul混凝土高架水渠以及1952年由Albert Caquot设计的Pont-canal de Donzère运河桥标志着现代斜拉桥的初步起源，而1956年在瑞典完工的Strömsundsbron桥成为斜拉桥在现代发展中的里程碑。之后，德国工程师Franz Dischinger的创新设计理念在莱茵河上的数座钢斜拉桥中得以展现，为他赢得了国际声誉。

Strömsundsbron桥采用了三跨形式，并设有门式索塔，两对斜拉索完全按纯扇形体系从塔顶放射散开。更为特殊的是，加劲梁有两根位于索面外侧的板梁，这一设计允许斜拉索锚具隐藏于板梁内部。Strömsundsbron桥的设计不仅标志着斜拉桥新时代的来临，还揭示了结构分析方法在该时期的改进，这些方法在Strömsundsbron桥的架设中首次得到系统应用，使索力计算能够在整个架设过程中得到详细的应用，从而确保了所有拉索在最终结构中的效能，这一进步说明Strömsundsbron桥的实际结构与其数学模型在当时达到了高度的一致性。

跨越莱茵河的Duisburg-Ruhort桥的重建提供了斜拉桥发展的另一种视角。尽管Duisburg-Ruhort桥并非真正的斜拉桥，但它在自锚悬索桥与斜拉桥之间形成了一种独特的过渡体系，对未来斜拉桥产生了深远的影响，尤其是其为避免设置临时支墩而采用的斜拉临时体系。尽管最初Duisburg-Ruhort桥是基于纯斜拉索体系而建，但它在加劲梁安装完毕后就采用了"控制弦体系"来进行替代。

斜拉桥在桥梁建设史上经历了众多创新与变革。1967年，H.Homberg设计的Friedrich Ebert桥标志着密索体系斜拉桥的开端，它位于波恩北部，跨越莱茵河，由一中心索面及双塔构成，每塔支承40根斜拉索。汉堡港的Kohlbrand桥进一步推广了密索体系，它采用A形索塔与修正扇形索面构造，无须依赖临时支墩或拉索。

进入20世纪90年代，日本的鹤见航道桥以其主跨径比为0.5引起了业内的关注，超越了众多斜拉桥的0.4标准，这座桥还通过单索面承载38 m宽的大箱梁，并配备了钻石形索塔，将钢质上部和混凝土下部融为一体。佛罗伦萨附近的Indiano桥代表了地锚结构体系在斜拉桥中的运用，该桥搭载了206 m的主跨，通过两个扇形索面，利用地锚背索稳固地将索力传输至地基。西班牙的Alamillo桥是由Santiago Calatrava设计的桥梁，其背斜混凝土索塔上锚固的竖琴式斜拉索为200 m的钢梁提供了支撑。美国的克拉克桥在中心索塔设计方面也展现了创新，将其设置在路面中央分隔带，实现了两侧路面边缘斜索面的成功结合。

1.2.2　大跨径斜拉桥在国内的发展进程

我国在1975年建造了国内第一座现代斜拉桥——云阳汤溪河桥（位于今重庆市云阳县），跨径为76 m，结构为双塔双索面混凝土斜拉桥。虽然略晚于国外，但在此之后的几十年中，我国的斜拉桥建造与研究取得了惊人的进展，早已迈入国际先进水平。

大跨径斜拉桥在国内的具体发展进程可以分为三个阶段。

1.1975—1982年的起步阶段

自云阳溪河桥建成开始，这一时期内共有11座斜拉桥建成。云阳溪河桥作为1975年建成的试验性斜拉桥，它将原有的吊桥设计改建为双塔斜拉桥，为我国开创了斜拉桥建设的先河。

1977年，青岛大沽河斜拉桥建成通车。这座桥是一座三跨钢筋混凝土带挂孔的斜拉桥，总长达200.28 m。桥面的车行道宽度为7 m，而两侧的人行道各为0.75 m。整体桥高为6.98 m，能够承载标准汽车15 t，挂车 80 t。索塔采用门式双层框架设计，固结于墩上，塔顶配有锚箱进行锚固拉锁，索塔下部的横梁则配有滚动支座以支撑桥面箱梁。从桥面到索塔顶的高度为 18.5 m，索塔柱则是采用 1.4 m × 1.2 m 钢筋混凝土矩形断面设计。斜拉索每塔共有 3 对，布置为双面扇形。

1980 年，两座预应力混凝土斜拉桥在中国竣工，分别是三台涪江大桥和红水河铁路桥。其中，红水河铁路桥设计为单线，由砟桥面、直线和平坡组成，桥面宽度为 7 m。该斜拉桥以双塔竖琴型为主，包括主梁、索塔和斜缆三部分，采取塔与梁固结、塔与墩分离的结构形式。主梁为单箱双室的 3 跨连续梁，高 3.2 m，边跨部分加高至 3.82 m，箱体宽 4.8 m。塔柱下部与主梁形成一体，上部则采用两片燕尾形横梁构建门式框架。塔柱基本呈矩形断面，长 3 m，宽 1.2 m，从梁底到塔顶高 29 m，中心距为 6.1 m。斜缆采用柔性缆索，每组由 6 根钢绞线束组成，其中每根钢绞线由 10 根 7 丝 ϕ5 mm 钢绞线组成，其钢丝极限强度为 1470 MPa。为了保护斜缆，该桥采用"五布六胶"的玻璃钢套进行防护。支座则采用了建筑高度较低且更省钢材的盆式橡胶支座，通过使用承载力各异的支座来适应梁体的转动需求。

1981 年，四川省金川县的曾达桥成为我国首座独塔斜拉桥，这座桥的特点是采用了墩、塔、梁的固结方式和平转法施工。

1982 年，上海泖港大桥建成。这座桥不仅是上海首座大型双塔双索面预应力混凝土斜拉桥，还曾是国内跨度最大的混凝土斜拉桥，更是中国首座真正大跨度的斜拉桥。该桥总长 391.8 m，桥面宽度为 12 m，车行道宽度为 7 m，两侧人行道各宽 2.5 m。主梁是由分离式双箱梁和车道板组成，箱梁高 2.5 m，其顶部宽度为 2.51 m，底部则为 1.9 m，并且在施工过程中采用了挂篮悬臂拼装湿接头的方法。桥塔是一个钢筋混凝土直塔，其高度从桥面开始计算是 44 m。为了提高桥梁的稳定性，塔柱之间设计了一个钢筋混凝土的十字交叉形抗风腹杆。拉索方面，在每个塔柱的两侧均设置了 11 对拉索，这些双索面拉索以竖琴形方式布

置，索距在水平方向为 6.5 m，在垂直方向为 3.25 m。为了确保桥梁的稳固性，边跨的两个三分点位置分别设置了一个辅助墩。

同年，山东省济南市的黄河大桥建成。该桥具有 220 m 的跨度，是中国首座采用密索体系的预应力混凝土斜拉桥。它采用了混凝土斜拉桥的结构，特别是双塔双索面的扇形布置拉索，为其提供了强大的稳定性和承载能力。桥塔展现了一种 A 形门式立体结构，高度达到了 68.4 m，与桥塔分离的是桥梁部分，与桥塔固结的则是桥墩。为了保证桥的稳定性和均衡分担荷载，索面特别采用了扇形布置，索距为 8 m。每个桥塔上均设有 11 对拉索，每根拉索则由 2～4 束钢丝组成。为了确保其耐久性和安全性，该桥采用了铅制套管并充填水泥浆的措施进行防护。拉索锚头的设计采用了冷铸镦头锚技术。至于桥的主梁，其断面设计为闭口双室箱梁，具有 2.75 m 的高度。施工过程特别采用了挂篮悬浇的技术，确保了主梁的均匀性和结构的牢固性。

这一阶段的研究开发着重于斜拉桥的静力分析、非线性静力分析和动力性能的分析等方面。为了使复杂的斜拉桥结构变得简单明了，相关学者提出了基本体系的四种分类（漂浮体系、梁墩固结体系、支承体系和刚构体系）并推出了相应的结构措施。大多数斜拉桥选用混凝土作为主要材料，拉索则采用未镀锌的高强钢丝。

2.1983—1986 年的探索研究阶段

起步阶段所建造的斜拉桥或多或少都存在着问题，所以从 1983 年开始，我国的斜拉桥建设领域开始进行深入的探索研究阶段。此时期的斜拉桥建设数量并不多，但独塔斜拉桥的落成无疑为后续的斜拉桥建设带来了新的启示，特别是使用聚乙烯（PE）材料对拉索进行防护的尝试，为后续拉索防护材料的选择与应用提供了新的方向和思路。

1983 年，浙江上虞的章镇桥得以建成。这座桥是一座独塔斜拉桥，它将预应力混凝土箱梁与桥塔固结为一体，桥塔的高度达到 32.3 m。章镇桥的拉索布置为竖琴形,共有 5 对斜拉索。整座桥梁长为 304 m,宽度为 12.8 m,桥面距离水面的高度为 15 m。

1985 年,两座重要的斜拉桥——重庆嘉陵江的石门大桥和上海的恒丰北路桥相继建成。石门大桥为独塔单索面双跨斜拉桥,其跨径组合为(230+200)m;恒丰北路桥也为独塔单索面双跨斜拉桥,其跨径组合为(76.65+72.8)m。在这两座桥的设计与建设过程中,设计师对桥基处理、拉索布置、梁体截面以及施工控制进行了深入的探索与研究。这些研究显示,如果独塔斜拉桥的主跨距离能达到 230 m,那么双塔斜拉桥的主跨距离完全有可能超过 400 m。因此,石门大桥与恒丰北路桥的建设不仅是技术上的一次飞跃,还为后来的南浦大桥的设计和建设提供了宝贵的技术经验和基础。

3.1987 年至今的飞速发展阶段

进入这一阶段,我国的斜拉桥技术发展开始进入鼎盛时期。在这之后,主梁的材料开始多样化,设计形式也获得了持续的完善。拉索的设计也逐步从稀索体系向密索体系演变,并采用镀锌高强钢丝平行索对钢绞线进行了工程尝试;为了提高防护性能,拉索引入了热挤高密度聚乙烯和聚氨酯。在计算与分析方面,我国制定了《公路斜拉桥设计规范》,完善了适合于长大斜拉桥的静、动力计算分析程序。风洞试验评价结构抗风性能和地震设计也得到了相应的加强。

1987 年,天津永和大桥得以竣工。永和大桥总长 512.4 m,以其 260 m 的预应力混凝土双塔斜拉桥主跨赢得了"亚洲之最"的美誉,并被誉为"亚洲第一跨"。桥面宽度为 13.6 m,其中 9 m 为车行道,余下部分为两侧的人行道。主梁是由预制块件拼装而成,采用"长线法"进行匹配浇注,通过使用临时支架来悬臂安装。桥台和中间墩则采用预应力混凝土打入桩。该桥采用了飘浮体系和流线型主梁断面,以确保其优越的抗震和抗风特性。

1991年，上海南浦大桥完工。这座桥梁是我国首次完全自主设计和建造的双塔双索面迭合梁斜拉桥，也是上海市区首座横跨黄浦江的大型桥梁。该桥总长 8 346 m，主桥段长 846 m，主跨为 423 m。此工程耗资 8.2 亿元，仅用 18 个月便完成。两侧的桥塔都以 22 对钢索与主梁相连，并以扇形展开，能够容纳 5 万吨的巨轮通过。南浦大桥的宏伟规模、精湛工艺、复杂技术、高施工难度和短建设周期，在我国桥梁建设历史中是罕见的，即使放眼全球，也是相当出色的代表。

1993年，上海杨浦大桥盛大竣工。这座桥的主跨长 602 m，是一座双塔双索面、扇形布置拉索的叠合梁斜拉桥。该桥超越了挪威的 530 m 主跨的斯堪桑德大桥，成为当时世界上最大跨径的双塔双索面斜拉桥。在杨浦大桥的建设过程中，工程师创新性地提出了钢箱梁的简化加劲建议以及加劲肋的设计方法，优化了拉索锚箱的设计，完善了我国桥梁抗风稳定性的理论分析、试验内容与方法。这些贡献奠定了我国大跨度悬吊体系抗风设计的科学与实践基础。该桥还采用了高强度、低松弛的预应力钢绞线作为预应力筋，并用 OVM 锚作为工具锚。杨浦大桥的建成表面我国斜拉桥建设技术已位列世界前沿。

2000年，我国同年建成了主跨达到 618 m 的武汉白沙洲大桥以及主跨为 312 m、兼具公铁两用功能的芜湖长江大桥，宣告了 20 世纪我国桥梁建设的辉煌结束。不难发现，斜拉桥已逐渐成为长江中下游地区（如湖北、安徽和江苏等省份）跨越长江的首选桥型，多座斜拉桥的同时建设为长江上空增添了繁忙的建筑景观。

2000年之后，我国斜拉桥的建设事业更加不可阻挡。材料、结构、施工等理论方面的共同发展，使我国所建成的斜拉桥跨径一次又一次地突破极限。截至 2019 年，世界排名前十位的最大跨度斜拉桥中，我国已经占据了其中七个席位。

1.2.3　斜拉桥的整体发展趋势

近半个世纪以来，斜拉桥已成为桥梁建设的代表性成就，其发展趋势突显了其在全球基础设施领域的重要地位。随着工程技术的进步和对更大跨度的需求，斜拉桥的设计和建设也在不断地演进。

1. 跨径的发展趋势

斜拉桥跨径的逐渐增大是其发展中最明显的特点。从Strömsundsbron 桥的 182.6 m 的初步实践开始，到 1975 年法国圣纳扎桥跨径达到 404 m，再到 20 世纪 90 年代我国的上海杨浦大桥跨径增至 602 m，斜拉桥的主跨在不断地刷新纪录。诺曼底大桥和多多罗大桥进一步推进了这一趋势，其中多多罗大桥的跨径达到了 890 m。随着技术的日益精进和对超大跨径的需求，我国苏通大长江公路桥和昂船洲大桥的主跨已经突破了千米级，成为当之无愧的超大跨径桥梁的代表。

随着斜拉桥跨径的持续扩大，其建设的客观难度也在增加。现代斜拉桥的设计和建设得益于高水平的理论知识、计算方法、轻型上部结构的广泛应用、焊接技术的最优化以及斜拉索材料允许应力的提高。一些学者在国际会议上的研究报告表明了斜拉桥相对于其他桥型的优势，不仅在常规跨径，甚至在超大跨径领域，斜拉桥在技术、经济和空气动力稳定性方面都具有更强的竞争力。但是，随着跨径的增加，斜拉桥也出现了新的挑战。例如，当跨度在 1 200 m 和 1 500 m 之间时，静力压屈稳定问题成为主要关注点；而在 1 500 m 以上时，则需要考虑使用空间索网或其他新型材料来替代传统的钢索。

然而，也有其他桥梁学者表示，人们需要对斜拉桥的超大跨径持审慎态度，虽然技术上我们可能有能力将斜拉桥的跨径增至 1 500 m，但由于斜拉桥长悬臂施工的风险性，1 500 m 的跨径应当是一个不要轻易去考虑的上限。

2. 结构方面的发展趋势

多塔斜拉桥也被称为多跨斜拉桥，是在传统斜拉桥无法满足单跨跨越水域需求的情况下应运而生的结构形式。这类桥梁的结构特点是拥有三个或三个以上的桥塔。不同于传统的斜拉桥，多塔斜拉桥的中间桥塔没有边锚索固定，因此当中间跨部受到荷载作用时，中间桥塔的塔顶水平位移会增大。这一特性意味着结构的变位较大，从而使结构的刚度成为设计时的关键问题。

追溯多塔斜拉桥的发展历史，1963年委内瑞拉建成的马拉盖博桥可称作这一结构形式的先驱。这座桥的连续跨径均为235 m，其特点是采用了一系列刚度较大的预应力混凝土索塔。这些索塔支撑了悬臂拉索体系，加劲梁则简支在两个相邻的桥墩上。悬臂的端部之间设置了小的悬吊扎，使整个桥梁体系被认为是外部静定平面体系。在后来的丹麦大贝尔桥的设计竞标过程中，多塔斜拉桥的设计方案曾多次被提及。

20世纪90年代，随着桥梁设计和施工技术的日益完善，越来越多的多塔斜拉桥陆续建成。其中，我国香港的汀九桥成为世界上首座多跨连续斜拉桥，它特别采用了三个独立柱式索塔以及两个分离式单层桥面。为了解决中间索塔的刚度问题，该桥特地采用了两根长而重的锚索，从中间桥塔顶部延伸至外侧两塔的加劲梁平面的外缘进行锚固，以确保结构的稳定性。

如今，随着越来越多的海湾和海峡大桥项目的展开，多塔斜拉桥由于其适应长距离跨越的特性而得到了广泛的关注和应用。这种桥梁结构形式不仅提供了对于传统斜拉桥跨越限制的一种解决方案，还彰显了桥梁设计和施工技术的持续进步。随着技术的进一步发展和对更长跨越距离的需求，多塔斜拉桥将在未来的桥梁工程领域继续得到广泛的应用和推广。

3. 材料方面的发展趋势

近年来，斜拉桥的发展趋势在很大程度上与新型高强度建筑材料的研发应用密切相关。尽管在传统的建筑材料（如钢和混凝土）方面，人们已经发展出高强钢丝、钢绞线和新型混凝土等高强材料，但随着桥梁承载力和通行能力的日益增长，人们对新型材料的需求也逐渐增加。

为了进一步提高水泥的性能，研发人员将各种高强度纤维（如石棉、玻璃纤维、钢纤维和有机纤维等）应用于桥梁建设和修补工程中，这些尝试促成了一类高强度、高弹性模量的新型纤维复合材料的诞生。特别是碳纤维和芳纶纤维，它们兼备了钢和混凝土的优点，同时避免了这些传统材料的缺点，因此在土木工程（尤其是桥梁建设）中得到了广泛的应用。

纤维材料在土木工程中的应用主要体现在加固现有结构、作为预应力筋或索的使用上。其中，玻璃纤维增强复合材料是较早用于建筑工程的材料，1978 年德国对此进行了大规模的试验，1980 年该材料首次用于混凝土桥梁，1986 年杜塞尔多夫的一座桥使用了预应力 GFRP 筋。

碳纤维在桥梁工程中的应用始于 20 世纪 70 年代末和 20 世纪 80 年代初，其高强度、大模量、轻质以及耐腐蚀等特点使其在大跨度桥梁中的应用前景非常广阔，美国、日本等国已将其以钢筋或预应力索的形式应用于桥梁中。例如，1988 年，日本石川县的 Shinmia 桥采用了 CFRP 绞线作为先张筋；1996 年，瑞士在斯克多斜拉桥上成功使用 CFRP 棒筋替代了原有的镀锌钢丝束。

芳纶纤维的应用也日渐受到土木工程领域的关注，日本已将其用于制备预应力混凝土构件。这种材料特别适用于桥梁的主缆和横向连接的预应力张紧材料，同时在腐蚀环境（如栈桥、浮桥和隧道等）中也都有出色的应用表现。

1.3 斜拉桥的体系与结构组成

1.3.1 主要构件及其功能描述

1. 主塔

主塔作为斜拉桥的核心结构，其设计、形态和材料选择对桥梁的整体性能和经济效益都有深远的影响。

（1）主塔设计。①单塔设计：单塔斜拉桥仅具有一个主塔，这种设计在视觉上更为简洁，但对主塔的结构设计和稳定性要求更高，适用于较小的跨径或场地条件不允许双塔布置的情况。②双塔设计：双塔斜拉桥具有两个主塔，这为结构设计提供了更大的灵活性，适用于大跨径的桥梁。

（2）主塔的形态。①H形：这是最常见的主塔形态，两个主立柱并排设置，中间通常设有连梁以增强稳定性，这种主塔形态结构简单，施工方便。②A形：这种形态的主塔形似字母"A"，通常更具有审美价值，但其结构设计和施工难度相对较大。③倒Y形：此形态的主塔顶部展开，形似倒置的字母"Y"，可为斜拉索提供更多的锚固点，但也增加了材料和施工的复杂性。

（3）材料。斜拉桥主塔的材料选择直接关系到桥梁的承载能力、耐久性、维护成本及整体经济效益。①钢筋混凝土：由于其优良的压缩强度和成本效益，钢筋混凝土是最常用的主塔材料，其中混凝土为结构提供了足够的刚度和重量，钢筋则提供了所需的拉伸强度，对于高耐久性的要求，可以使用高强度或高性能混凝土。②预应力混凝土：预应力混凝土使用预拉伸的钢筋或钢束，增加了混凝土的承载能力和刚度，对于高承载或大跨径的斜拉桥，预应力混凝土是一个非常好的选择。③钢材：钢材主塔通常具有更好的强度重量比，这使钢桥梁可以有更细长的塔身和更大的跨径，钢材的主塔可以更快地施工，但可能需要更高的维护成本，尤其是在腐蚀性环境中。

2. 主梁

主梁承担着将桥面荷载传递至斜拉索和桥塔的职责。主梁的设计、形式和材料选择不仅影响桥的功能性，还会对经济效益、耐久性和审美价值产生深远影响。

（1）形态与布置。斜拉桥的主梁可有多种形态，常见的有箱梁、T梁和板梁等。①箱梁：箱梁是一种常见的主梁形式，具有封闭的截面，它可以是单箱或双箱设计，其优点在于能够提供良好的扭转刚度和较大的空间以容纳预应力设备或其他设施。②T梁：T梁具有T字形的横截面，适用于较小的跨径，结构相对简单，但扭转刚度较低。③板梁：板梁是一种简化的梁形式，只包括一个板状部分，虽然其结构简单，但对于大跨径桥梁可能不够稳定。

（2）材料选择。主梁的材料选择与桥梁的整体功能、耐久性和经济性息息相关。①预应力混凝土：由于其出色的强度和刚度，预应力混凝土已成为主梁的主要材料，预拉伸的钢筋或钢束增强了混凝土的承载能力，这对大跨径的斜拉桥尤为重要。②钢材：钢主梁在某些设计中可能更有优势，尤其是当需要较轻的结构或较大的跨径时；钢材具有出色的延展性和强度，但在某些环境下可能需要定期的维护以防止腐蚀。③复合材料：目前，结合了钢材和混凝土的复合梁逐渐受到欢迎，这种梁结合了两种材料的优点，即混凝土提供压缩强度，而钢提供拉伸强度。

（3）施工方法。针对不同的主梁材料和形态，施工方法也有所不同。①预制梁：预制梁是在工厂中生产并运输到施工现场进行安装，这种方法提高了施工质量和效率，但对于超大件的梁可能存在运输困难的

问题。②现场浇筑：对于某些特大跨径或具有复杂几何形状的桥梁，现场浇筑可能是更可行的方法，它提供了更大的灵活性，但可能会增加施工难度和周期。

（4）结构细部和连接。连接主梁、斜拉索和桥塔是斜拉桥设计的关键环节。①锚固：斜拉索通常在主梁上锚固，以传递桥面荷载，锚固装置的设计要确保稳固可靠的连接以及合适的荷载分布。②伸缩缝：伸缩缝允许主梁在温度变化和其他环境因素影响下进行热膨胀和收缩，从而减少由此产生的应力。

3. 斜拉索

斜拉索是斜拉桥的关键组成部分，负责将主梁的荷载传递至桥塔。斜拉索的设计、材料、施工和维护不仅影响桥的结构和稳定性，还会对桥的经济效益、耐久性和视觉美观产生重要影响。

（1）斜拉索的构造与类型。斜拉索通常由多股细钢丝组成，这些钢丝被捻成一个或多个缆束，然后装入保护套管中。①单束式：单束斜拉索由一个大的钢缆束组成，其中每个缆束包含多根钢丝，这种类型简化了锚固和张拉操作。②并束式：并束斜拉索由多个独立的小缆束组成，每个缆束有自己的锚固，这种类型提供了更大的灵活性，可以逐步张拉，且易于维护或更换。

（2）材料。斜拉索的材料选择对其性能至关重要。①高强度钢丝：因其具有优异的强度和延展性，高强度钢丝成为斜拉索的主要材料，为防止腐蚀，钢丝通常会进行镀锌处理。②保护套管：斜拉索由于处于外部环境中，因此需要一定的防护措施，套管材料通常选择聚合物（如高密度聚乙烯或聚氨酯），以防止钢丝直接暴露于恶劣环境并提供一定的紫外线保护。

（3）斜拉索的张拉与调整。张拉是斜拉索施工中的关键步骤，确保了斜拉索具有正确的预张力。①初张法：在主梁安装之前，先对斜拉索进行初步张拉，完成主梁安装后，再进行二次张拉。②组装法：在主梁吊装的同时逐步对斜拉索进行张拉。

（4）维护与监测。由于斜拉索对斜拉桥的稳定性至关重要，因此我们需要对其定期进行维护和监测。①检查与清洁：定期对斜拉索进行外观检查，以检测任何损伤或腐蚀，并进行必要的清洁。②更换与修复：如发现有损伤或过度的腐蚀，应及时进行修复或更换。③监测：使用各种传感器（如振动传感器、应变计和温度传感器）时，应实时监测斜拉索的状态和性能。

1.3.2 斜拉桥的受力机制

斜拉桥拥有与其他桥梁类型不同的受力特性，它是一类桥体以索塔为支撑，通过斜拉索对主梁进行支承的桥梁结构。拉索的存在为主梁提供了弹性支承，这种支承方式有效减小了主梁的跨径，从而显著地降低了梁内的弯矩、梁体尺寸和重力，极大地增强了桥梁的跨越能力。调整拉索的预拉力可以进一步优化主梁的内力分布，使其更为均匀和合理。

拉索的水平分力会在主梁上产生轴向预加力，可以显著增强主梁的抗裂性能。值得注意的是，斜拉索是柔性的，且在其自重的作用下存在垂度，垂度的大小会受到索力的影响，并因此呈现非线性特性。拉索的自重会导致其弹性模量下降，从而降低其刚度，这种情况下的弹性模量被称为修正弹性模量，它与拉索的拉力、自重及水平投影长度等因素有关。

对于主梁的轴向力分布，其表现形式会随着斜拉桥拉索的锚拉体系和主梁的支承条件而变化。例如，在三跨自锚式斜拉桥中，固定支承位于中央的塔墩上，其他都是活动支座，在这种情况下，主梁完全受到压应力，这对于混凝土主梁这种抗压性能较差的材料来说，相当于为其施加了预应力，从而发挥了高强材料的特性，提高了其抗裂性。

对于作用于斜拉桥主梁的恒载和活载，它们都是通过斜拉索传递给索塔的，这使索塔成为一个关键的弹性支承构件。索塔上的作用力来源很多，除了其自身重力，还包括拉索索力的垂直和水平分力所产生的轴向力、弯矩和剪力。环境因素（如温度变化、日照时间、支座沉降、风荷载、地震、混凝土的收缩和徐变等）也会影响索塔的轴向力、剪力、扭矩及桥向的弯矩。索塔的主要功能是承受竖向压力，尽管它也受到弯矩和剪力的影响，但在设计中我们应重点考虑减少其在恒载作用下的弯曲内力。

1.3.3 斜拉桥的结构稳定性分析

由于斜拉桥的大跨度和独特的结构形式，其结构稳定性分析显得尤为重要。结构稳定性分析主要包括四个方面：全桥静力稳定性分析、动力响应分析、风工程分析以及斜拉索的非线性行为分析。

1. 全桥静力稳定性分析

斜拉桥的主要结构包括桥塔、主梁和斜拉索。静力稳定性分析的目的是确保在各种预期荷载（如车辆荷载、温度变化和预应力）下，桥梁结构能够保持其完整性和功能。

（1）桥塔稳定性。桥塔通常由钢筋混凝土或钢材制成，其稳定性对整个桥梁至关重要。桥塔需承受斜拉索施加的所有垂直和水平荷载。对桥塔进行稳定性分析需要考虑其基础、与主梁的连接以及斜拉索的锚固。

（2）主梁稳定性。主梁的荷载主要来源于车辆、行人和其他非结构荷载。主梁的设计必须确保其在所有预期荷载下都具有足够的承载能力和刚度。

（3）斜拉索的张拉：斜拉索的预张力是其稳定性分析的关键。过度的张拉可能导致斜拉索过早疲劳，而张拉不足可能影响桥的整体结构行为。

2. 动力响应分析

动力响应分析主要考虑桥梁在地震和交通荷载下的动态行为。

（1）地震响应。斜拉桥可能位于地震活跃区，因此对其地震响应进行分析是必不可少的。我们可使用地震反应谱或时程分析来评估桥的动态响应，并确保其在地震中的安全性。

（2）交通荷载引起的振动。重型车辆或列车通过时，桥梁可能会出现短时的振动，这种振动对斜拉桥的疲劳性能和乘客舒适性可能有影响。

3. 风工程分析

由于其高大和细长的结构，斜拉桥对风的响应特别敏感。

（1）风荷载。风工程分析要考虑桥梁在设计风速下的风荷载，包括考虑风速的时间历程、风的方向和风的湍流性。

（2）风诱导振动。在某些风速下，桥梁可能会出现风诱导的振动（如涡振和颤振），这些振动可能导致桥梁的疲劳损伤或降低其使用寿命。

4. 斜拉索的非线性行为分析

斜拉索在施加荷载时可能表现出非线性行为，这对其稳定性分析尤为关键。

（1）斜拉索的几何非线性。当斜拉索受到荷载时，其形状可能会发生改变，使其刚度和应力分布也发生变化。

（2）材料非线性。斜拉索在高应力下可能出现屈曲或失稳，这种材料非线性行为对其稳定性和疲劳性能有重要影响。

1.3.4 结构体系与功能性

斜拉桥的结构体系是其设计与建造的核心，它对桥的功能性有着直接的影响。从功能角度看，不同的结构体系对斜拉桥的稳定性、承载能力、应力分布、气候适应性等方面有着不同影响。

1. 漂浮体系斜拉桥

漂浮体系斜拉桥的整个主梁结构几乎完全悬挂在钢索上，这种设计方式使大部分的荷载都被传递给了桥塔，这意味着桥塔的设计和建造必须满足更高的强度和稳定性要求。在实际应用中，漂浮体系斜拉桥的桥塔往往采用了高强度的材料和先进的施工技术，以确保其在承受巨大荷载时不会出现问题。考虑到桥塔所承受的荷载大部分来自主梁，因此桥塔的基础设计也显得尤为重要，很多设计都会采用深基础（如桩基），以确保桥塔的稳定性。

漂浮体系斜拉桥的另一个显著特点是其较大的跨度能力，特别是在中间跨度区域。这为建设跨越宽阔水域或其他障碍物的大型桥梁提供了可能。这种大跨度设计也意味着桥梁的经济效益得到了提高，因为这可以减少中间支撑的数量和规模，从而减少施工成本和工期。

但是，漂浮体系的设计也带来了一些困难。由于漂浮体系斜拉桥的主梁完全依赖于拉索进行支撑，这使桥梁对风的敏感性增加，在风荷载作用下，桥梁可能会出现摆动或振动的现象。因此，在设计过程中，工程师必须对风荷载进行详细的分析，并采取必要的措施（如增加桥梁的刚度或引入阻尼器），以确保桥梁在风荷载作用下的稳定性。

由于桥梁的主梁完全悬挂在拉索上，这也为桥梁的施工带来了一定的挑战。在施工过程中，工程师和施工人员必须确保所有的拉索都被正确地张紧，以保证主梁的位置和形状，这通常需要使用高精度的测量设备和技术。

2. 半漂浮体系斜拉桥

半漂浮体系斜拉桥融合了漂浮体系和非漂浮体系的特点。作为一个中间体系，半漂浮体系斜拉桥在桥梁结构设计中具有独特的地位。该体系旨在通过适当的结构策略平衡拉索的应用和桥梁主体的直接支撑，以提供稳定性和经济效益。

在半漂浮体系斜拉桥的设计中，主梁并不完全由拉索支撑，一部分荷载会直接传递到下面的支撑或桥墩上。这种设计方式减少了对桥塔和拉索的依赖，减轻了它们的荷载，这意味着桥塔和拉索可以设计得更为细长和经济，而不必为了承载巨大的荷载而牺牲其外观和成本。

这种中间体系也提供了更好的稳定性，特别是在风荷载和地震等外部作用力的影响下。由于部分荷载直接传递到桥墩或支撑上，桥梁的刚度得到增强，这有助于减少桥梁在风或地震作用下的摆动或振动。

然而，半漂浮体系斜拉桥的设计和施工却较为复杂，因为工程师不仅需要考虑拉索的张紧和安装，还需要确保桥墩或支撑的正确位置和质量。由于桥梁部分荷载直接传递到桥墩或支撑上，桥墩和支撑结构的设计和材料选择变得尤为关键，以确保它们能够有效地分散和承载荷载。

从功能性的角度来看，半漂浮体系斜拉桥为设计师提供了更多的灵活性，使他们可以根据特定的地理和气候条件以及桥梁的预期用途和荷载需求进行调整。例如，在风力较大的地区，设计师可以增加桥梁的刚度；在交通流量较大的地区，可以优化桥梁的荷载分布。

3. 塔－梁固结体系斜拉桥

塔－梁固结体系斜拉桥又被称为完全固结斜拉桥，是一种在桥塔和桥梁主体之间没有相对移动的斜拉桥结构。这种设计理念强调了桥塔和桥梁主体的完全固结，从而提供了一种坚固且稳定的桥梁结构。

在塔－梁固结体系中，桥梁主体和桥塔之间的连接非常坚固，确保

了整个结构在各种环境和荷载条件下的稳定性。由于这种紧密的连接，桥塔直接参与承载荷载，并与桥梁主体共同分担荷载。这种设计方式提供了显著的结构刚度，有助于减少外部因素（如风荷载）引起的不良反应，从而提高了桥梁的整体稳定性和安全性。

从功能性角度看，塔－梁固结体系斜拉桥在很多方面都具有明显优势。其结构的刚性使桥梁能够有效地抵御各种不良环境因素，如强风、地震或重载。

但是，由于桥塔和桥梁主体之间的固结，桥梁的施工和维护可能更为复杂。例如，如果桥梁的任何部分如果需要维护或更换，我们可能需要对整个结构进行更大范围的干预。这种设计还可能需要更多的材料和施工时间，从而增加了整体成本。

在考虑使用塔－梁固结体系斜拉桥时，工程师必须仔细权衡其优点和缺点。在某些特定情境（如在地震频繁的地区）下，这种设计可能是最佳选择；而在其他情况下，我们可能需要考虑其他结构体系以优化成本和施工时间。

4. 刚构体系斜拉桥

刚构体系斜拉桥在桥梁主体中采用了刚性节点或连接的设计方式，以增强结构的整体刚度和稳定性。这种设计方式不仅增强了桥梁结构的刚度，还通过刚性连接使桥梁的各部分之间能够更好地协同工作。

刚构体系的核心理念是通过在桥梁的关键部位增加刚性节点，来提高桥梁在受到外部荷载或环境影响时的稳定性，这意味着当桥梁受到风、地震或交通荷载的影响时，其反应可能更为均匀和可预测。由于各部分之间的紧密连接，这种桥梁结构也对疲劳和长时间使用的影响有更强的抗性。

从功能性的角度来看，刚构体系斜拉桥为现代桥梁设计提供了一种高效、可靠的解决方案。由于其刚度增强，这种结构可以更好地应对极端天气条件、地震或突发事件。例如，在飓风期间，桥梁的振动和摆动可能会显著减少，从而降低了桥梁受损的风险。刚构体系的设计可以提高桥梁的使用寿命，因为它能够更好地分散和吸收交通荷载和其他环境压力。

然而，由于桥梁结构中的刚性连接，刚构体系斜拉桥可能需要更多的材料和更复杂的施工技术，从而增加了施工成本。与其他桥梁设计相比，刚构体系斜拉桥的维护和检修也更为复杂，因为任何结构上的小问题都可能影响整体的稳定性和安全性。

设计刚构体系斜拉桥需要高度的精确性和专业知识，因为这种设计方法要求工程师考虑到桥梁的每一部分如何相互作用和相互支持，这也意味着在施工和维护过程中需要更多的注意和专业知识。

第 2 章　大跨径斜拉桥的结构分析

2.1　大跨径斜拉桥的索力调整

2.1.1　索力的基本原理

斜拉索是斜拉桥的主要受力构件，索力就是斜拉索内部的张力，索力对于整个桥梁系统的平衡与稳定起到至关重要的作用。这种特定的力由两个主要因素产生：预张和实际荷载。预张通常在施工阶段产生，它为斜拉索施加初张力，使斜拉索达到所需的设计状态。实际荷载则随时都可能变化，主要取决于桥上的交通、环境条件等外部因素。

斜拉索的索力 F 可以由以下公式计算：

$$F = \sigma \times A \tag{2-1}$$

式中：σ 为斜拉索的应力；A 为斜拉索的截面面积。

斜拉索的作用不仅仅是提供支撑，它还能将荷载从桥面传递至桥塔，再由桥塔通过桥墩传递至地基。在这个传递过程中，斜拉索承受的索力要能够平衡这些荷载，确保整体结构处于平衡状态。因此，理解并准确控制索力是确保斜拉桥结构稳定的关键。

第 2 章　大跨径斜拉桥的结构分析

外部因素（如交通荷载、风力、温度变化等）会对斜拉桥产生影响。例如，大型车辆行驶过桥时，会引起桥面的局部荷载增加，使索力发生相应变化；强风可能使桥面产生振动，引起索力的动态变化；温度变化则会导致材料的膨胀或收缩，进一步影响索力。因此，为了保障桥梁的安全，我们必须对索力进行持续的监测和调整。

桥梁的设计阶段虽然进行了详尽的计算和分析，但实际施工中总会遇到各种预料之外的情况。例如，所用的材料可能与设计时预期的材料属性有所不同；施工方法的微小差异、工人的操作误差等都可能导致实际施工的索力与设计预期不符。为此，桥梁施工完成后的索力测量和调整也非常重要，这不仅可以确保桥梁的安全性，还能延长其使用寿命，减少未来的维护成本。

2.1.2　索力的基本测量方法

大跨径斜拉桥的稳定性和持久性在很大程度上取决于斜拉索的索力调整。随着现代科技和工程技术的不断发展，索力的测量和调整方法也日趋成熟和精确。目前常用的测量方法包括振动法、拉伸法和声控法。

1. 振动法

振动法是一种基于斜拉索自然振动频率的测量技术。具体操作时，我们通常使用加速度计或其他传感器来测量斜拉索在自然或人为激发的振动下的响应，根据斜拉索的动态特性，结合相关的理论和经验公式，可以推导出斜拉索的张力。振动法的主要优点在于无须与斜拉索进行物理接触，降低了潜在的损伤风险。然而，这种方法的准确性可能受周围环境因素（如风速、温度、其他振源等）的影响，因此对振动数据的分析需要非常专业和细致。

当斜拉索自由振动时，其基本频率 f 与索力 F、索的质量 m 和长度 L 之间的关系可以表示为

$$f^2 = \frac{T}{4L^2}\sqrt{\frac{F}{\rho}} \qquad (2-2)$$

式中：T是索的张力；ρ是索的线密度。

2. 拉伸法

拉伸法是一种更直观的方法，它是直接通过测量斜拉索在一定张力下的伸长量来确定索力。因此，在测量过程中，我们需要将斜拉索固定在一端，然后在另一端施加已知的力，再测量其伸长量。通过这种方法得到的数据相对直接和准确，但此方法的操作相对烦琐，可能需要大型的专用设备，并且在某些情况下可能会对斜拉索产生一定的损伤。

利用荷载－位移的关系，我们可以计算斜拉索的索力。若已知索的伸长量为ΔL，则索力F可以通过下列公式得到：

$$F = E \times A \times \frac{\Delta L}{L} \qquad (2-3)$$

式中：E是材料的弹性模量；L是斜拉索未受力时的原始长度。

3. 声速法

声速法是基于声波在斜拉索中的传播速度与索力之间的关系来进行测量的。当斜拉索的张力变化时，其内部材料的密度和弹性模量也会相应变化，从而影响声波的传播速度。通过专门的声波发射和接收设备，我们可以非常精确地测量声波在斜拉索中的传播时间，从而推算出索力。与振动法类似，声速法也是非侵入性的，但它对于测量设备的精度要求较高。

声波在材料中的传播速度c与索力F之间的关系可以用下面的公式表示：

$$c^2 = \frac{F}{\rho} + c_0^2 \qquad (2-4)$$

式中：c_0是在无索力情况下的声速；ρ是索的线密度。

上述公式只是理论上的基本表示，实际的工程应用中可能会因为多种因素（如温度、湿度、材料非线性等）而进行修正。实际索力的调整过程通常会综合使用多种测量方法并参考设计指标，以确保斜拉桥的结构安全和稳定性。

2.1.3 索力调整的基本计算公式

当斜拉桥完成建设后，由于设计和施工中的误差，实际的索力与设计的索力可能会存在差异。因此在桥梁建设过程中我们需要对拉索拉力进行调整。

斜拉桥是一种复杂的工程结构。对于大跨径斜拉桥，施工张拉力的确定通常采用倒拆法。在理论条件下，当采用倒拆法进行拉索调整时，桥梁完全建成后的拉索恒载拉力应与其设计值高度一致。然而，由于设计和施工过程中的多种因素，实际的恒载拉力往往与设计值存在差异。

在施工过程中，主梁的应力状态会对拉索的张拉产生限制，使在某些情况下，不允许拉索在一次操作中张拉至其倒拆吨位，这就要求在桥梁建设过程中进行多次的拉索拉力调整。调索计算不仅涉及直接的力学计算，还需要考虑由施工过程引起的索力误差的合理分配问题。为了保证桥梁的安全与稳定性，我们应尽量减少调索操作，以避免不必要的误差累积。

下面介绍索力调整的基本计算公式。

1. 设计索力

设计索力表示为向量 N，其中每个元素 N_i（$i=1,2,\cdots,n$）是拉索的设计索力值，有

$$N = \begin{bmatrix} N_1 & N_2 & \cdots & N_n \end{bmatrix}^T \quad (2-5)$$

式中：n 为拉索的数量。

2. 实际索力

由于设计和施工误差的影响，桥梁完成后的实际索力表示为 N'，有

$$N' = \begin{bmatrix} N'_1 & N'_2 & \cdots & N'_n \end{bmatrix}^T \tag{2-6}$$

3. 索力误差

索力误差 D 是设计索力与实际索力之间的差值，表示为

$$D = \begin{bmatrix} D_1 & D_2 & \cdots & D_n \end{bmatrix}^T \tag{2-7}$$

4. 调整方程

考虑索力影响系数矩阵 T 和修正量向量 X，可以建立以下方程：

$$TX = \begin{bmatrix} T_{11} & T_{12} & \cdots & T_{1j} \\ T_{21} & T_{22} & \cdots & T_{2j} \\ \vdots & \vdots & \vdots & \vdots \\ T_{i1} & T_{i2} & \cdots & T_{ij} \end{bmatrix} \begin{bmatrix} X_1 \\ X_2 \\ \vdots \\ X_n \end{bmatrix} = D = \begin{bmatrix} D_1 \\ D_2 \\ \vdots \\ D_n \end{bmatrix} \tag{2-8}$$

式中：每个元素 T_{ij} 表示当第 j 根拉索拉力增加 1 时，第 i 根拉索的内力增量。

5. 求解修正量

由式（2-8）可得：

$$X = \begin{bmatrix} X_1 \\ X_2 \\ \vdots \\ X_4 \end{bmatrix} = T^{-1}D = SD = \begin{bmatrix} S_{11} & S_{12} & \cdots & S_{1j} \\ S_{21} & S_{22} & \cdots & S_{2j} \\ \vdots & \vdots & \cdots & \vdots \\ S_{i1} & S_{i2} & \cdots & S_{ij} \end{bmatrix} \begin{bmatrix} D_1 \\ D_2 \\ \vdots \\ D_n \end{bmatrix} \tag{2-9}$$

式中：S 是 T 的逆矩阵；每个元素 S_{ij} 表示如果第 j 根拉索拉力增加 1，而其他拉索拉力保持不变时，第 i 根拉索应调整的索力增量。

第 2 章　大跨径斜拉桥的结构分析

T 中的各元素 T_{ij} 可以通过逐次求解斜拉桥的一个高次超静定结构的方法来获得。T 是一个准对称矩阵，具有特定的对称性质，存在 $T_{ii}=1$。以 T_{ii} 为轴，对于对称位置的任意两元素 T_{ij} 与 T_{ji}，有

$$T_{ij} = T_{ji} L_j A_i / (L_i A_j) \quad (2\text{-}10)$$

2.1.4　索力调整计算的直接解

在斜拉桥的设计和施工过程中直接求解 $TX=D$ 意味着试图直接找到解决方案，但当 T 的逆矩阵不存在，即当 T 是奇异矩阵时，我们无法对其直接求解。

1. 力的基本平衡条件

基于力的平衡，索力应满足以下条件：

$$\begin{cases} \sum N_i' \sin\alpha_i = \sum P_i \\ \sum N_i' \cos\alpha_i = 0 \end{cases} (i=1,2,\cdots,n) \quad (2\text{-}11)$$

式中：α_i 是第 i 根拉索与 x 轴之间的夹角；P_i 是主梁的总重量。在某些特定情境下，所有的支座反力也要考虑进去。

2. 调整索力后的平衡条件

考虑到实际施工中可能会进行索力的调整，我们需要确保在调整后，索力仍然满足式（2-1）的平衡条件。换句话说，我们可以用 N_i 代替 N_i'，且有 $D_i = N_i - N_i'$，这样可以得到：

$$\begin{cases} \sum D_i \sin\alpha_i = \sum P_i \\ \sum D_i \cos\alpha_i = 0 \end{cases} (i=1,2,\cdots,n) \quad (2\text{-}12)$$

这就确保了在调整索力后，斜拉桥的结构仍然是平衡的。

3. $TX=D$ 的解决条件

只有在解除所有索力的约束后，主梁仍然是一个稳定的结构时，索

力影响系数矩阵 **T** 才可以直接求逆。这意味着，只有在这些特定条件下，我们才可以使用 **TX=D** 来求解索力。

4. 附加约束的选择

选择的附加约束可以是多样的，但约束的差异会导致调整效果的变化。在解除需要计算的拉索约束后，若主梁因附加约束而转变为超静定结构，则索力调整的计算可能会带来误差。如果约束选择正确，那么附加约束反力在最终计算中都将为零。在解除所有 n 个拉索约束后，主梁应为稳定的静定结构，其支座反力应与设计值一致。若真实结构的约束导致主梁成为超静定结构，则调整后的支座反力可能会发生变化。为确保所有支座反力满足设计要求，我们可以采取解除多余约束的策略或使用虚拟拉索替代，两种策略的优劣取决于具体应用场景。若因施工误差导致索力偏移，这种偏移可能会导致支座反力的误差。因此，在进行索力调整计算之前，我们应对施工误差进行估计，并在必要时修正参数 **D**。

对于对称的三跨斜拉桥结构，在主跨合龙后进行索力调整时，我们可以利用其对称性进行半桥分析。无论索力误差是否对称，这种简化方法所导致的误差相对于参数 **D** 是可以忽略的。若调整后主跨中心的高度要求保持不变，我们可以在主跨中心对称点处增加一个附加竖向支座。若调整后要求桥面标高改变，我们可以使用全桥的计算模型，并对桥面施加相应的位移，从而计算索力误差并进行修正。

2.1.5　索力调整计算的迭代解

1. 计算背景

斜拉桥工程实践中经常会出现一个问题：是否需要对所有的拉索进行索力调整？从经验出发，对有限数量的拉索进行调整可以使整体拉索的拉力误差控制在工程允许的范围内,从而达到工程设计的要求。

这种对部分拉索进行调整的计算策略,从数学的角度来看,其实质是对线性方程组 **TX=D** 进行迭代求解。在这个方程组中,**T** 表示拉索与桥面之间的关系矩阵,**X** 表示拉索的索力向量,**D** 则代表桥面的荷载向量。

当 **T** 矩阵不满足某些条件,特别是当其不可逆,即不存在矩阵 **T**$^{-1}$ 时,迭代法的收敛性会受到影响。具体来说,这可能会导致迭代过程的收敛速度缓慢或者根本不能收敛,而这种情况的出现与向量 **D** 的特性紧密相关。

在实际工程中,为了求解 **TX=D**,我们可以采用迭代算法。然而,一个关键的问题是如何选择那些需要调整的拉索,使整体的拉索索力误差满足预定的精度要求。这需要研发一个迭代计算程序,旨在优化调整策略,使调整的拉索数量尽可能少,同时满足工程的精度要求。

2. 迭代方法

假设 m 根拉索的索力修止量与这些拉索的索力误差矢量分别为 $X_{(m)}$ 与 D',即

$$X_{(m)} = \begin{bmatrix} X_1 & X_2 & \cdots & X_m \end{bmatrix}^T \quad (2\text{-}13)$$

$$D' = \begin{bmatrix} D'_1 & D'_2 & \cdots & D'_n \end{bmatrix}^T \quad (2\text{-}14)$$

则可得到条件方程:

$$\begin{bmatrix} D'_1 \\ D'_2 \\ \vdots \\ D'_m \\ \vdots \\ D'_n \end{bmatrix} = \begin{bmatrix} D_1 \\ D_2 \\ \vdots \\ D_m \\ \vdots \\ D_n \end{bmatrix} - \begin{bmatrix} T_{11} & T_{12} & \cdots & T_{1m} \\ T_{21} & T_{22} & \cdots & T_{2m} \\ \vdots & \vdots & & \vdots \\ T_{m1} & T_{m2} & \ddots & T_{mm} \\ \vdots & \vdots & & \vdots \\ T_{n1} & T_{n2} & \cdots & T_{nm} \end{bmatrix} \begin{bmatrix} X_1 \\ X_2 \\ \vdots \\ X_m \end{bmatrix} \quad (2\text{-}15)$$

所要达成的目标为解出 X_j 与 D',其中 $|D'_i| \leq \text{eps}(i=1,2,\cdots,n)$。

首先尝试只调整一根拉索，即 $m=1$，则上述条件方程可简化为

$$D_i' = D_i - T_{ij}X_j (i=1,2,\cdots,n) \quad (2-16)$$

当 D' 取到最小值时，存在 $\mathrm{d}\sum D_i'^2 / \mathrm{d}X_j = 0$，将式（2-16）代入后可得：

$$X_j = \frac{\sum D_i T_{ij}}{\sum T_{ij}^2} \quad (2-17)$$

此时 D' 中各项平方和的值为最小。

当 m 的值增加时，我们可以对此 m 根拉索进行循环计算。计算后可得到索力误差

$$D_i' = D_i - \sum_{j=1}^{m} T_{ij}X_{ij} (i=1,2,\cdots,n) \quad (2-18)$$

据此误差，我们可以再次得到 $X_{(m)}$ 的近似值，只要循环进行此计算过程，即可得到 $X_{(m)}$ 的最终值。

将上述计算过程进行整合，可得

$$\begin{cases} X_j^{(k+1)} = X_j^{(k)} + \dfrac{\sum_{i=1}^{n} D_i^{(k)} T_{ij}}{\sum_{i=1}^{n} T_{ij}^2} (j=1,2,\cdots,m), \\ D_i^{(k+1)} = D_i^{(k)} - \sum_{j=1}^{m} T_{ij} X_j^{(k+1)} (j=1,2,\cdots,n) \end{cases} \quad (2-19)$$

式中：$X_j^{(k)}$ 与 $D_i^{(k)}$ 的初始值分别取 $X_j^{(0)}$ 和 $D_i^{(0)}$，则 $D_i^{(k+1)} = D_i'$。结束计算进程的条件为

$$\left| D_i^{k+1} \right| \leq \mathrm{eps}(i=1,2,\cdots,n) \quad (2-20)$$

若始终达不到结束条件，则应该增大 m 值重新计算。

在处理条件方程时，若 m 与 n 的编号顺序不一致，为保证算法的精确性与效率，我们需要对矩阵 T 进行适当的重排序，使 m 与 n 的编号一致。这不仅有助于电算程序的编制和优化，还对后续的计算有重要影响。

对于拉索的编号顺序，适当地安排编号顺序可以确保最终需要调

整的拉索数量 m 最小化。因此，我们可以尝试多种不同的 m 编号排列方式，并进行对比分析。一个较好的策略是优先考虑那些可能引起最大误差的拉索，将其编号排在前面，以便早期纳入计算中。为简化计算过程，我们可以考虑从一个较小的偶数（如 2）开始，并按对数方式逐渐增加。

在施工实践中，减少需要调整的拉索数量具有明显的经济和时间效益，因此，与直接计算 $X=T^{-1}D=SD$ 相比，优化的编号策略更具实际应用价值。

2.1.6 索力调整计算的手算程序

在进行索力调整的计算时，有时为了提高效率可以选择手动计算。

需要明确的是，为了消除索力误差 D，每根拉索都需要调整其受力计算长度。这里的索力误差是由于各种原因（如温度、负载变化等）导致的实际索力与设计索力之间的差异。$X=T^{-1}D=SD$ 在使用应变来调整拉索的控制量时，可以改写为

$$R = \begin{bmatrix} R_1 \\ R_2 \\ \vdots \\ R_n \end{bmatrix} = ED = \begin{bmatrix} E_{11} & E_{12} & \cdots & E_{1j} \\ E_{21} & E_{22} & \cdots & E_{2j} \\ \vdots & \vdots & \vdots & \vdots \\ E_{i1} & E_{i2} & \cdots & E_{ij} \end{bmatrix} \begin{bmatrix} D_1 \\ D_2 \\ \vdots \\ D_n \end{bmatrix} \quad (2-21)$$

式中：矩阵 R 与 X 是对应关系，其中任一元素 R_i 表示为了消除索力误差 D，第 i 根拉索需要调整的长度；矩阵 E 描述了每当某一根拉索的拉力改变时，其他拉索应该如何调整长度以保持其拉力不变。

特别地，当所有的拉索从第 1 根到第 n 根按顺序进行收紧操作时，第 j 根拉索的拉力增量为 1，而其他拉索的拉力保持不变。

当斜拉桥的主梁与索塔变形为零，只有第 i 根拉索的拉力增加 1 而其他拉索的拉力保持不变时，这意味着，为了保持除第 i 根拉索外的其他拉索的拉力不变，只需要调整这些拉索的应变。这一过程可以通过下

式进行计算：

$$\begin{cases} E_{ji} = l_j - l'_j \,(j=1,2\cdots,n; j \neq i), \\ E_{ii} = l_i - l'_i + l_i/(EA_i) \end{cases} \quad (2-22)$$

这里的关键是解除所有的拉索约束，然后对其静定结构施加一对单位力。通过这种方式，原本需要解决的复杂的超静定结构问题可以简化为两个静定结构的变形计算。这里的方法其实就是在求 T 的逆阵 S，因为 E 与 S 存在以下关系：

$$S_{ij} = E_{ij} \times EA_i / l_j \quad (2-23)$$

2.2 大跨径斜拉桥的平面分析

斜拉桥结构分析中，有限元法是最有效的方法。尽管斜拉桥的结构行为展现出鲜明的空间特征，但在初步设计阶段，设计者通常会采用平面杆系进行计算分析，以完成斜拉桥的索力调整和活载内力分析。这种方法在斜拉桥局部构件的验算及复核时也是十分常用的，经常涉及二维平面单元和三维空间单元的使用。

有限元分析的核心步骤是建立计算模型，这涉及对整体结构进行单元和节点的划分，从而形成结构离散图；还需要研究各单元的性质，并采用合适的单元模型进行模拟，这种模拟对于理解和预测结构的行为是至关重要的。

斜拉桥的特点之一是它与其他超静定桥梁一样，其最终的恒载受力状态与施工过程紧密相关。因此，根据施工方案，我们需要对结构进行施工阶段的划分，并确定各施工阶段的单元总数和施工荷载。

斜拉桥是分阶段施工的，斜拉索也是分批张拉的。特别是对于大跨径的斜拉桥，它有许多施工阶段，每个施工阶段的单元数目都不相同，这意味着结构体系在不断地转化和调整，这种转化和调整对于确保桥梁的稳定性和安全性是至关重要的。在施工和设计过程中，还有一些其他问题需要注意,这些问题可能会影响斜拉桥的整体性能。

2.2.1 斜拉索模拟

在模拟斜拉索时,一个关键的步骤是正确地设置单元的抗弯惯性矩。由于斜拉索主要承受轴向拉力,而不是弯矩,因此它的抗弯惯性矩应该设置得特别小。为了自动识别和处理斜拉索单元,我们应在计算程序中设置相应的功能,这可以简化模拟过程,确保索在分析中被正确地处理。

除了基本的模拟设置,我们还需要考虑一些更复杂的因素,如索的非线性行为。特别是当考虑到缆索单元自重引起的垂度时,这种非线性行为变得尤为突出。缆索的自重垂度可以导致索的几何形状和应力状态发生变化,从而影响整个桥梁的结构行为。为了消除这种非线性的影响,我们可以采用 Ernst 公式。Ernst 公式是一个经典的方法,用于计算由于缆索自重引起的垂度和相应的非线性应力分布。通过将这种非线性影响纳入计算,我们可以更准确地模拟和预测桥梁在各种条件下的行为。

2.2.2 截面的处理以及应力计算

对于不同的构件截面(如主梁的箱型截面),常规的做法是通过平面杆系程序将其等效为"工"字形截面。这种等效方法为结构分析提供了一种简化的手段,使复杂的截面可以通过更简单的形式进行模拟和分析。某些程序甚至可以多次形成截面,从而更准确地模拟截面的行为。

在计算内力时,常规的做法是采用全截面计算,这意味着整个截面的所有部分都被考虑在内。然而,对于斜拉桥的主梁,这种方法可能不够准确。斜拉桥的主梁具有明显的剪力滞后效应,这是桥梁的结构和斜拉索的布置导致的。这种剪力滞后效应在扁平箱梁中尤为明显,其中整体剪力会滞后于各个箱室之间的剪力。

考虑到这种剪力滞后效应，我们在计算应力时应该考虑截面面积和惯性矩的折减。简单地采用全截面计算应力可能会导致不安全的结果，甚至在某些情况下可能是非常危险的。为了更准确地模拟和分析斜拉桥的主梁，我们可以参考国外的规范（如英国的 BS5400），这些规范为截面的处理和应力计算提供了详细的指导。

在处理如钢箱梁这样的复杂截面时，我们需要采用有效截面特性进行计算。这意味着在计算应力时，我们只需考虑截面中承受应力的有效部分即可，如腹板附近的顶板和底板的有效宽度。为了简化这种计算，我们可以将复杂的箱梁等效为几个并列的工字梁进行应力计算。

2.2.3 预应力钢束的处理

在大跨径预应力混凝土斜拉桥的结构分析中，预应力钢束的处理是最为复杂的部分。预应力钢束作为桥梁的关键组成部分，其处理方法直接影响到桥梁的性能。预应力钢束的几何信息描述不仅数据量大，而且在处理过程中容易出错。因此，对预应力钢束进行准确的模拟和分析是至关重要的。

为了简化并准确地模拟预应力钢束，我们通常采用等效并列的工字梁来模拟箱梁。这种方法可以将复杂的预应力钢束结构简化为更易于处理和分析的工字梁结构，从而提高分析的效率和准确性。然而，这种简化方法也带来了一些挑战，如如何准确地描述预应力钢束的几何信息以及如何考虑预应力的损失和转化。

在确定了预应力钢束的模拟方法后，下一步是根据施工方法确定预应力的损失。预应力的损失是由于多种因素（如摩擦、松弛和混凝土收缩等）导致的预应力减少。为了准确地确定这些损失，我们需要根据施工方法和实际情况进行详细的分析和计算。

确定了预应力的损失后，接下来的步骤是将预应力转化为等效荷载进行计算。这意味着预应力的效果可以被视为一种外部荷载，从而可以使用常规的方法来计算其引起的内力和位移。这种方法不仅简化了计算过程，还提高了计算的准确性。

在求得预应力的等效荷载后，我们可以使用与计算其他荷载相同的方法来计算预应力引起的内力和位移。这样求得的内力是最终的综合内力，包括静定内力和二次内力。静定内力是由于外部荷载直接引起的内力，而二次内力是结构变形和非线性效应引起的内力。

2.2.4　温度次内力计算

由于斜拉桥是高次超静定结构，因此温度引起的次内力的计算是不可或缺的，这些次内力是温度变化引起的结构变形和应力分布的变化所产生的。为了准确地考虑温度效应，我们需要对不同的温度变化情况进行详细的分析。

第一个要考虑的是年温差的效应。在这种情况下，斜拉桥的主梁和索塔的整体温度变化是均匀的，并且与拉索的温度变化相等。然而，拉索的温变幅度通常更大，这是因为拉索的尺寸较小，而且钢材的导热性能比混凝土更好，因此拉索更容易受到温度变化的影响。在计算时，我们需要以合龙温度为起点，并考虑年最高气温和最低气温两种不利情况的影响。

其次要考虑的是日照温差的效应。在日照作用下，斜拉桥主梁的上缘和下缘、索塔的左侧和右侧以及拉索的温度变化都是不同的，这是因为日照会使桥梁的某些部分吸收更多的热量，从而产生不均匀的温度分布。一般情况下，索塔的左、右侧的日照温差为 ±5 ℃，其温度梯度则按线性分布；拉索与主梁和索塔之间的温差则为 ±10 ℃ 到 ±15 ℃。

为了计算温度效应次内力，我们首先需要求出外界温度变化引起的单元等效结点荷载向量，这一步骤是基于温度变化对结构的影响进行的。然后，我们需要将各单元的结点荷载向量通过坐标转换变为总体坐标下的结点荷载，这样就可以将这些荷载代入总体刚度方程中，从而求得结构因温度而产生的结点位移。最后，我们可以根据这些位移求得各单元杆端的内力。

2.2.5 徐变次内力计算

混凝土的收缩徐变变形不仅影响结构的整体性能，还会对结构的内力状态产生重大影响。混凝土的收缩是指混凝土在硬化过程中由于水分蒸发而产生的体积减小，徐变则是指混凝土在持续荷载作用下随时间产生的变形。

由于混凝土的收缩和徐变，结构的变形会增大。事实上，徐变变形的积累总和通常是同等应力作用下弹性变形的1.5～3倍。这种增加的变形不仅会影响结构的整体稳定性，还可能导致裂缝的产生和扩展，从而影响结构的耐久性和安全性。

混凝土的收缩和徐变还会导致超静定结构的内力状态发生变化。超静定结构是指静定度大于零的结构，它有多个约束条件，因此其内力状态是不确定的。由于混凝土的收缩和徐变随时间增加，超静定结构的内力状态也会随之发生变化，这种变化被称为应力重分布。应力重分布可能会导致结构的某些部分承受更大的应力，从而增加结构的破坏风险。

为了准确地考虑混凝土的收缩徐变变形，我国《公路钢筋混凝土及预应力混凝土桥涵设计规范》（JTG 3362—2018）采用了一种比较完善的徐变理论，这种理论考虑了混凝土的瞬时徐变、滞后弹性徐变和塑性徐变三种徐变特性。瞬时徐变是指混凝土在荷载作用下立即产生的变形，滞后弹性徐变是指混凝土在荷载作用下随时间产生的弹性变形，而塑性徐变是指混凝土在荷载作用下随时间产生的不可逆的变形。这三种徐变特性共同决定了混凝土的总徐变特性，其徐变系数的表达式在规范中有详细的描述：

$$\phi(t,\tau) = \beta_a(\tau) + 0.4\beta_d(t-\tau) + \varphi_f\left[\beta_f(t) - \beta_f(\tau)\right] \quad (2-24)$$

式中：t和τ分别是计算龄期与加载龄期；$\beta_a(\tau)$与$\beta_d(t-\tau)$分别表示瞬时徐

第 2 章 大跨径斜拉桥的结构分析

变规律函数以及徐变弹性规律函数；$\beta_f(t) - \beta_f(\tau)$ 则表示徐变塑性系数随时间变化的规律。

为了方便计算，目前大部分平面杆系的分析程序皆是使用指数曲线来拟合徐变系数：

$$\beta_a(\tau) = 1 - \frac{1}{h_0}\left(\frac{\tau}{h_1 + h_2\tau}\right)^{h_3} \quad (2-25)$$

$$\beta_d(t-\tau) = \sum_{i=1}^{3} B_i\left(1 - e^{-k_i(t-\tau)}\right) \quad (2-26)$$

$$\beta_f(t-\tau) = \sum_{i=1}^{3} A_i\left(1 - e^{-d_i(t-\tau)}\right) \quad (2-27)$$

式中：h_0，h_1，h_2，h_3，B_i，k_i，A_i，d_i 均是使用规范中相应的图表所拟合而成的系数，如表 2-1、表 2-2、表 2-3 所示。

表 2-1 h 表

h_0	h_1	h_2	h_3
1.276	4.200	0.850	1.600

表 2-2 B_i，k_i 表

i	B_i	k_i
1	0.372	0.362 0
2	0.354	0.012 8
3	0.362	0.002 2

表 2-3 A_i，d_i 表

理论厚度	$\delta \leq 5$ cm		5 cm $< \delta \leq 160$ cm		$\delta > 160$ cm	
i	A_i	d_i	A_i	d_i	A_i	d_i
1	0.222 0	0.193 0	0.254 0	0.181 0	0.185 0	0.288 0
2	0.465 0	0.016 4	0.293 0	0.086 1	0.177 0	0.011 8

续　表

理论厚度	$\delta \leq 5$ cm		$5\text{ cm} < \delta \leq 160\text{ cm}$		$\delta > 160$ cm	
i	A_i	d_i	A_i	d_i	A_i	d_i
3	0.295 0	0.001 6	0.403 0	0.000 9	0.587 0	0.000 6

混凝土每一时刻的收缩应变表示为

$$E_s(t) = E_{sk}\left(1 - e^{-Pt}\right) \quad (2\text{-}28)$$

式中：E_{sk} 是收缩应变的终极值，P 是收缩形变随时间的变化速度。

2.2.6　支承单元

在斜拉桥的平面分析中，支撑单元起到了至关重要的作用。桥梁结构在施工过程（如拖架的拆除或连续梁的顶推过程等）中的体系是持续变化的。为了有效处理这些变化，特别是边界条件、拆除单元对结构受力的影响以及支反力的计算，许多分析程序中引入了支承单元。

下面是支承单元的刚度方程：

$$[f]^e = \begin{bmatrix} K_x & 0 & 0 \\ 0 & K_y & 0 \\ 0 & 0 & K_\theta \end{bmatrix} \begin{Bmatrix} u \\ v \\ \theta \end{Bmatrix} \quad (2\text{-}29)$$

式中：K_x 为总体坐标系下的纵向刚度；K_y 是轴向刚度；K_θ 是扭转刚度。

支承单元实际上是一个点单元，与某些程序中的读入单元类似。在平面分析程序中，支承单元可以被视为两个拉（压）弹簧和一个受扭的弹簧。尽管在实际编写程序时，支承单元的处理相对简单，但在桥梁结构分析中，其作用却是巨大的。以下几个方面可以体现支承单元的重要性。

第一，支承单元能够模拟刚性支承的边界和弹性支承的边界。例如，我们可以先计算桥梁基础作为子结构的刚度，然后使用支承单元来模拟这个基础。

第 2 章　大跨径斜拉桥的结构分析

第二，在体系转换时，我们可能需要拆除支承单元。这时，支承单元的刚度需要全部为 0，并且支承单元的支反力应作为等效节点力加入结构的荷载向量。

第三，支承单元可以处理单向受力的情况。例如，在满堂支架拱桥的施工中，当浇注拱顶时，拱脚可能会向上变形，在这种情况下，使用只承受压力的支承单元是非常合适的。

第四，支承单元可以处理有摩擦的滑动支座，这在某些施工场景中是非常关键的。

第五，支承单元还可以处理单元之间的半刚性连接，这在某些复杂的结构连接中是必不可少的。

尽管目前的桥梁结构平面杆系分析程序功能强大，能够完成大部分的平面分析工作，但由于系统的复杂性，加上使用人员的疏忽，可能会出现错误。因此，计算得到的结果必须经过仔细的检查以确保其正确性。这就要求使用人员不仅要具备强大的结构分析能力，还需要有丰富的工程实践经验。计算机程序不能替代优秀的结构工程师，只有优秀的结构工程师才能充分利用计算机程序的功能。为了加深对力学概念和设计规范的理解，对于一些较简单的桥梁结构或大型桥梁的部分，进行手工计算是非常有益的。

2.3　大跨径斜拉桥的空间分析

斜拉桥结构分析相对复杂。这种桥梁的设计通常采用斜索面，而斜拉索在主梁上的锚固点往往不会直接通过主梁的扭转形心。因此，当斜拉桥同时受到多个方向的荷载作用时，仅仅采用平面分析是不足够的，我们必须进行更为复杂的空间结构分析。

为了对斜拉桥进行精确的空间分析，我们通常使用有限元法。这种方法要求对结构进行空间静力离散。在这一过程中，主梁通常被简化为

"鱼骨梁"模型,斜拉索被简化为空间杆单元,而桥塔通常被简化为空间梁单元。为了模拟每根斜拉索,我们通常采用一个杆单元,主梁和桥塔则采用梁单元。在斜拉索和主梁之间,我们需要使用主从节点来确保结构的完整性和正确性。

空间杆单元和空间梁单元的刚度矩阵是分析的核心,这些矩阵描述了单元在受到外部荷载作用时的变形特性。

以下是空间单元以单元坐标系表示的刚度矩阵:

$$\begin{bmatrix} \bar{X}_i \\ \bar{Y}_i \\ \bar{Z}_i \\ \bar{M}_{xi} \\ \bar{M}_{yi} \\ \bar{M}_{zi} \\ \bar{X}_j \\ \bar{Y}_j \\ \bar{Z}_j \\ \bar{M}_{xj} \\ \bar{M}_{yj} \\ \bar{M}_{zj} \end{bmatrix} = \begin{bmatrix} E\frac{A}{l} & & & & & & -\frac{EA}{l} & & & & & \\ & \frac{12EI_z}{l^3} & & & & \frac{6EI_z}{l^2} & & -\frac{12EI_z}{l^3} & & & & \frac{6EI_z}{l^2} \\ & & \frac{12EI_y}{l^3} & & -\frac{6EI_y}{l^2} & & & & -\frac{12EI_y}{l^3} & & -\frac{6EI_y}{l^2} & \\ & & & \frac{GI_k}{l} & & & & & & -\frac{GI_k}{l} & & \\ & & -\frac{6EI_y}{l^2} & & \frac{4EI_y}{l} & & & & \frac{6EI_y}{l^2} & & \frac{2EI_y}{l} & \\ & \frac{6EI_z}{l^2} & & & & \frac{4EI_z}{l} & & -\frac{6EI_z}{l^2} & & & & \frac{2EI_z}{l} \\ -\frac{EA}{l} & & & & & & \frac{EA}{l} & & & & & \\ & -\frac{12EI_z}{l^3} & & & & -\frac{6EI_z}{l^2} & & \frac{12EI_z}{l^3} & & & & -\frac{6EI_z}{l^2} \\ & & -\frac{12EI_y}{l^3} & & \frac{6EI_y}{l^2} & & & & \frac{12EI_y}{l^3} & & \frac{6EI_y}{l^2} & \\ & & & -\frac{GI_k}{l} & & & & & & \frac{GI_k}{l} & & \\ & & -\frac{6EI_y}{l^2} & & \frac{2EI_y}{l} & & & & \frac{6EI_y}{l^2} & & \frac{4EI_y}{l} & \\ & \frac{6EI_z}{l^2} & & & & \frac{2EI_z}{l} & & -\frac{6EI_z}{l^2} & & & & \frac{4EI_z}{l} \end{bmatrix} \begin{bmatrix} \bar{u}_i \\ \bar{v}_i \\ \bar{\omega}_i \\ \bar{\theta}_{xi} \\ \bar{\theta}_{yi} \\ \bar{\theta}_{zi} \\ \bar{u}_j \\ \bar{v}_j \\ \bar{\omega}_j \\ \bar{\theta}_{xj} \\ \bar{\theta}_{yj} \\ \bar{\theta}_{zj} \end{bmatrix}$$

(2−30)

式中:坐标系的 $\bar{Y}$ 和 $\bar{Z}$ 轴可根据结点 i 使用右手法则来确定;在 $\bar{X}O\bar{Y}$ 平面内,位移的未知量 $\bar{u}_i$,$\bar{v}_i$,$\bar{\theta}_{xi}$ 与刚度矩阵相关;在 $\bar{X}O\bar{Z}$ 平面内,位移的未知量为 $\bar{u}_i$,$\bar{\omega}_i$,$\bar{\theta}_{yi}$;在 $\bar{Y}O\bar{Z}$ 平面内,位移的未知量为 $\bar{v}_i$,$\bar{\omega}_i$,$\bar{\theta}_{xi}$。

假设 $\bar{\lambda}_{mn}$ 是结构坐标系 n 轴与单元坐标系 m 轴之间的夹角余弦,则有

$$[T] = \begin{bmatrix} \bar{\lambda}_{xx} & \bar{\lambda}_{xy} & \bar{\lambda}_{xz} \\ \bar{\lambda}_{yx} & \bar{\lambda}_{yy} & \bar{\lambda}_{yz} \\ \bar{\lambda}_{zx} & \bar{\lambda}_{zy} & \bar{\lambda}_{zz} \end{bmatrix} \quad (2-31)$$

则空间单元 g 的坐标变换矩阵可写为

$$\begin{bmatrix} \bar{X}_i \\ \bar{Y}_i \\ \bar{Z}_i \\ \bar{M}_{xi} \\ \bar{M}_{yi} \\ \bar{M}_{zi} \\ \bar{X}_j \\ \bar{Y}_j \\ \bar{Z}_j \\ \bar{M}_{zj} \\ \bar{M}_{yj} \\ \bar{M}_{xj} \end{bmatrix} = \begin{bmatrix} [T] & 0 & 0 & 0 \\ 0 & [T] & 0 & 0 \\ 0 & 0 & [T] & 0 \\ 0 & 0 & 0 & [T] \end{bmatrix} = \begin{bmatrix} \bar{u}_i \\ \bar{v}_i \\ \bar{\omega}_i \\ \bar{\theta}_{xi} \\ \bar{\theta}_{yi} \\ \bar{\theta}_{zi} \\ \bar{u}_j \\ \bar{v}_j \\ \bar{\omega}_j \\ \bar{\theta}_{xj} \\ \bar{\theta}_{yj} \\ \bar{\theta}_{zj} \end{bmatrix} \quad (2-32)$$

或者简单表示为 $\{\bar{\delta}_g\} = [T_g]\{\delta_g\}$ （2-33）

相应的，结点力和位移关系可以表示为下列式子：

$$\begin{cases} \{\bar{F}_g\} = [\bar{K}_g]\{\bar{\delta}_g\}, \\ \{F_g\} = [T_g]^{-1}[\bar{K}_g][T_g]\{\delta_g\}, \\ [K_g] = [T_g]^{-1}[\bar{K}_g][T_g] \end{cases} \quad (2-34)$$

值得注意的是，由于斜拉索的下端和主梁的形心之间存在特定的关系，因此采用了主从约束，这种约束确保了整个结构在受到荷载作用时的稳定性和完整性。

在进行空间梁单元分析时，除了需要注意平面杆系程序分析中的问题，还有其他几个关键问题需要重点关注。

第一，梁单元主惯性轴的空间方位确定至关重要，如果方位选择不当，可能会导致分析结果的严重偏差。

第二，主从节点的概念在结构分析中起到了关键作用，这种节点可以方便地实现梁单元之间的各种连接（如半铰接、全铰接和局部间断等），某些刚臂的处理也可以使用主从节点。

第三，为了模拟单元之间的非完全刚性约束，我们可以采用释放自由度法,这种方法要求对单元的方位有深入的了解,以确保正确释放自由度。

2.4 大跨径斜拉桥的非线性分析

随着跨径的不断增大、结构刚度逐渐减小,斜拉桥在运营和环境荷载作用下的性能受到了很大的考验。这种考验不仅仅是因为斜拉桥的结构复杂,还因为它是交通的重要通道,其稳定性和安全性对于整个交通系统都至关重要。

在斜拉桥的结构分析中,非线性问题主要包括几何非线性、材料非线性以及状态非线性。其中,几何非线性分析在预测结构在各种荷载作用下的反应中起到了关键作用。当斜拉桥在设计或使用荷载的过程中产生较大的变形时,尽管构件的应变可能很小,但几何非线性静力分析仍然是其关键研究内容。这种分析不仅可以估计自重引起的应变和变形,还可以确保桥梁在建设过程中的安全性。

斜拉桥的几何非线性主要来源于斜拉索垂度、梁-柱效应和大变形效应三个方面。斜拉索在自重和外部张拉力的共同作用下会形成悬链线形状,这种形状意味着斜拉索的轴向刚度与其垂度有关,而垂度又与索中的张拉力有关,这种关系使张拉力与变形之间具有明显的非线性关系。拉索的存在意味着主梁和桥塔不仅要承受弯矩,还要承受较大的轴力,这种轴力与弯矩和变形之间的相互作用产生了梁-柱效应,该效应也被称为 $P-\delta$ 效应。在荷载作用下,斜拉桥结构可能会产生较大的位移,这种位移相对于其几何尺寸来说已经不再是一个微小的量,因此在进行结构分析时,我们需要考虑到这种大位移引起的非线性效应。

为了描述斜拉桥的非线性行为,我们可以采用以下方法。

第一,针对斜拉索垂度,通常采用等效弹性模量法来模拟拉索的非线性,其中 Ernst 公式已经得到了广泛的应用。

第二，针对梁-柱效应，可以通过引入稳定因子的刚度矩阵来考虑主梁和桥塔的这种效应。

第三，针对大变形效应，可以采用拖动坐标法，通过不断修正节点坐标，最终找到一个变形后的平衡位置。

2.4.1 非线性刚度矩阵

1. 等效弹性模量

在大跨径斜拉桥中，斜拉索产生的非线性效应在整个桥梁的非线性效应中占有很大的比重，这是因为斜拉索的刚度与其垂度直接相关，而垂度又受到张拉力的影响。随着张拉力的增加，垂度会相应减小，这时斜拉索的轴向刚度会增加。这种关系意味着，当考虑斜拉索的非线性特性时，必须同时考虑其几何和材料属性。

为了更准确地描述斜拉索的非线性特性，研究者提出了使用等效弹性模量的方法。这种方法的核心思想是使用一个等效的直杆来模拟斜拉索的轴向刚度变化。这个等效直杆的弹性模量不仅考虑了材料的非线性特性，还考虑了几何变形的影响。这样，我们通过调整等效直杆的弹性模量，可以使其轴向刚度与实际斜拉索的轴向刚度相匹配。

这种方法的优势在于其简便性和高效性。通过使用等效弹性模量，我们可以避免直接处理复杂的非线性方程，从而简化了分析过程。这种方法还考虑了斜拉索的实际工作条件（如截面积、弹性模量、自重和张力等），从而确保了分析结果的准确性。

虽然使用等效弹性模量的方法可以简化分析过程，但我们仍然需要对斜拉索的实际工况有深入的了解。斜拉索的非线性特性不仅与其材料属性有关，还与其在桥梁结构中的实际应用情况密切相关。例如，斜拉索的张拉力、自重、截面积和弹性模量等因素都会影响其非线性特性。因此，为了确保分析结果的准确性，我们必须对这些因素有深入的了解

和充分的考虑。一般有

$$E_{eq} = \frac{E}{1 + \left[\dfrac{(wL)^2 AE}{12T^3}\right]} \quad (2-35)$$

式（2-35）就是表示的等效弹性模量，也被称为 Ernst 公式。式中：E_{eq} 表示考虑垂度影响的等效弹性模量；E 表示斜拉索材料的原始弹性模量；L 表示斜拉索的水平投影长度；ω 表示单位长度斜拉索的重量；A 表示斜拉索的横截面积；T 表示斜拉索的张力。

式（2-35）的右侧部分描述了斜拉索的非线性特性，考虑到了斜拉索的自重和张拉力对其刚度的影响。公式的分母部分表示斜拉索的非线性因子，这个因子与斜拉索的自重、长度、截面积、原始弹性模量和张拉力有关。

当张拉力由 T_1 变为 T_2 时，我们可采用下式计算拉索的等效割线模量.

$$E_{eq} = \frac{E}{1 + \left[\dfrac{(wL)^2 (T_1 + T_2) AE}{24 T_1^2 T_2^2}\right]} \quad (2-36)$$

2. 平面索单元刚度矩阵

单元的总刚度矩阵可以由单元的弹性刚度矩阵和单元的几何刚度矩阵相加得到，它们的关系可以表示为

$$[k_t]_c = [k_e]_c + [k_g]_c \quad (2-37)$$

式中：单元弹性刚度矩阵 $[k_e]_c$ 与等效弹性模量 E_{eq}、索的面积 A 以及索割线长度 L 有关，并具有如下的形式：

$$[k_e]_c = E_{eq} A / L \begin{bmatrix} 1 & 0 & -1 & 0 \\ 0 & 0 & 0 & 0 \\ -1 & 0 & 1 & 0 \\ 0 & 0 & 0 & 0 \end{bmatrix} \quad (2-38)$$

单元几何刚度矩阵 $[k_g]_c$ 与索的轴向力 T 以及索割线长度 L 有关，其形式为

第 2 章 大跨径斜拉桥的结构分析

$$[k_g]_c = T/L \begin{bmatrix} 0 & 0 & 0 & 0 \\ 0 & 1 & 0 & -1 \\ 0 & 0 & 0 & 0 \\ 0 & -1 & 0 & 1 \end{bmatrix} \quad (2-39)$$

值得注意的是，E_{eq} 表示等效弹性模量或等效割线模量，它考虑了索的变形对索的刚度的影响。

3. 空间索单元割线刚度矩阵

张拉力发生变化时，索单元的割线刚度矩阵可以简化为桁架单元弹性刚度矩阵，其弹性模量按照等效割线模量公式进行矫正，此时弹性刚度矩阵可以表示为

$$[k_E]_c = \frac{AE_{eq}}{L_c} \begin{bmatrix} 1 & -1 \\ -1 & 1 \end{bmatrix} \quad (2-40)$$

L_c 在这里表示索的割线长度。

4. 空间索单元切线刚度矩阵

斜拉索的张拉力为 T 时，索单元切线刚度矩阵可以表示为桁架单元的弹性刚度矩阵，但需要考虑张拉力对弹性模量的影响。

在大变形理论的背景下，对于桁架单元，弹性刚度矩阵可以采用多种方法来获得。综合这些方法，可以得到以下关系式：

$$[k_T]_c = [k_E]_c + [k_G]_c \quad (2-41)$$

式中：$[k_T]_c$ 表示单元局部坐标的切线刚度矩阵；$[k_E]_c$ 是弹性刚度矩阵，且

$$[k_E]_c = \frac{AE_{eq}}{L_c} \begin{bmatrix} 1 & -1 \\ -1 & 1 \end{bmatrix} \quad (2-42)$$

$[k_G]_c$ 代表架单元的几何刚度矩阵，并可以表示为

$$[k_G]_c = \begin{bmatrix} [G]_c & -[G]_c \\ -[G]_c & [G]_c \end{bmatrix}_{6\times 6} \quad (2-43)$$

在这里，$[G]_c$ 是几何刚度子矩阵，并由以下公式给出：

$$[G]_c = \frac{T}{L_c} \begin{bmatrix} 0 & 0 & 0 \\ 0 & 1 & 0 \\ 0 & 0 & 1 \end{bmatrix} \quad (2\text{-}44)$$

2.4.2 $P\text{-}\delta$ 效应刚度矩阵

在桥梁结构设计和分析中，梁-柱效应的处理主要考虑大轴力和弯矩共同作用下的结构响应。在这种情况下，桥塔和主梁的单元可能会出现显著的变形，这会导致轴向刚度和弯曲刚度之间的相互耦合。

基于有限元离散化观点，处理斜拉桥梁-柱效应非线性的方法是稳定函数法。对此，多位学者（如 Saafan、Fleming、Nazmy 及 C.K.Wang）做了大量的研究。

1.Saafan 的方法

Saafan 在 1966 年针对悬索桥的特性和需求，提出了一套独特的平面刚架非线性有限元方法。该方法的核心在于其对初始轴力和大位移进行了综合考虑，而不仅仅是单一地考虑某一种力或位移。这一方法还融合了初始弯矩、剪力以及轴力与弯矩之间的交互影响，特别是这种相互作用带来的二次效应。为了更好地描述这种非线性现象，Saafan 还成功地导出了一个切线刚度矩阵，专门用于处理非线性情况下的动态变化。

当然，任何科学方法或理论都是基于一定的假设或前提条件的。Saafan 的这种方法也不例外，它是建立在桥梁结构中的应力与其他力都能保持一种比例关系的基础上的。这种方法还假设构件的截面是均匀的，这意味着构件的截面不会有任何突变或不规则的分布。结构材料的性质也是该方法考虑的一个关键因素，它必须遵循胡克定律，胡克定律是一个描述材料应力与应变之间关系的基本定律。

除此之外，Saafan 还明确指出，在这个模型中不会发生任何平面外

第 2 章　大跨径斜拉桥的结构分析

的失稳现象，这是为了保证模型的稳定性和准确性。关于索，他假定索是完全柔性的，这意味着索在受力时能够自由伸缩，不受任何限制。最后一个假设是关于荷载的，他认为荷载都是集中在结点上的，这样可以简化计算和模型的建立。

由于 Saafan 的这种方法对悬索桥的特性和需求有深入的了解和独到的见解，所以它在悬索桥的非线性有限元分析领域中得到了广泛的应用和认可。这不仅证明了 Saafan 的方法的科学性和实用性，还为后来的研究者和工程师提供了一个宝贵的工具和参考。

2. C.K.Wang 的方法

在 20 世纪 70 年代初，结构分析领域经历了许多重要的突破和发展。1973 年，C.K. Wang 提出了一种独特且具有创新性的方法，即平面刚架的二次分析方法。这一方法的提出为结构分析带来了新的视角和方法，特别是在处理复杂的非线性结构问题时。

C.K. Wang 的这种方法的核心思想在于如何平衡内外力。传统的一次分析往往基于未变形结构的几何图形来进行，而 C.K. Wang 所提出的二次分析方法更为先进，它考虑了结构在受力后的变形，从而使用变形后的几何图形来进行分析。这样的方法更能够准确地描述和模拟结构在受力后的实际情况，提高了分析的精度和可靠性。

当深入探讨这种二次分析方法的细节时，我们会发现其迭代过程十分精妙。在开始迭代的时候，这一方法并不是完全摒弃了传统的一次分析，而是利用了它的结果。具体来说，当迭代的第一轮开始时，该方法需要根据一次分析得到的杆件方向来列出节点平衡方程，这一步骤确保了迭代过程有一个稳定和可靠的起点，为后续的迭代过程打下了坚实的基础。

随着迭代过程的深入，每一次迭代的开始都需要重新考虑前一步结束时所得的杆件方向，然后列出节点平衡方程。这一设计体现了 C.K.

Wang 对非线性结构动态变化的深入理解,因为在实际情况中,结构在受力后会发生变形,杆件的方向也会随之改变,这种变化是连续和动态的。因此,每一次迭代都需要重新考虑和调整,确保每一步的分析都是基于最新、最真实的情况。

值得注意的是,由于杆件的方向在迭代过程中会不断地改变,这为分析带来了额外的复杂性。为了有效地处理这一问题,C.K. Wang 采用了直接刚度法。这种方法是一种旨在直接处理结构刚度问题的方法,它可以快速、准确地计算出结构在受力后的响应,特别是在结构发生变形、杆件方向发生改变时。通过使用直接刚度法,C.K. Wang 的二次分析方法不仅提高了分析的精度,还大大提高了计算的效率。

3.Fleming 的方法

1979 年,Fleming 发布了他的研究成果。Fleming 的方法在某种程度上继承了 Saafan 的思想,但他并没有止步于此。为了更加精确地描述和模拟结构的非线性行为,Fleming 引入了稳定函数,这一创新的加入使整个分析方法更加完善和精确。

Saafan 的方法在当时已经被广泛认为是处理某些非线性结构问题的有效工具,特别是那些涉及大位移和初始轴力的问题。然而,正如许多科学和工程领域中的情况,随着技术的进步和新问题的出现,旧的方法往往需要进一步的完善和扩展。

Fleming 认识到,仅仅考虑大位移和初始轴力是不够的,在实际的结构行为中,大弯矩与轴力之间的相互作用也起到了至关重要的作用。这种相互作用不仅会影响结构的变形,还会对结构的整体刚度产生重要影响。为了准确地描述这种相互作用,Fleming 引入了稳定函数。这种函数的主要作用是修正单元刚度矩阵,从而使整个分析方法更加符合实际情况。

稳定函数的引入使 Fleming 的方法在处理平面结构的非线性分析中

具有更高的精度和可靠性，特别是在那些涉及大弯矩和轴力相互作用的问题中，Fleming 的方法展现出了其独特的优势。这也是为什么这种方法后来在平面结构的分析中得到了广泛应用的原因。

不过，尽管 Fleming 的方法在某种程度上基于 Saafan 的方法，但它并不仅仅是一个简单的扩展或修改。Fleming 的方法在很多关键的细节上都进行了深入的研究和改进，这使其在处理复杂的非线性问题时具有更高的效率和准确性。

4. Nazmy 的方法

在近年的结构分析研究中，Nazmy 的贡献不容忽视。他对 Fleming 的平面刚度矩阵方法进行了深入研究，并进行了创新性的扩展，使其不再局限于平面结构，还能够应用于更加复杂的空间非线性分析。

在结构工程的实际应用中，许多结构并不仅仅是在一个平面上发生变形和受力。实际上，大部分的结构都存在于三维空间中，这意味着它们在三个方向上都可能发生变形或受到外部力的作用。因此，仅仅考虑平面结构的分析方法往往是不够的，需要有一个更加全面、更加细致的分析方法来处理这种复杂的空间结构问题。

在深入研究 Fleming 的平面刚度矩阵方法后，Nazmy 认识到，如果能够将这一方法扩展到三维空间，那么它将具有更大的应用潜力。基于这一思考，Nazmy 开始对 Fleming 的方法进行深入的研究和改进。他不仅仅是简单地将平面方法扩展到三维，还对整个方法进行了重新的设计和构建，确保它在处理三维空间结构问题时既精确又高效。

Nazmy 的方法在很多方面都进行了创新，他不仅考虑了结构在三个方向上的变形和受力，还对结构的非线性行为进行了深入的研究。这种方法可以更加准确地描述和模拟结构在复杂荷载下的实际行为，特别是那些涉及大位移、大旋转和非线性材料性质的问题。

尽管 Nazmy 的方法在技术上更为复杂，但它在实际应用中显示出

了令人难以置信的效果。这种方法不仅提供了对复杂空间结构问题的深入理解，还为工程师和研究者提供了一个强大的分析工具，使他们能够更加精确地预测结构的行为，从而设计出更加安全、更加经济的结构。

如今，Nazmy 的空间非线性分析方法已经在非线性分析领域得到了广泛的应用。许多复杂的工程问题（如大型桥梁、高层建筑和工业设备等）都得益于这一方法的应用。

2.4.3 大变形刚度矩阵

大变形是在荷载的影响下，斜拉桥上部结构的几何位置会发生显著变化，这种变化对结构的安全性和稳定性有着直接的影响。

从有限元法的视角来看，这种几何位置的变化意味着节点坐标随荷载的增加会有较大的变化，这不仅影响了各单元的长度和倾角等基本几何特性，还使结构的刚度矩阵成为几何变形的函数。换句话说，结构的刚度矩阵不再是一个常数，而是随着结构的几何形态变化而变化。这种变化进一步导致了荷载与位移之间的关系不再保持线性性质，而是变为非线性。这种非线性性质的存在使结构在荷载作用下产生了附加应力，这种应力会对结构的整体性能产生进一步的影响。

为了更准确地描述和模拟这种非线性行为，研究者通常会采用一种迭代的方法。具体来说，基于结构的初始几何状态，我们可以采用线性分析的方法求出结构的内力和位移。这一步骤为后续的非线性分析提供了一个初步的估计。接下来，我们使用拖动坐标的混合法对结构的几何位置进行修正，这一修正基于结构在荷载作用下的实际变形情况，确保了分析的准确性和可靠性。在进行了几何位置的修正后，各单元的刚度矩阵也会相应地发生变化，这种变化意味着结构的刚度不再是一个常数，而是随着结构的几何形态变化而变化。

利用变形后的刚度矩阵和结点位移，我们可以求出结构的杆端力。由于结构在变形前后的刚度是不同的，这会导致结构产生节点不平衡荷载，这种不平衡荷载是结构的非线性行为引起的，它会对结构的整体性能产生进一步的影响。为了解决这一问题，研究者通常会将这种不平衡荷载作为结点外荷载作用于结构上，然后计算结构的位移。这一过程会不断重复，直到不平衡荷载处于一个预定的允许范围。

2.4.4 大跨径斜拉桥几何非线性有限元方程的数值解法

斜拉桥在受到外部荷载的作用时，其结构往往会发生显著的变形，从而导致其刚度矩阵和几何特性都发生变化。为了准确地描述和模拟这种非线性行为，研究者开发了多种数值方法。

其中，考虑几何非线性的有限元方程便是一个典型的例子。这种方程是建立在结构变形后平衡位置的基础上，意味着结构的刚度矩阵是所求位移的函数。这种方程由于其复杂性，通常需要采用逐步逼近的方法来求解。为了更高效地求解这类方程，研究者提出了多种数值方法，其中常见的有荷载增量法、迭代法和混合法。

1. 荷载增量法

荷载增量法基于一个核心理念，即将外部作用在结构上的荷载进行逐步的、增量式的施加。这样的增量方式可以使在整个分析过程中，每一步的荷载变化都被严格控制，从而为后续的计算提供更为明确的基础。在这种方法中，每一步都需要到对结构的响应进行计算和分析。

对于每一个特定的荷载增量，结构的刚度都被视为一个恒定的量。这一假设简化了计算过程，因为在每一个增量阶段，结构刚度的变化被忽略，从而可以直接使用该刚度来计算结构的响应。这就意味着，对于每一个荷载增量，节点的位移和杆端的受力都是基于当前增量区间起点的结构刚度来确定的。

当计算完成后，我们可以进一步确定增量区间终点处的节点位移，这是通过将起始点的位移与当前增量的位移相加来实现的。这一步骤保

证了整个分析过程中，位移的计算是连续的，并且可以反映出结构在荷载作用下的逐步变化。

但是，随着荷载的增加和结构的变形，结构的刚度很可能会发生变化。因此，基于新的位移，我们可以进一步确定相对于增量区间终点的结构刚度。这一新的刚度为下一步的荷载增量提供了基础，并被用作下一个增量阶段的起点刚度。

整个过程将持续进行，每一步都基于前一步的结果，直到满足特定的收敛准则。通常，这一准则基于区间位移增量的大小，当该增量足够小或达到预定的容许范围时，整个分析过程即视为完成。

2. 迭代法

在大跨径斜拉桥的非线性分析中，迭代法的核心在于一种"猜测－校正"的策略，这与荷载增量法的逐步逼近截然不同。迭代法的起始步骤是将总荷载一次性地施加到结构上，这种方式意味着所有预期的外部作用都被立即引入，而不是逐渐地加入。由此产生的初步反应为后续的迭代过程提供了基础。

当外部荷载被施加后，结构会产生响应，这些响应主要表现为节点的位移。这些位移不仅代表了结构的几何变化，还涉及结构的内部力矩分布和刚度的改变。根据这些位移，研究者会对结构的几何形态进行相应的修正，确保模型能够准确地反映出结构在荷载作用下的实际形状。

接下来，研究者基于修正后的几何形态，利用当前的结构刚度，可以计算出结构的节点力。然而，在这一阶段，一个关键的问题就浮现出来：由于结构在荷载作用下的变形，其刚度很可能发生变化，尤其是在大的变形或者非线性材料行为的情况下。这导致了在节点处可能会出现不平衡的荷载，即所施加的外部荷载与结构的内部反作用力之间存在差异。

第 2 章　大跨径斜拉桥的结构分析

为了克服这一难题，研究者采取了一种策略：将这种不平衡荷载视为新的节点荷载，并重新施加到结构上，然后基于修正的结构刚度进行计算，以得到新的节点位移。这一"猜测－校正"的过程会不断重复，直到节点的不平衡荷载达到一个可接受的范围，或者小于一个预先设定的容许值。

迭代法能够准确地模拟结构在复杂荷载作用下的响应，特别是在结构存在大的变形或非线性材料行为的情况下。通过连续的"猜测－校正"步骤，迭代法确保了分析的准确性和可靠性。

3. 混合法

混合法的核心是整合两种主要的数值方法——增量法和迭代法，从而在分析过程中实现更快的收敛速度并提高计算的准确性。

在非线性分析中，结构的响应往往难以直接确定，尤其是在面对大的变形或非线性材料行为时。因此，采用某种逼近的方法来迭代地逼近真实的解是至关重要的。增量法和迭代法各自具有独特的优点，但也存在局限性。而混合法恰好能够利用这两种方法的优点，同时避免它们的缺陷，从而为非线性问题提供一个更为全面和高效的解决方案。

在混合法的应用过程中，外部荷载不是直接施加到结构上，而是分为若干个增量逐步施加。这种逐步的荷载施加策略为后续的计算提供了明确的基础。但与纯增量法不同的是，在混合法中，每当一个荷载增量被施加到结构上后，都会立即启动迭代过程，以确保每一步都能够获得更为准确的结构响应。

具体来说，混合法可以在每一步荷载增量施加后立即进行迭代，也可以先施加所有的荷载增量，再进行整体的迭代过程。这两种不同的策略分别被称为混合法Ⅰ和混合法Ⅱ。两种策略各有优缺点，但在实践中发现，混合法Ⅱ的收敛速度通常更快。这是因为混合法Ⅱ在整个分析过程中只进行一次全局迭代，从而减少了多次迭代所带来的计算量；而

混合法Ⅰ需要在每次增量施加后都进行迭代，这可能会增加计算的复杂性。

2.4.5 大跨径斜拉桥几何非线性静力分析过程

斜拉桥空间几何非线性分析的实施开始于获取结构的基本数据，这些数据包括结构的几何尺寸、材料属性以及斜拉索的初始拉力，其中初始拉力是斜拉索在结构未受任何外部荷载作用时所受到的内部拉力。

接下来，将每个单元的稳定性因子都初始化为1.0，这一因子用于评估结构单元在受到荷载作用时的稳定性，并可在后续的迭代过程中进行调整。斜拉索的初始等效弹性模量也被确定，这一模量代表了斜拉索在受到荷载作用时的弹性响应。

为了进行非线性分析，我们首先需要确定结构的初始几何形态，这是基于结构在恒定荷载作用下的单元内力来完成的。通过这些内力，我们可以在整体坐标系下计算出等效的单元杆端力，这些杆端力与结构中的每个节点相关，并可以通过相加的方式得到每个节点的荷载，这些荷载与外部施加的荷载相减，就能得到第一次节点的不平衡荷载。

在此之后，我们便要进入荷载增量循环过程。此过程中，我们需要将初始位移设置为零，然后将不平衡荷载分为多个增量，每一荷载增量，我们都需要重新确定结构的几何形态，计算出新的单元杆端力，并修正斜拉索的等效模量。这一过程会持续进行，直到所有的不平衡荷载都被施加到结构上。

经过上述荷载增量循环后，我们可以在整体坐标系下计算每个单元的内力，并根据这些内力计算出该迭代过程的节点不平衡荷载。随后，整个分析过程会重新开始，直到满足预定的精度要求。

从上面的内容可以看出，该分析过程采用了混合法Ⅱ。通过将荷载增量循环嵌套于迭代循环中，混合法Ⅱ为斜拉桥的几何非线性分析提供了一种高效的解决策略。

2.5 大跨径斜拉桥的动力特性分析

2.5.1 大跨径斜拉桥结构自振特性分析

斜拉桥是一种特殊且复杂的桥梁结构，其在风、地震、行驶车辆等多种荷载作用下的响应具有显著的动力特性，这些动力特性的表现在很大程度上取决于结构的自振特性。

自振特性（如固有频率、振型和阻尼）是结构物体本身固有的动力特性，它并不直接受外部荷载的影响，而是由结构的组成体系、刚度、质量分布以及支承条件等因素所决定的。对于斜拉桥这种特殊结构，其一阶纵漂频率、一阶竖弯频率、一阶侧弯频率和一阶扭转频率等自振特性尤其重要，这些特性直接影响桥梁在各种外部荷载作用下的动力响应，特别是在风和地震荷载作用下的反应。

结构的自振特性可以通过求解固有频率和振型来获得，这一过程最终可以归结为求解一个广义特征值问题，这个问题的基本形式可以表示为

$$([K] - \omega^2 [M])\{\phi\} = \{0\} \qquad (2-45)$$

式中：$[K]$ 是结构的刚度矩阵；$[M]$ 是质量矩阵；ω 是结构的固有频率；而 $\{\phi\}$ 代表的是振型。

为了求解上述广义特征值问题，研究者提出了多种方法。常见的方法有逆迭代法、行列式搜索法、瑞利-李兹法、广义雅可比法、QR法、Lanczos法、子空间迭代法等。在这些方法中，广义雅可比法和QR法是求解全部特征值的有效方法，它们特别适用于那些刚度矩阵和质量矩阵的阶数相对较小的问题。然而，当通过有限元法将结构简化为一个多自由度体系时，特征值问题的阶数可能会非常大，在这种情况下，我们

通常只需要计算其中的一小部分特征值。

子空间迭代法由 Bathe 于 1971 年提出，它正是为解决上述问题而设计的。该方法的优点在于它对初始迭代向量的选取要求不高，能够充分利用刚度矩阵和质量矩阵的稀疏带状性质，并且能够一次性地求出前几个最大的广义特征值及其对应的特征向量。

在实施子空间迭代法时，我们需要从选择初始向量开始，然后进行乘法运算、向子空间投影、解决子空间的特征值问题，再进行向原空间的交换，最后进行迭代控制，确保收敛。

当面临一个特征值问题（特别是在结构动力学和其他工程应用中）时，对于给定的刚度矩阵 K 和质量矩阵 M（假设这些矩阵都是正定且对称的），我们可以寻找特征值问题 $Kx=\lambda Mx$ 的解。为了解决这一问题，子空间迭代法提供了一种针对大型系统的高效方法。

在子空间迭代法的实施中，一个关键的步骤是准备或初始化过程。在此阶段，我们需要选取一组初始向量 $x_1, x_2, \cdots, x_m$，这些向量组成了矩阵 X。

接下来执行乘法运算。通过乘质量矩阵 M 和矩阵 X，我们得到新的矩阵 Z。然后解线性方程组 $KY=Z$ 得矩阵 Y。

之后我们可在子空间中进行投影。通过将 KY 与 Y^T 相乘，我们得到一个缩小的、对称的矩阵 $\tilde{K}=Y^TKY$。同样，MY 与 Y^T 的乘积为 $\tilde{M}=Y^TMY$。这两个新的矩阵具有 $m \times m$ 的维度。

有了这些较小的矩阵，我们可以更高效地解决子空间中的特征值问题。广义雅可比法被用来解决 MK 型的特征值问题 $\tilde{K}p=d\tilde{M}p$。这个过程会产生特征向量，将它们组合得到矩阵 P。

在这之后，算法执行一个从子空间到原始空间的转换，即通过将 P 与 Y 相乘得到 X。

最后，我们还需要进行迭代控制。计算完成后，我们要检查计算结果是否已经收敛，如果算法未能达到预定的收敛标准，就重新执行从乘法运算到从子空间再到原始空间的转换，直到满足收敛条件为止。

2.5.2 大跨径斜拉桥一致激励地震反应分析

地震反应分析是结构工程中的一个核心领域，特别是当涉及大型、复杂和关键的结构（如大跨径斜拉桥）时。这种分析不仅依赖于地震的物理特性（如震级、震源深度和距离），还依赖于受影响结构的特性（如其几何形状、材料属性和支撑条件）。

地震反应分析的发展经历了多个阶段，这主要依赖于人们对地震动特性和结构特性认识的逐渐深入。在早期，人们主要依赖确定性地震力理论来进行分析，这种理论主要基于经验和观察。随着时间的推移，地震反应分析领域已经经历了三个主要的发展阶段：静力法、反应谱法和时程反应法。

1. 静力法

静力法主要关注结构在静态荷载作用下的响应，这种方法的核心思想是基于结构与荷载之间的线性关系进行分析。换言之，当荷载增加时，结构的响应也会按比例增加。在这种方法中，结构的变形、应力和内力等响应是基于结构的刚度、荷载的大小和分布以及结构的边界条件进行计算的。

结构的静态平衡是静力法的关键要素。这意味着，在任何给定的时间中，结构上的所有外部和内部力都是平衡的，没有加速度或其他动态效应的存在。为了确保这一平衡状态，我们需要确保结构中的所有节点和单元都满足平衡方程，具体来说，任何节点或单元上的合力和合力矩都应为零。

为了描述结构的静态响应，我们需要引入刚度矩阵。刚度矩阵是一个描述结构内部单元或节点间相互关系的矩阵，它反映了结构在单位荷载作用下的变形量。基于刚度矩阵，我们可以建立结构的平衡方程，进

而求解结构的响应。

在静力法中,常见的荷载类型包括自重、活荷载、风荷载和雪荷载等。这些荷载通常被视为恒定或缓慢变化的荷载,不考虑其随时间的动态变化,结构在这些荷载作用下的响应(如位移、应力和内力等)都可以通过静力方法得到。为了得到这些响应,我们需要将荷载和结构的刚度结合起来,形成一个线性方程组,然后通过适当的数学方法求解这个方程组。

尽管静力法主要关注结构的静态响应,但这并不意味着结构在实际应用中不会受到动态效应的影响。实际上,许多结构,特别是大跨径斜拉桥这样的大型结构,在受到突发事件(如地震或突发风荷载)的影响时,可能会出现超出静态荷载分析范围的响应。然而,静力法为工程师提供了一个基础的框架,使他们能够对结构在常规荷载下的行为有一个初步的了解。

2. 反应谱法

反应谱法是地震工程中用于评估结构在地震荷载作用下的动态响应的一种广泛使用的方法。这种方法的核心思想是利用所谓的"反应谱"来描述地震对结构的影响,而不是直接使用完整的地震时程记录。反应谱本质上是一系列的峰值响应,表示在特定的自由振动周期和阻尼比下,单自由度系统的最大动态响应。

在反应谱法中,地震输入不再是传统意义上的地震加速度时间历程,而是转化为了结构的自然振动周期与其对应的最大反应的关系。这种方法的主要优点是其简单性和效率,它消除了需要进行复杂的时程分析的需求,只需要考虑结构在特定的自然振动周期下的最大反应。

反应谱通常基于某一特定地震记录或合成地震记录,考虑了各种影响因素(如地震的震级、距离、地质条件等)。这种方法可以为不同的结构和地震情况生成一系列的反应谱曲线,这些曲线为工程师提供了一种评估结构在地震作用下可能的最大响应的手段。

为了利用反应谱法进行结构的地震反应分析，首先需要确定结构的自然振动周期和阻尼比。这通常可以通过动态特性分析得到。一旦获得了这些信息，就可以从反应谱曲线中读取对应的最大反应，并将其应用于结构分析。

反应谱法尽管提供了一种快速估计结构地震响应的方法，但它也有其局限性。反应谱只考虑了结构的最大反应，并没有考虑结构在地震作用下的完整的动态响应。因此，对于某些特定的结构和地震情况，反应谱法可能不够准确。

在工程实践中，反应谱法经常被用作初步分析和设计的工具，提供了一个快速的方法来评估结构可能的地震响应。对于那些需要更高精度的项目，我们可能还需要采用更为复杂的分析方法来获得更详细的动态响应信息。

3. 时程反应法

时程反应法也被称为时程分析方法，是一种基于地震输入时程记录来评估结构动态响应的方法。这种方法的核心是直接模拟结构在给定的地震加速度时程下的动态响应。时程反应法的应用范围非常广泛，特别是在对大跨径、复杂结构进行分析时，该方法的优点尤为明显。

地震时程记录是地震过程中加速度、速度或位移随时间变化的实际记录，这些记录通常来自地震仪的观测，反映了地震源、路径和场地的复合效应。对于特定的工程项目，选择与项目场地地质、地震震源和震级相似的时程记录是至关重要的。

时程反应法的主要优势在于它能够为结构在地震作用下的整个响应过程提供详细的信息，包括结构的最大反应、时间历程、位移、速度、加速度以及其他相关的动态响应参数。与其他方法相比，时程反应法能够捕捉结构的非线性、阻尼和其他复杂的动态特性，从而为工程师提供

一种评估结构在实际地震作用下可能的表现方法。

正因为这种方法提供了详尽的响应信息，所以它对于评估和设计大跨径、复杂和重要的桥梁结构尤为重要。这些结构的动态特性和响应通常比较复杂，可能涉及多种非线性行为，如材料、几何和接触非线性。时程反应法能够准确地模拟这些非线性效应，并为结构在不同的地震场景下的响应提供详细的预测。

时程反应法尽管为结构的地震响应提供了高度精确的预测，但它也需要相对较大的计算资源，这是因为该方法涉及在每个时间步长上解决大型的动力方程组。然而，随着计算技术的进步，时程反应法在许多复杂工程项目中已经成为可行的方法，尤其是在涉及人身安全和经济利益的关键工程项目中。

为了确保分析的准确性和可靠性，选择适当的地震输入时程记录是至关重要的。通常，这需要根据项目的地理位置、地质条件以及预期的地震震级来选择或合成地震时程记录。考虑到地震的不确定性，这个过程通常需要进行多次分析，以考虑不同的地震场景和输入。

在进行时程分析时，有多种方法可供选择，这些方法可以归纳为三大类：时域分析方法、频域分析方法和振型叠加法。时域分析是直接考虑时间的进程，频域分析是转化为频率域进行分析，振型叠加法则利用结构的振型和对应的特征值来简化计算。

（1）时域分析方法。时域分析方法的关键在于对时间的连续性和连续变化进行分析，以捕捉结构在外部激励作用下的实际行为。

结构在各种外部荷载或激励下的响应是多种多样的，如地震激励通常表现为时间历程上的随机振动，而风荷载可能是随机或周期性的。为了准确地模拟这些激励下的结构响应，我们需要一个能够考虑时间进程中连续变化的方法。时域分析正是满足这一需求的方法，它允许工程师直接模拟结构在给定时间段内的动态行为。

地震工程和风工程是两个常见的应用领域。地震荷载是随机的，其

第 2 章　大跨径斜拉桥的结构分析

特性与时间和位置都有关，而风荷载可能具有随机或周期性特性。这些激励都需要在时间上进行连续的模拟以获得结构的准确响应。时域分析方法通过使用数值积分或时间步进技术（如中心差分法、Newmark-β 方法或 Wilson-θ 方法等），能够连续跟踪结构的动态行为，包括位移、速度和加速度。

但时间进程中的响应不仅仅是线性的。许多现实情况下，结构可能会出现非线性行为，这可能是材料的非线性、结构的几何非线性或边界条件的非线性造成的。材料非线性可能是因为在大应变下材料的应力－应变关系不再遵循线性规律。几何非线性可能是大变形或位移导致的。而边界条件的非线性可能是支撑的滑移、接触或约束条件的变化造成的。时域分析方法的一个显著特点是它允许直接考虑这些非线性效应，为工程师提供了一个准确和完整的结构响应描述。

（2）频域分析方法。在许多情况下，对于周期性或谐波激励的系统，频域分析方法通常比时域分析方法更加高效。

要理解频域分析方法的真正意义，我们首先需要认识到，任何时域信号都可以通过傅里叶变换转化为频率成分。这种变换将时间序列数据转化为频率数据，揭示了该信号中各种频率成分的强度和相位。同样，结构的动态响应也可以在频域中表示，这提供了一种全新的方式来看待和解决动态问题。

频域分析的关键是建立结构的频响函数，它描述了结构在给定频率下的响应。频响函数是一个复数函数，包含了振幅和相位信息，这两部分信息都是与频率有关的。当结构受到谐波或周期性激励时，我们可以直接使用频响函数来得到结构的频域响应。

激励的频谱表示了在各个频率下的激励强度。通过将激励的频谱与结构的频响函数相乘，我们可以直接得到结构的频域响应。这一过程远比在时域中直接模拟结构响应要高效得多。

频域分析的另一个关键步骤是逆傅里叶变换。一旦得到了结构的

频域响应，就可以使用逆傅里叶变换将其转化为时域。这样，工程师就可以得到结构在实际时间进程中的响应，这对于许多应用来说是至关重要的。

频域分析方法在处理线性系统时特别有效。这是因为在线性系统中，结构的响应与激励是线性关系，这意味着结构的频响函数是不随时间变化的。但是，对于非线性系统，结构的响应可能会随着激励的变化而变化，使频域分析方法的应用变得更加复杂。

（3）振型叠加法。振型叠加法基于结构动力系统的固有属性，即其响应可以由自身的振型集合来描述。

在多自由度动态系统中，每个自由度都有其独特的响应。每个自由度的响应都可以表示为结构的固有振型的线性组合，这些振型是系统在没有外部激励的情况下自然振动的模式。每个振型都与一个特定的固有频率相关，这是系统在该振型下自然振动的频率。

振型叠加法的关键步骤是确定结构的振型和固有频率，这是通过求解结构的特征值问题完成的。得到了这些特征值之后，我们就可以确定与之对应的振型。这些振型为正交的，这种正交性为分析提供了极大的便利，因为它简化了对结构响应的叠加计算。

一旦得到了结构的所有振型，我们就可以使用它们来描述结构在任何给定外部激励下的响应，这是通过将每个振型的响应加权并叠加起来完成的，权重是基于外部激励与每个振型之间的关系确定的。这种方法的优点在于，它允许工程师只使用几个振型就能得到结构的近似响应。这种策略特别适用于那些只有少数振型对响应产生显著影响的系统。

然而，振型叠加法在处理非线性问题时可能会遇到困难。非线性可能会导致结构的振型和固有频率随时间而变化。这种情况可能需要采用更复杂的策略，或者将振型叠加法与其他方法结合起来。

2.5.3 大跨径斜拉桥多支承激励地震反应分析

大跨径斜拉桥在地震作用下的结构响应受到多种因素的影响。地震波在空间上的变化主要由地震的生成机制、波的传播特性、地形和地质条件决定。大跨径桥梁由于其显著的长度,可能涵盖了多种不同的地质条件,导致在桥梁的各个部位,地震波的形态和振幅都存在差异。

多支承激励在地震响应分析中的重要性不容忽视,因为它会对桥梁的结构内力产生显著影响。在大多数情况下,多支承激励可能会使结构内力降低。然而,在某些情况下,这种激励可能会增加结构的内力。事实上,过去发生的多次桥梁结构破坏事件都证明了多支承激励在地震响应中的关键作用。

为了理解和预测这种空间变化的地震动输入,学者们进行了广泛的研究。有些研究采用了时程方法,这需要确定不同支承点处的加速度时程。确定这些加速度时程的方法有多种,包括选择与建桥地点相近的强震记录、基于震源机制生成时程以及使用随机振动方法模拟时程。这种方法尽管提供了详尽的分析结果,但它对所选择的加速度时程记录具有高度依赖性,并且计算量很大。

随机振动方法基于地震动在支承点的统计特性。这种方法的优势在于其分析结果不会因为不同的输入地震动而发生变化。但这种方法的一个限制是它需要功率谱作为输入,而大多数国家的抗震设计规范提供的是反应谱。为了解决这一问题,许多研究者开始基于反应谱进行多支承激励的研究。

K.K.Dong 和 M.Wieland 等学者探讨了多种组合方式,并与时程分析结果进行了对比。N.Yamamura 和 H.Tanaka 则将地震动分为相关组进行研究。Berrah 和 Kausei 提出了考虑反应谱空间变化的方法,但其方法没有考虑到拟静力分量和动力响应的相关性,也没有充分考虑桥址场地效应和波的传播效应。Armen Der Kiureghian 和 Ansgar Neuenhofer

提出了一种基于随机振动理论的新方法,这种方法考虑了波的传播、不相干性和桥址场地效应。

1. 多支承激励下的结构动态响应

大跨径斜拉桥作为重要的交通工程结构,在设计和分析时必须考虑多种可能的激励。地震波的产生和传播是一个复杂的过程,涉及多种因素的交互作用,如震源的机制、地震波在地壳中的传播特性、地形的影响以及地震波与地质结构的相互作用。这些因素共同导致地震波在空间上的不均匀分布。

在大跨径斜拉桥这类长距离结构中,不同的支承位置可能位于不同的地质条件之下。这意味着即使是同一次地震,不同的支承位置可能会受到不同形态和振幅的地震波。例如,一些支承可能位于相对坚硬的基岩上,而其他支承可能位于较为松软的沉积层上,由于这种地质条件的差异,地震波在不同的支承位置的影响也会有所不同。这种在结构不同位置的异步激励,被称为多支承激励。

多支承激励对大跨径斜拉桥的动态响应产生了深远的影响。传统的单一地震激励假设可能不足以描述这种复杂的动态加载效应。在某些情况下,由于多支承激励的相互干涉和叠加,它可能会导致结构的某些部分受到的动态加载降低,从而使结构的内力减少。然而,在其他情况下,多支承激励可能会增强结构的某些部分的动态加载,从而导致结构内力的增加。

考虑到这种异步激励的影响,工程师在进行大跨径斜拉桥的动态响应分析时,必须仔细评估多支承激励的效应。这不仅需要对地震波的传播和影响有深入的了解,还需要利用先进的计算方法和工具来模拟这种复杂的动态加载过程。

2. 基于反应谱的多支承激励分析

地震反应谱方法在地震工程领域中被广泛应用，因为它为工程师提供了一种评估结构在特定地震动下可能出现的最大响应的快速而有效的手段。这种方法基于结构的固有振动特性和地震动的能量分布来估计结构的最大响应。然而，当结构（如大跨径斜拉桥这样的长距离结构）面临多支承激励时，简单地应用传统的反应谱方法可能不再适用。

多支承激励涉及结构的不同部位受到不同的地震波形和振幅的影响。这种异步激励使传统的反应谱方法在评估结构的动态响应时面临挑战。因此，我们需要采用更先进的方法或策略来处理这种情况。

许多学者针对这个问题进行了深入的研究。K.K.Dong 和 M.Wieland 的研究对多种激励组合策略进行了探讨，并尝试找出最佳的方法来评估结构的最大响应。他们的研究结果显示，某些组合策略可以更准确地预测结构的动态响应，尤其是与时程分析结果进行比较时。这为工程师提供了一个有效的工具，可以更准确地评估结构在多支承激励下的最大反应。

N.Yamamura 和 H.Tanaka 的研究则更加关注地震动的相关性。他们认为，只有深入了解各支承点地震动的相关性，才能更准确地评估结构的动态响应。因此，他们提出了一个新的方法，将地震动按其相关性进行分组。这种方法不仅可以更准确地描述多支承激励的效应，还可以为工程师提供一个评估结构响应的新视角。

面对多支承激励的难题，地震工程领域的研究者提出了许多新的方法和策略，试图更准确地评估结构的动态响应。

3. 有效性指标在多支承激励中的应用

多支承激励对大跨径斜拉桥的影响是一个复杂而微妙的问题，涉及多种因素和参数。为了更精确地量化这些影响并为工程师提供更有用的工具和方法，一系列的有效性指标被提出和发展。影响矩阵、有效影响系数和有效振型参与系数就是这些指标中的核心组成部分。

影响矩阵是一个尝试捕捉和描述地震动在结构各支承位置上变化的工具，它为结构的每个部分提供了一个量化的描述，展示了在特定地震动下，这些部分如何响应。有效影响系数进一步量化了地震动在各支承位置的变化下对整体结构响应的贡献，这个系数可以被视为一个权重，它揭示了某一支承位置对整体结构响应的相对重要性。有效振型参与系数则提供了一个更全面的视角，不仅考虑了地震动的空间变化，还考虑了结构的动态特性，如固有频率和振型。

Berrah 和 Kausei 的研究为这一领域带来了新的启示，他们提出了一种新的方法，考虑了各支承位置反应谱的空间变化，为工程师提供了一种新的分析和评估工具。但是，他们的方法存在一些局限性，尤其是没有考虑到拟静力分量和动力响应的相关性，这些因素在评估结构响应时是非常关键的，因为它们可以显著地影响结构的动态行为。

然而，即使存在这些局限性，Berrah 和 Kausei 的研究仍然为地震工程领域提供了宝贵的见解。他们的方法强调了需要深入研究和理解多支承激励的影响，并提供了一个新的角度来看待这一问题。通过这些研究，工程师和研究者可以更好地评估和设计结构，以确保结构在地震中的安全和稳定。

4. 时程分析在多支承激励下的应用

时程分析方法的优点在于能够为结构在特定的时间历程荷载或激励下的响应提供直观和精确的描述。

多支承激励是指结构的各个部分由于其所处的地理、地质差异，可能会受到不同的地震激励。这种空间上的激励变化会对结构的动态响应产生显著的影响，这也是为什么时程分析在多支承激励的研究中具有如此重要地位的原因。这种分析方法不仅可以为工程师提供关于结构在地

第 2 章 大跨径斜拉桥的结构分析

震中整体响应的全面视角,还可以深入各个局部区域,揭示那些可能被忽略的细微响应。

大跨径斜拉桥作为一种大型结构,其在地震中的动态响应尤为复杂。这类桥梁可能涉及多种非线性行为,如材料非线性、几何非线性和边界条件的非线性。传统的线性分析方法很难完全捕获这些非线性效应。但时程分析方法由于其能够直接模拟非线性效应,因此在评估这类大型结构的地震响应时具有独特的优势。

时程分析方法不仅提供了结构响应的时间历程,还可以反映结构在不同时间点的状态,如位移、速度和加速度。这为工程师提供了一个深入了解结构动态行为的机会,从而可以更好地制定出相应的设计和加固策略。

2.6 大跨径斜拉桥的局部分析

2.6.1 局部分析概述

由于斜拉桥的结构复杂、跨度长、受力复杂,因此其设计、施工和运营都需要进行详细的分析。其中,除了对桥梁整体进行分析,对其局部的分析也显得尤为重要。

结构的稳定性和安全性往往受到局部弱点的影响。事实上,许多大型结构的破坏(如桥梁的坍塌),其起因都是某一局部区域的疲劳或损伤。因此,对斜拉桥局部区域的分析是确保其长期稳定性和安全性的关键。

斜拉桥中的一些关键部位(如桥塔和斜拉索的锚固区域、斜拉索和主梁的锚固区域、桥塔的隅节点、塔梁固结的区域以及混凝土主梁和钢箱梁结合的区域)都是斜拉桥局部弱点的可能位置,这些部位由于其特殊的结构和受力情况,容易产生疲劳或损伤。因此,对这些部位的分析需要特别细致。

对于钢箱梁，其结构复杂度和受力情况都比较特殊，在分析时，我们不仅要对其整体进行分析，得到第一体系的内力，还需要对其第二体系和第三体系进行局部应力分析。这是因为在某些情况下，第一体系的内力可能并不能完全反映钢箱梁的受力情况，需要通过第二体系和第三体系的分析来获得更为准确的数据。

钢箱梁的第二体系和第三体系的应力分析主要是为了得到钢箱梁在复杂荷载作用下的应力分布情况。这对于预测和判断钢箱梁的疲劳和损伤有着至关重要的作用。通过这种方法，我们可以更准确地了解钢箱梁的受力情况，从而为其维护和修复提供有力的依据。

2.6.2　子结构法

子结构法是一种常用的局部分析方法，它将整个结构划分为若干个子结构，并对每一个子结构进行单独分析，最后将各个子结构的结果进行组合，得到整体的结构响应。这种方法的优点是可以充分利用已有的分析工具和数据，节省计算时间和资源。

边界单元法是子结构法的一种，它主要用于模拟子结构的边界条件。与传统的有限元法相比，边界单元法只需要对边界进行离散，而不需要对整个区域进行网格划分，这大大简化了模型的复杂度，并提高了计算的效率。通过计算原结构在该处的刚度，该方法可以为子结构提供一个相对准确的边界条件。

对于采用钢主梁的斜拉桥，除了要分析第一体系的应力，还需特别注意第二体系的应力。因为第二体系的应力通常较大，如果忽略，可能会导致设计不足或过度，从而影响结构的安全性。

确定子结构的尺寸和边界条件是进行子结构法分析非常重要的一步，过大或过小的子结构都会影响分析的准确性。为了确定合适的子结构尺寸，我们可以利用圣维南原理（Saint Venant's Principle），它是一种基于能量原理的方法，可以帮助工程师确定一个大致的子结构区域。但仅依靠圣维南原理往往难以得到准确的结果，我们还需要通过试算来确定子结构的具体尺寸。

试算的方法如下：先变化子结构的尺寸，观察其应力的变化程度，然后不断调整子结构的尺寸，直到应力分布比较均匀为止。这种方法虽然比较直观，但也需要一定的经验和判断。

2.6.3 第二体系应力计算方法

钢箱梁作为斜拉桥的主要承载构件，其应力状态直接影响整座桥梁的安全性。传统的总体结构分析方法虽然能够获得整体的应力和变形情况，但对于局部的详细应力分布，尤其是在关键部位（如焊缝、连接节点等），该方法可能无法给出准确的预测。因此，对于钢箱梁的第二体系应力，我们需采用更为专业和精细的方法进行分析。

Peklian-Esslinger法是计算第二体系应力的一种常用方法。该方法基于等效的梁模型，将复杂的钢箱梁简化为一系列的等效梁，每个等效梁对应钢箱梁的一个局部结构。通过这种简化，该方法可以利用基本的梁理论对其进行分析，从而获得每个局部结构的应力和变形。这种方法的优点在于计算简便，但可能需要对简化后的模型进行校核，以确保其与实际结构的一致性。

等效格子梁法是另一种常用方法。与Peklian-Esslinger法类似，该方法也是基于简化的模型进行分析。不同之处在于，等效格子梁法将钢箱梁简化为一个等效的格子梁结构，每个格子对应钢箱梁的一个局部区域。通过对这个等效的格子梁进行分析，该方法可以获得整个结构的应力和变形。这种方法的优点在于模型更接近实际结构，但计算可能稍显复杂。

2.6.4 横隔板的受力状态计算方法

横隔板，也称横肋，主要用于提供横向的刚度，防止钢箱梁在受到侧向荷载或扭矩时发生过大的变形。传统的 Peklian-Esslinger 法通过对钢箱梁进行等效简化，可以快速得到横隔板的弯矩和剪力。然而，这种方法主要关注的是整体的受力和变形情况，对于横隔板的局部受力和稳定性问题，这种方法可能无法给出详尽的答案。

正如上述所指出的，对横隔板进行稳定性检验时，仅凭弯矩和剪力的数据是远远不够的。除了这些基本的力学参数，横隔板的局部受力、应力分布、局部稳定性以及与其他结构组件的相互作用等都需要进行详细的分析。在这种情况下，有限元方法显然是一个更为合适的选择。

有限元方法作为一种数值分析手段，可以对复杂的结构进行详细的离散，并通过数值计算得到每个部分的受力和应力分布。对于钢箱梁的横隔板，通过有限元模型，该方法可以得到横隔板在各种加载条件下的详细受力状态，包括局部的应力集中、局部的变形以及与其他结构组件的相互作用等。这种方法不仅可以得到更为精确的结果，还可以为工程师提供更多的信息，帮助其进行更为合理的设计和评估。

有限元方法还可以用于分析更多的工况和参数（如温度变化、预应力、非线性材料性质等），这对于钢箱梁的横隔板在复杂环境下的性能评估至关重要。

2.7 大跨径斜拉桥的抗震分析

桥梁是交通运输网络的关键节点，确保桥梁在地震中的稳固和功能对于震灾准备和后震时期的恢复具有不可估量的价值。自 1972 年美国华裔学者 J.T.P.Yao 教授引入土木工程结构振动控制的思想以来，这个领域经历了广泛的探索和发展，特别是在美国，该领域的研究势头强劲，

第 2 章 大跨径斜拉桥的结构分析

吸引了大量的研究者参与。尽管这种控制技术最初源于航天工程中的追踪和定位应用以及在柔性空间结构中的使用，但其在土木工程中的应用也迅速扩展，尤其是在建筑和桥梁结构的地震和风振防护领域。

日本在这方面的研究也表现出色，已有超过 20 座大型建筑采用了主动控制技术，这些控制策略的引入主要是为了确保建筑物在强风条件下为居民提供良好的舒适度。俄罗斯也有着与此相关的研究成果和进展。在某些国家，中低层建筑中的被动基础隔震防护系统已经成为一种被广泛接受的控制策略。

当探讨结构控制时，我们可以根据其是否需要外部能量输入以及如何响应结构信号来分类。这些类型包括被动控制、主动控制、杂交控制和半主动控制。被动控制技术不需要外部能源；主动控制依赖于外部电源和传感器来实时调整结构响应；杂交控制结合了被动和主动控制的特；半主动控制则介于被动和主动控制之间，可以响应结构信号，但不需要持续的外部能量输入。这些控制策略为工程师和研究者提供了多种选择，以满足不同的土木工程需求和挑战。

2.7.1 被动减震技术在斜拉桥中的应用

在土木工程中，地震和风荷载对结构的影响一直是重要的研究课题，特别是对于大跨径斜拉桥这类长距离工程。这类桥梁由于其独特的结构形态和巨大的质量，使其在地震或强风下面临巨大的难题。因此，为了提高桥梁的抗震、抗风能力并确保其安全运营，被动控制技术被引入并得到了广泛的应用。

传统的抗震设计方法虽然经过数十年的实践和优化已经可以在一定程度上确保结构在强震作用下的安全，但其核心思想仍然依赖于结构和构件自身的物理特性（如其强度、延性和耗能能力）来对抗地震带来的破坏。在这种设计理念下，工程师通常会通过调整结构构件的截面尺寸、增加配筋数量或改变其布置方式来提高结构和构件的抗震强度和延

性。这样的方法虽然可以在一定程度上提高结构的抗震能力，但其本质还是会使大量的地震力和能量从地面直接传递到结构中。这不仅可能导致结构的损伤，还可能导致结构的整体破坏。为此，传统的抗震设计方法往往会利用结构的塑性变形能力，通过非弹性变形来吸收和耗散地震能量，以此来降低地震对结构的破坏。

随着科技的进步和对地震工程的深入研究，被动控制技术逐渐成为一个新的研究热点。与传统的抗震设计方法不同，被动控制技术不再完全依赖于结构和构件自身的物理特性，而是通过在结构的关键位置安装特定的隔震或阻尼设备来主动地改变结构在地震中的动态响应特性。这些设备可以有效地延长结构的自然周期，增加结构的阻尼，从而减少地震对结构的影响。

被动控制技术主要包括基础隔震、消能减震和被动调谐减振三种方法。基础隔震技术主要是通过在结构与基础之间设置特定的隔震装置来隔离地震波的传递，从而减少地震对结构的影响。消能减震技术是通过在结构中安装能够耗散地震能量的装置（如摩擦阻尼器或黏滞阻尼器）来降低结构的动态响应。被动调谐减振技术则是通过在结构中安装能够与结构的某一特定频率共振的调谐质量来减少该频率下的结构响应。

被动控制技术的核心是利用内置的设备或系统，在无须外部电源或能源输入的情况下，自动地响应外部荷载，以减小其对结构的影响。这种方法的基础是利用特殊的减震设备来吸收、存储和再次释放结构中的部分能量。例如，隔震支座能够减小地震波传递到结构的能量；调谐质量阻尼器可通过与结构的振动相反的相位来吸收能量，从而减小结构的响应；黏滞阻尼器则通过内部的黏性物质转化振动能量为热能。

在大跨径斜拉桥中，由于桥梁的长度和高度，结构可能会受到多点或异步的激励，这使整个桥梁在地震或风的作用下可能产生复杂的动态响应。为了应对这种挑战，被动控制技术可以根据桥梁的具体结构特点和外部荷载的特性进行定制和优化。例如，在桥墩和桥塔之间的连接部

第2章 大跨径斜拉桥的结构分析

位设置隔震支座可以有效地隔离桥墩和桥面的地震响应；在桥面或桥塔的关键位置设置调谐质量阻尼器可以有效地减小由于风或地震引起的桥梁的振动。

1. 隔震技术在斜拉桥工程中的应用

桥梁结构由于其长跨径和较大的结构质量，使其在地震作用下容易受到重大损坏。因此，为了确保桥梁的安全和功能，特别是在地震高发区，工程师和研究者持续寻求有效的防护措施。

隔震技术的基本原理是在桥梁结构与基础之间加入特定的隔震装置，从而使在地震作用下的结构与基础可以产生相对位移。这种相对位移可以使地震能量在隔震器中被有效地吸收和耗散，从而大大减少传递到结构上的地震力和能量。通过这种方式，桥梁结构可以在地震中保持其完整性，而不会因为地震作用发生严重的损坏或倒塌。隔震装置还可以在地震结束后自动复位，从而减少后期的维修和恢复成本。

隔震装置的设计和选择是隔震技术成功应用的关键。这些装置必须具有足够的位移容量来吸收地震引起的大位移，还需要有足够的刚度来支撑结构的重量。隔震装置需要有良好的耐久性和可靠性，以确保其在长时间的使用过程中仍能保持良好的性能。

隔震技术在大跨径桥梁中的应用尤为重要。这是因为这些桥梁的结构质量大，其自身的固有频率较低，使其容易与地震波的主要频率产生共振，从而导致更大的结构响应。在地震高发区，这种共振效应可能会导致桥梁的严重损坏，甚至倒塌。因此，隔震技术在这些地区的大跨径桥梁中具有特殊的意义。

最近几十年，各国在桥梁隔震技术的研究和应用上都有所突破。新西兰的 Motu Bridge 是世界上第一座应用滑动支承隔震技术的桥梁，它的成功建设为后来的桥梁隔震技术的研究和应用提供了有力的参考。美国在 Sierra Point Bridge 上首次采用了铅芯橡胶支座作为隔震装置，这

种装置不仅可以有效地吸收地震能量，还可以自动复位，减少维修成本。日本作为地震频发国家，对桥梁隔震技术的研究和应用也非常重视，其中宫川大桥就是一个成功的例子。

我国自 20 世纪 60 年代开始对桥梁隔震技术进行研究，并在各种桥梁项目中广泛应用。目前，我国桥梁中常用的隔震装置有板式橡胶支座、盆式橡胶支座和聚四氟乙烯滑板支座等，其中铅芯橡胶支座因其出色的性能被广泛研究和应用。我国的工程师和学者还在不断研发新型的隔震装置，以满足不同的工程需求。

实际的地震事件已经证明了隔震技术的有效性和稳定性。新西兰的 TeTeko Bridge 在地震中受到的损害相对较小，其隔震技术的应用大大增强了桥梁的抗震能力。美国的 EelRiver Bridge 经受了强烈地震的考验，其结构完好无损，这也证明了隔震技术的重要性。

2. 被动调谐减振在桥梁工程中的应用

被动调谐减振技术通过在桥梁结构中安装与某一特定结构频率共振的调谐质量来减少该频率下的结构响应。在桥梁工程，尤其是在大跨径桥梁中，这种方法可以有效地减少由风或交通引起的结构振动。

被动调谐减振技术近年来在桥梁工程中得到了广泛的应用和研究。长跨径桥梁由于其结构形式和大尺寸，容易受到各种外部环境因素（如风、流水、交通荷载等）的影响，导致结构产生振动。过大的结构振动不仅会影响桥梁的使用寿命和安全性，还可能对行车安全造成威胁。因此，如何有效地控制桥梁的振动，确保其正常使用和安全，已经成为桥梁工程领域的一个重要研究课题。

被动调谐减振技术正是为此而生。这种技术的工作原理是在桥梁结构中安装一个或多个调谐质量，这些调谐质量可以与结构的某一特定频率共振。当结构受到外部激励产生振动时，调谐质量会与结构的某一特定振动模式共振，从而吸收和消耗掉这一振动模式的能量，减少该频率

第 2 章 大跨径斜拉桥的结构分析

下的结构响应。这种方法的独特之处在于，它可以针对结构的特定振动模式进行优化，从而实现对特定频率下的动态响应的有效控制。

在桥梁工程中，被动调谐减振技术的应用尤为重要。大跨径桥梁由于结构尺寸大，固有频率较低，容易受到风或交通荷载的影响而产生振动。被动调谐减振技术可以针对这些低频的振动模式进行优化，从而有效地降低桥梁在这些频率下的动态响应。由于这种技术是被动的，即不需要外部能量输入，因此它的运行和维护成本较低，具有较好的经济性。

然而，被动调谐减振技术也有其局限性。由于它主要依赖调谐质量与结构的共振，因此对于那些频率变化较大或者有多个主要振动模式的结构，这种方法可能不太适用。调谐质量的设计和选择也是这种技术成功应用的关键，这些调谐质量必须具有足够的质量和刚度，以确保它们可以与结构的特定振动模式产生有效的共振。

3. 桥梁的耗能减震策略

耗能减震技术是通过在桥梁结构中安装特定的耗能装置（如摩擦阻尼器或金属阻尼器）来吸收和耗散结构的动态能量。这种方法的优点是可以在不改变结构原有特性的前提下，有效地减少结构的动态响应。在大跨径斜拉桥或悬索桥中，由于其结构质量大，受地震或风载影响的风险也较高，因此耗能减震技术尤为重要。

桥梁工程中的耗能减震策略的核心理念是为结构增加额外的耗能装置，使在外部荷载，尤其是地震或风载作用下，这些装置能够吸收、耗散大部分的动态能量，从而降低传递至主结构的冲击和震动。此策略的出现为桥梁工程提供了一个新的视角，强调了在结构设计中加入适当的阻尼和耗能手段，以增强桥梁对外部动态荷载的抗御能力。

摩擦阻尼器作为一种常见的耗能装置，其工作原理是依靠摩擦力在两个接触面之间产生能量耗散，当结构受到动态荷载作用时，摩擦阻尼器在其工作范围内会产生相对位移，从而产生摩擦力，这种摩擦力能够有效地吸收和消散结构的动态能量。金属阻尼器通常由特定的金属材料制成，这些材料在受到动态荷载作用时会产生塑性形变，从而吸收和耗散动态能量。

大跨径斜拉桥和悬索桥由于其独特的结构形式和较大的自重，其在地震或风载作用下的响应特别敏感。这些桥梁的振动模式和频率范围相对独特，因此我们在设计阶段就需要充分考虑其动态响应特性。耗能减震技术为这些桥梁提供了一种有效的保护策略，可以显著降低结构在地震或风载作用下的动态响应，从而提高结构的安全性和耐久性。

在现实工程中，合理地配置和设计耗能装置可以确保这些装置在结构受到外部荷载作用时能够有效地发挥其耗能作用，从而最大限度地降低结构的动态响应。考虑到桥梁的使用寿命和耗能装置的耐久性，我们还需要对这些装置进行定期的检测和维护，以确保其在整个桥梁使用寿命内都能够正常工作。

4. 基于黏滞阻尼的桥梁结构地震响应分析

黏滞阻尼器是一种被广泛应用于结构工程中的减震装置。在桥梁工程中，合理地设置黏滞阻尼器不仅可以有效地降低结构的地震响应，还可以提高结构的稳定性和耐久性。基于黏滞阻尼的桥梁结构地震响应分析可以为工程师提供关于如何优化阻尼器的设置和参数选择的宝贵建议。

桥梁结构在地震中的响应与其设计、构造和材料特性紧密相关。随着地震工程和结构动力学领域的发展，黏滞阻尼器逐渐成为减震技术中的研究热点。黏滞阻尼器的工作原理是对动态荷载（尤其是地震荷载）引起的结构位移速度进行阻尼，从而有效地吸收和消散结构中的动态能量。

黏滞阻尼器的设计和性能与其材料和机械特性有关，它可以产生与

第 2 章　大跨径斜拉桥的结构分析

结构位移速度成正比的阻尼力。这意味着，当结构受到外部动态荷载作用（如地震或风荷载）时，阻尼器可以迅速响应，产生相应的阻尼力，从而有效地限制结构的振动。这种阻尼方式与传统的结构耗能方法不同，它不依赖于结构的塑性变形来耗散能量，而是通过阻尼器本身的机械特性来实现。

在桥梁工程中，黏滞阻尼器的应用需要考虑桥梁的结构特性、工作环境和受到的载荷类型。例如，对于大跨径的斜拉桥或悬索桥，由于其结构质量大，受到的动态荷载也较为显著，因此合理地设置黏滞阻尼器可以显著降低这些桥梁在地震中的响应；而对于一些中小跨径的简支梁桥，虽然其结构响应相对较小，但仍然可以通过设置黏滞阻尼器来进一步提高桥梁的抗震性能。

基于黏滞阻尼的桥梁结构地震响应分析需要考虑阻尼器的性能参数、安装位置和数量等因素。通过对桥梁结构进行动力响应分析，我们可以确定结构在不同地震输入下的响应特性，从而为阻尼器的设置和参数选择提供依据。我们还需要考虑桥梁的使用寿命、维护和管理等实际因素，确保阻尼器在整个使用过程中都能够正常工作。

2.7.2　主动减震策略在桥梁工程中的实践

结构设计的历史进展反映的是人类对建筑物的安全和稳定性的不断追求。最初，工程师只关注静态荷载下的结构稳定性。但随着对动态荷载（如风载和地震荷载）的认识加深，现代结构设计逐渐考虑了结构的动力响应（如阻尼和振型）。这一转变意味着，为了确保结构的安全和功能，工程师不仅要考虑常规的静态荷载，还要应对可能的动态荷载。

在许多现代城市中，高层建筑和大型结构受到严格的动力反应标准约束，尤其是在地震高发区。这种严格的要求往往与高层建筑的舒适度和功能产生冲突。例如，一座高楼在强风或地震中可能会出现明显的晃动，这可能会导致建筑内的人员感到不适。为了解决这一问题，工程师

开始探索如何在不牺牲结构安全性的前提下，提高建筑物的舒适度，由此产生了主动控制技术。

主动控制是一种涉及多个学科的前沿技术，它结合了控制理论、随机振动、结构工程、材料科学、生物科学、机械工程、计算机科学、振动测量、数据处理和自动控制技术等领域的研究成果。与传统的被动控制方法相比，主动控制系统通过实时监测结构的响应，并根据预先设定的标准采取措施，从而实现对结构的实时控制。

主动控制系统通常包括传感器、控制器和作动器三个主要部分。传感器负责实时监测结构的动态响应，如振动、位移和加速度；控制器根据传感器的数据计算出所需的控制策略；作动器则按照控制器的指令施加相应的控制力，这种控制力可以增加或消耗能量，从而确保结构的动态响应始终处于可接受的范围内。随着结构设计理念的发展和技术的进步，主动控制已经成为确保大型结构安全和舒适的重要工具。

结构的主动控制一般来说有两种分类方法。

1. 按照控制的利用程度进行分类

（1）全主动控制。全主动控制技术主要依赖外部能源，通过实时监测和分析结构的动态响应，来实时调整结构的反应，以达到预期的控制目标。这种方法的最大优势在于它能够针对不断变化的外部环境（如风、交通和地震等），提供及时、精确的控制反应。

开环控制和闭环控制是全主动控制的两个主要技术手段，它们各具特点。开环控制主要依赖于对外部扰动的直接量测，它通过预先定义的控制策略来响应这些扰动。这种方法在某些特定应用中非常有效，尤其是在那些对外部环境变化响应较慢的结构中。然而，由于开环控制对系统精度的要求较高，并且可能对外部扰动的突然变化反应不足，因此在实际应用中可能存在一定的限制。

相比之下，闭环控制则通过持续地监测结构的输出反馈来自动调整

第2章 大跨径斜拉桥的结构分析

控制策略，这意味着它可以实时地对结构的当前状态和外部环境的变化做出反应。这种方法具有更高的适应性和稳定性，因为它可以实时地调整其控制策略以适应不断变化的外部环境。闭环控制由于可以持续地监测结构的反应，因此能够提供更准确、更稳定的控制效果。

全主动控制尽管可以提供快速、精确的控制反应，却十分依赖外部能源且技术要求较高，这使其在某些应用中可能不是最理想的选择。例如，在那些能源供应有限或技术支持不足的地方，全主动控制可能不太适用。

（2）半主动控制。与传统的被动控制和全主动控制相比，半主动控制技术兼具了两者的优点，既能够提供实时的响应调整，又无须大量的外部能源投入。

半主动控制可以实时地调整结构的反应，但并不直接施加控制力，这种方法的关键是对已有的被动控制装置（如阻尼器或隔震支座）进行调整。例如，我们可以通过实时调整阻尼器的阻尼系数或隔震支座的刚度来达到预期的控制目标。半主动控制的优势在于它可以灵活地适应各种外部环境变化（如风、交通和地震等），从而提供更稳定、更可靠的控制效果。

国际上，许多研究者已经针对半主动控制技术进行了深入的研究，并提出了多种半主动控制系统，如主动变刚度控制系统、主动变阻尼系统和半主动调谐质量控制系统等。这些系统都采用了现代控制理论（如变结构控制理论）来实现更优的控制效果。实际上，许多国家已经开始在工程结构中应用半主动控制技术，并取得了良好的实际效果。

半主动控制技术在实际应用中具有许多优势。例如，半主动控制不仅可以实时地调整结构的动态反应，还可以提高结构的稳定性和可靠性；半主动控制由于对外部能源的需求较低，因此在经济性方面也具有很大的优势；半主动控制技术还可以与其他控制策略（如被动控制和全主动控制）结合使用，从而提供更全面、更高效的控制解决方案。

（3）混合控制。混合控制技术的特点是融合了被动控制、全主动控制和半主动控制的优点，通过综合应用这三种控制策略，实现对结构动态响应的最优化调节。

在混合控制中，被动控制装置（如隔震支座和阻尼器）是作为基础控制元件存在的，它们能够吸收和耗散结构的大部分动态能量。全主动控制系统可在特定情况下施加外部控制力，以进一步调节和优化结构的动态响应。而半主动控制系统的任务是调节这些被动控制装置的工作特性，使其能够更好地适应不同的外部环境和工况。

混合控制技术的出现为结构振动控制提供了一种更为灵活和高效的解决方案。不同于传统的单一控制策略，混合控制能够根据实际情况调整其控制策略，既可以利用被动控制装置的稳定性和可靠性，又可以借助全主动和半主动控制的灵活性和实时性，实现对结构动态响应的精确调节。

混合控制技术由于综合了被动、主动和半主动控制的特点，在实际应用中具有显著的经济效益。例如，当结构受到强烈地震或风载荷作用时，混合控制系统可以迅速地调整其控制策略，从而确保结构的安全和稳定；而在日常工况中，混合控制系统可以借助被动控制装置的稳定性和经济性，实现对结构动态响应的有效控制，从而减少对外部能源的依赖和消耗。

混合控制技术的另一个优势是其对非线性和非弹性结构系统的控制能力。随着结构工程领域的不断发展，非线性和非弹性结构系统正变得越来越普遍。这些结构系统的动态特性与传统的线性弹性结构系统有很大的不同，因此它们对振动控制的需求也有所不同。混合控制技术正是为此而生，它可以有效地应对这些复杂的工况，为工程师提供一个强大的工具，帮助他们实现对这些复杂结构系统的有效控制。

2. 按照控制的实现方式进行分类

（1）施加外力控制型。施加外力控制型策略的目的在于保护结构并

第 2 章　大跨径斜拉桥的结构分析

确保结构正常工作。考虑到自然和人为因素可能对建筑结构造成的潜在威胁，工程师和科学家不断努力寻找更有效的方法来解决这些难题。例如，主动质量阻尼器（active mass damper）的工作原理是使用一个可移动的质量块，当结构产生振动时，这个质量块也会以特定的方式移动，从而产生一个与原始振动相反的力，以抵消结构的振动；主动质量驱动器（active mass driver）则是一种与主动质量阻尼器相似的系统，但它使用驱动器来产生所需的反作用力；主动拉索系统（ATS）利用拉索的张紧来调节结构的振动，这种方法在桥梁工程中尤为常见；主动挡风板的设计初衷是减少风对结构的影响，尤其是在高层建筑中；脉冲发生器可产生一个快速的脉冲来对抗结构的振动。

这些技术的核心思想都是通过外部装置主动地施加力，以调节结构的动态响应。这样，当结构受到外部激励（如风、地震或交通荷载）时，施加的外部力可以有效地抵消或减小这些激励所引起的振动。

施加外力控制型策略的一大优势是它可以为工程师提供实时的反馈，以确保结构在任何情况下都得到适当的保护。这种方法由于可以快速、准确地调节结构响应，因此在许多关键领域（如大跨径桥梁或高层建筑）中都得到了广泛的应用。

然而，施加外力控制型策略尽管具有许多优点，但它也存在一些挑战和局限性。例如，这种策略通常需要持续的能源供应，这可能导致能源成本增加；过度的控制可能导致系统不稳定，而不适当的控制策略可能导致控制效果不佳甚至产生逆效果。因此，正确选择和配置作动器、精确地测量结构响应并实施合适的控制策略是至关重要的。

（2）改变结构参数型。改变结构参数型控制方法主要聚焦于结构的固有特性，进而调整结构对外部激励的响应。这种策略的核心是理解结构的自然特性，并通过主动改变这些特性来优化结构的动态行为。传统的土木工程设计往往侧重于为给定的荷载条件设计一个静态稳定的结构。但随着对动态振动控制的需求增加，工程师开始探索如何通过调整结构的内部参数来改善其动态性能。

主动变刚度系统（AVS）就是一个很好的例子。这种系统的工作原理是通过主动改变某些结构部件的刚度来调整整个结构的动态特性。当结构受到外部激励时，其响应与自然频率有关。如果这些频率与外部激励相匹配，结构可能会出现共振，导致大的振动幅度。通过调整结构的刚度，该系统可以有效地避免这种共振现象，从而减小振动响应。这种方法的优势在于它不仅能够为结构提供更好的动态性能，还能够提高结构的整体稳定性。

主动变阻尼系统（AVD）是通过调整结构的阻尼特性来控制其动态响应。阻尼是一种衡量结构耗散振动能量的能力的参数。通过增加阻尼，该系统可以有效地减少结构的振动幅度。

主动支撑系统（ABS）则利用外部力量来调整结构的静态和动态特性。这种系统通常包括一系列的作动器和传感器，用于实时监测和调整结构的状态。这种方法可以实现对结构的实时调整，以适应不同的工况和荷载条件。

（3）智能材料自控制。智能材料自控制的引入为土木工程师打开了一个全新的领域，使他们能够在不依赖外部控制系统的情况下，实现对结构振动的控制。这种控制策略的独特之处在于它完全依赖于材料自身的特性来实现振动控制，而不是通过外部力量或设备。

形状记忆合金（SMA）就是其中一个很好的例子。这种材料在达到某一特定温度时，会自动恢复到其预定的形状，从而为结构提供必要的恢复力。这种特性使形状记忆合金成为一种理想的结构控制材料，特别是在需要快速响应的情况下。例如，当结构受到地震或其他外部激励时，形状记忆合金可以迅速地为结构提供恢复力，从而减少结构的振动响应。

压电层材料（PEL）为结构提供了另一种控制手段。当这种材料受到电场的作用时，它会产生形变，从而为结构提供控制力。这种特性使

第 2 章 大跨径斜拉桥的结构分析

压电材料成为一种理想的结构控制材料，特别是在需要精确控制的情况下。工程师可以通过调整施加在材料上的电压，精确地控制结构的振动响应。

流态材料则为结构提供了一种完全不同的控制策略。这些材料在受到电场或磁场的作用时，其流动特性会发生变化。将这些材料用作阻尼器或其他控制装置，可以实现对结构的实时、自适应的控制。例如，当结构受到外部激励时，工程师可以通过调整施加在流态材料上的电场或磁场来改变其流动特性，从而实现对结构的振动控制。

2.7.3 基于模态理论的斜拉桥减震设计

模态分析为工程师提供了一个框架，以研究结构在外部激励下的动态响应。通过识别桥梁的主要振型和相应的固有频率，工程师可以更好地理解结构的动态行为。基于这些信息，工程师可以设计特定的减震控制策略（如调谐阻尼器或智能材料），来针对性地减少某些特定模态的响应，从而达到整体的减震效果。

1. 模态分析与线性二次最优减震控制结合的斜拉桥减震策略

模态分析能够揭示斜拉桥在不同的振动模式下的响应特性。更为关键的是，模态分析还可以为工程师提供斜拉桥的自然频率、模态形状以及模态质量等关键参数，这些都是后续减震设计的重要依据。

线性二次最优减震控制（LQG）是一种非常有效的减震策略。LQG结合了线性二次调节器和 Kalman 滤波器的优点，可以为斜拉桥提供出色的减震效果。对于大型斜拉桥，这种策略尤为重要。LQG 控制的核心在于，它可以根据外部干扰实时调整控制力，确保结构始终处于最佳的状态。模态分析正是为 LQG 控制提供了这些必要的模态参数，使其能够实现最优的减震效果。

主动控制算法作为主动控制的核心，其目的是在满足各种约束条件

的前提下，为系统选择最佳的控制参数。经过多年的研究，控制算法已经有了多种类型，如模态控制、脉冲控制、预测控制和自适应控制等。其中，线性二次最优控制算法是比较常用的一种，它在确保系统性能的同时，尽量减少能量消耗。这种算法可以根据不同的需求，采用闭环调节或者跟踪的方式进行设计。特别是在地震作用下的斜拉桥减震控制，由于地震的不确定性，调节器问题的分析方法更为合适。

在处理大跨径斜拉桥这种复杂的大型结构时，直接的时域分析可能会遇到诸多困难。因此，将问题转移到模态空间进行处理是一种常见且有效的方法。振型叠加法就是这样一种在模态空间内分析结构动态响应的方法，它基于结构的各个模态和相应的模态参数（如自然频率和模态形状）来估算结构在外部作用下的响应。

模态空间的方法为大跨桥梁结构的减震控制提供了一个新的视角。在模态坐标下，受控结构的运动可以表示为各个模态的线性组合。这意味着，对于每一个特定的模态，工程师都可以独立地设计和实施减震控制策略。这大大简化了整个控制问题，并提高了控制策略的效果和可靠性。

线性二次最优控制算法可以使结构的响应达到最优状态，同时考虑到控制力的大小和能量消耗。在模态空间中应用这种算法，可以确保每个模态都得到有效的控制，从而实现整体结构的最优控制。

2. 模态分析与滑动状态减震控制结合的斜拉桥稳定性策略

变结构控制系统（VSS）是 20 世纪 50 年代末 60 年代初由苏联学者叶米里亚诺夫提出的研究方向。经过几十年的研究和发展，这个领域已经逐渐成为控制领域的一个重要分支。这种控制理论是控制系统中的一个综合方法，特点是易于实现，核心思想是通过切换函数来达到控制的目的，最早应用于继电控制系统。

1995 年左右，Yang 和他的团队开始探索将滑模变结构控制应用于

第2章 大跨径斜拉桥的结构分析

土木工程。他们的研究重点集中在小型建筑结构上，使用的计算模型的结构运动方程还是基于物理坐标系进行的。但是，Yang 团队提出了一种新的方法：基于模态分析的变结构控制技术。这种方法首先对结构系统进行振型分解，然后对主导模态采用变结构技术进行控制。他们还进一步探索了如何将这一技术应用于桥梁结构的减震控制中。

滑动状态减震控制是一种基于滑动模式的减震策略。这种策略的核心是通过实时调整控制力，以适应不断变化的外部环境，从而达到优化控制效果的目的。这与传统的被动减震策略有很大的不同，传统方法往往只能在设计初期确定控制参数，而不能根据实际情况进行调整。但滑动状态控制方法可以做到这一点，这使它在斜拉桥结构中有很高的应用价值，可以有效地降低桥梁在地震或其他外部力作用下的振动响应，提高桥梁的稳定性和安全性。

为了实现这一目标，模态分析是必不可少的工具。它可以帮助工程师获取斜拉桥的关键模态参数，如自然频率、模态形状和模态质量。这些参数是设计滑动状态减震控制策略的基础。只有准确地了解了这些参数，工程师才能设计出真正有效的减震策略。

结合模态分析和滑动状态减震控制，为大跨径斜拉桥设计出一套高效的减震策略已经成为现实。这种策略不仅能够有效地降低桥梁的振动响应，还可以提高桥梁的整体稳定性和安全性，为现代桥梁工程提供了一个全新的、高效的减震方案。

2.7.4 非线性滑动控制技术在斜拉桥中的应用

在非线性结构中，特别是在可能发生大位移的结构（如大跨径斜拉桥）中，考虑到桥梁可能在地震或强风中发生较大的位移，滑动控制策略可以被用作一种有效的减震手段，既能保证结构的安全，又能满足使用要求。

1. 滑动模式控制的面向设计

滑动模式控制不仅能够对系统进行鲁棒控制,还可以对各种突发的外部干扰进行有效的抑制,确保系统的稳定运行。

在大跨径斜拉桥这种复杂的工程结构中,由于其特有的结构形式和较大的自由度,使桥梁对外部环境变化(如风载、车载等)极为敏感。因此,如何设计一个有效的控制策略,以确保桥梁在各种环境条件下的稳定运行,成为工程师和研究者关注的焦点。

一个好的滑动面可以使系统快速达到期望的状态,而一个不恰当的滑动面可能会导致系统的不稳定,甚至出现大的振动。因此,如何设计滑动面,使斜拉桥能够在各种情况下都保持稳定的运行,是一个值得深入研究的问题。

设计滑动面需要考虑的因素很多。外部环境是一个重要的考虑因素,斜拉桥所处的地理位置、周围的风向、风速,甚至周围的建筑物,都可能对桥梁产生影响,这些因素都需要在滑动面的设计中得到充分的考虑。结构参数(如桥梁的长度、宽度、材料等)也会影响滑动面的设计,不同的结构参数可能需要不同的滑动面来实现最佳的控制效果。荷载情况也是需要考虑的一个重要因素,斜拉桥在不同的荷载情况下,其动态性能可能会有很大的变化,因此滑动面的设计需要能够适应各种荷载情况,确保桥梁的稳定运行。

2. 利用 Lyapunov 方法设计滑动模式控制器

Lyapunov 直接法是一种非线性系统稳定性分析的方法,常用于设计滑动模式控制器。在斜拉桥的减震控制中,Lyapunov 方法可以帮助工程师确定合适的控制策略,确保系统的全局稳定性。设计过程中,工程师通常需要构建一个 Lyapunov 函数,该函数可以描述系统的能量或其他相关参数。随后,通过分析这个函数的导数,工程师可以得到滑动

第2章 大跨径斜拉桥的结构分析

模式控制器的设计参数。这种方法的优势在于，它提供了一种系统性的框架，可以确保斜拉桥在各种外部干扰下都能保持稳定的运行状态。

Lyapunov直接法源于数学家Lyapunov的研究，它为非线性系统的稳定性分析提供了一个全新的视角。通过构建一个描述系统能量或其他相关参数的Lyapunov函数，该方法可以帮助工程师分析系统的稳定性。如果能证明这个函数在系统运行过程中总是非增的，那么就可以认为系统是稳定的。这种方法的魅力在于，它不仅适用于线性系统，还可以应用于复杂的非线性系统。

Lyapunov方法还可以帮助工程师分析斜拉桥在不同工况下的稳定性。通过改变Lyapunov函数中的参数，工程师可以模拟桥梁在不同载荷、风速或其他外部条件下的响应。这为斜拉桥的设计和运行提供了有力的支持。

第 3 章　大跨径斜拉桥施工技术

3.1　索塔及基础施工

3.1.1　钢索塔施工

在施工过程中，钢主塔的垂直运输、吊装高度和起吊吨位等关键因素必须得到充分的考虑，确保施工的顺利进行和工程的质量。

在工厂环境中，钢主塔会经过分段立体试拼装，确保各部分完美匹配。这些部分只有经过严格的质量检测和合格认证后，才会被运输到施工现场。在现场，钢主塔的安装通常采用多种连接方式，包括现场焊接接头、高强度螺栓连接以及焊接和螺栓的混合连接。这些连接方式各有优势，能够确保钢主塔的稳固性和持久性。

尽管钢主塔在工厂中已经经过了严格的加工和拼装，但施工人员在现场安装时仍然需要进行细致的测量控制。这是为了确保钢主塔的精确安装，避免因加工误差、受力误差、安装误差、温度误差和测量误差的累积而导致的偏差。为了调整轴线和方位，施工人员可能需要使用填板或对螺栓孔进行扩孔，确保钢主塔的正确安装。

钢主塔有多种防腐蚀措施。一种方法是使用耐候钢材，这种材料能够在不涂抹任何保护层的情况下抵抗腐蚀；另一种常见的方法是采用喷锌层，为钢主塔提供额外的保护。然而，大多数钢主塔仍然选择使用油漆涂料作为其防腐蚀措施，这种涂料可以为钢主塔提供长达10年的保护。为了确保涂料的持久性和效果，我们通常会采用两层底漆和两层面漆对钢主塔进行防护。在这四层涂料中，前三层通常由工厂完成，最后一层面漆则由施工单位在现场完成。

3.1.2　混凝土索塔施工

混凝土主塔的施工主要采用就地浇筑法。这种方法的选择基于对大型结构的适应性，能够确保混凝土的均匀性和结构的稳定性。就地浇筑法要求在施工现场直接进行混凝土浇筑，这样可以减少运输和搬运过程中可能出现的损伤和误差。

为了确保混凝土浇筑的质量和精度，模板和支架的选择和制作显得尤为重要。在混凝土主塔的施工中，常见的模板和支架做法有以下几种。

1. 支架法

支架法作为混凝土施工中的一种经典方法，历经数十年的实践检验，仍然在许多工程项目中得到广泛应用。支架法的主要特点是使用木材或钢材制成的支架来为混凝土浇筑提供稳定的支撑，这种方法的原理简单，在实际应用中展现出了其独特的优势。

支架法的优势之一是其经济性。与其他技术或专用设备相关的施工方法相比，支架法所需的材料和工具相对简单且易于获取，木材和钢材作为常见的建筑材料，在大多数地区都能够轻松购买。这种普及性确保了支架法在成本上的优越性，特别是对于预算有限或地理位置偏远的项目。

支架法的灵活性也是其受欢迎的原因之一。由于支架通常是现场制作的，这为工程师和施工团队提供了极大的自由度，使他们能够根据具体的工程需求和现场条件进行调整和定制。无论是对于不规则的地形、特殊的设计要求，还是对于复杂的结构形状，支架法都能够提供有效的解决方案。

但是，对于大型或高度复杂的工程项目，支架法可能会遇到一些困难。例如，大型工程可能需要大量的支架，这不仅会增加材料和劳动力成本，还可能导致施工进度受到影响；随着工程规模的增加，支架的安装和拆除也会变得更加复杂且耗时。

支架法对施工团队的技能和经验也有一定的要求。虽然这种方法的原理相对简单，但要确保支架的稳定性和安全性，还需要施工团队具备一定的专业知识和实践经验。不恰当的支架设计或安装可能会导致安全事故，因此选择经验丰富的施工团队并进行充分的培训是至关重要的。

2. 滑模法

滑模法的独特之处在于特制的模板系统，这个系统可以在垂直方向上连续移动，从而为混凝土的连续浇筑提供了可能。当混凝土被浇筑到模板的底部时，随着混凝土的固化和硬化，模板会逐渐上升。这意味着，新的混凝土可以继续在模板的底部浇筑，先前浇筑的混凝土则在模板的上方进行固化。这一过程会持续进行，直到整个结构浇筑完成。

正是因为这种独特的工作方式，滑模法在混凝土施工中展现出了巨大的优势。与传统的混凝土施工方法相比，滑模法的效率无疑是其最大的优点。在传统方法中，每次浇筑一段混凝土后都需要移动或更换模板，这不仅增加了施工的复杂性，还可能导致施工的中断。滑模法则完全避免了这些问题，它允许混凝土在一个连续的过程中浇筑，从而大大提高了施工效率。

除了高效性，滑模法还为混凝土结构的质量提供了有力的保障。由

于其连续性,滑模法可以确保混凝土结构在整个施工过程中都保持高度的一致性和均匀性。这种高度的质量控制对于那些对质量有特别高要求的工程(如高塔或大型桥梁)显得尤为关键。

然而,滑模法在混凝土施工中也带来了一些难点。滑模法需要专门的设备,如滑模塔和液压系统。为了确保滑模施工的正确和安全,滑模法还需要经验丰富的操作人员。滑模施工对混凝土的质量和性能有很高的要求,任何混凝土的问题,无论大小,都可能对整个施工过程产生影响。

3. 爬模法

爬模法与滑模法在某些方面存在相似性,但其在模板移动机制上的独特之处使爬模法在某些施工场景中更受欢迎。爬模法的核心在于其"爬升"的特点,即模板在完成一段混凝土浇筑后,会通过机械设备向上移动到下一个施工位置,为接下来的混凝土浇筑做好准备。

这种"爬升"的方式是通过一系列精密的机械设备来实现的。例如,起重机和液压装置在这个过程中起到了关键作用,它们能够确保模板稳定、准确地移动到预定的位置,从而为混凝土浇筑提供坚实的支撑。这种技术的出现为建筑工程带来了更多的灵活性,使施工队伍能够更加轻松地应对各种复杂的施工需求。

爬模法的另一个显著优点是其对于不同结构形状和尺寸的适应能力。由于模板在每次"爬升"后都可以进行必要的调整和配置,这使施工队伍能够根据实际的施工需求进行灵活调整,而无须频繁更换或修改模板。这不仅简化了施工过程,还大大提高了施工效率。

但是,爬模法也存在一些局限性。与滑模法的连续移动方式相比,爬模法在模板移动上可能会花费更多的时间,特别是在高度较高的结构中,每次"爬升"都需要进行精确的定位和调整,这无疑增加了施工的复杂性。由于模板的移动不是连续的,这也可能导致施工过程中的某些中断，从而影响整体的施工进度。

尽管如此，爬模法仍然是现代混凝土施工中的一种重要技术，它结合了传统施工方法的稳定性和现代机械技术的高效性，为建筑工程提供了一种既可靠又高效的施工方式。

4.大型模板构件法

大型模板构件法的核心在于利用预制的大型模板构件为混凝土浇筑提供坚实的支撑和精确的形状。

预制的大型模板构件在工厂环境中制造，这意味着它们是在严格控制的条件下，按照精确的规格和标准进行生产的。这种生产方式确保了每一个模板构件都具有一致的质量和精度。工厂制造的另一个优点是工厂可以大规模地生产这些构件，从而实现经济规模的效益，降低生产成本。

当这些预制模板构件被运输到施工现场时，它们为施工团队提供了一个快速、准确和可靠的解决方案。由于这些构件的尺寸和形状都是预先确定的，施工团队可以迅速地进行安装，无须进行复杂的现场调整或修改，这大大加快了施工进度，使混凝土浇筑工作变得更为高效。

预制模板构件的使用还减少了现场施工中的许多不确定因素。例如，传统的现场模板制作可能会受到天气、材料供应和其他外部因素的影响，预制模板构件则避免了这些问题，它为施工团队提供了一个稳定、可靠的工具，确保了混凝土结构的质量和完整性。

大型模板构件法同样伴随着一些需要注意的地方。由于这些构件的尺寸通常都很大，它们的运输和吊装需要使用大型的设备，这不仅增加了施工的复杂性，还需要更多的资金投入。由于这种方法的特殊性，施工团队需要接受专门的培训，以确保他们能够正确、安全地操作这些设备和模板构件。

虽然预制模板构件的质量和精度得到了很好的保证，但它们在施工现场的安装仍然需要高度的技术和经验，任何安装过程中的小失误都可能导致混凝土结构的缺陷或问题。

大型模板构件法结合了预制技术的优势和现场施工的灵活性，为建筑工程提供了一个既快速又高质量的解决方案，但它需要施工团队具备专门的技能和经验，以确保施工的顺利进行。

混凝土主塔的施工不仅要求技术的精湛，还需要对施工环境、材料特性和工程要求有深入的了解。正确选择和应用模板和支架做法是确保混凝土主塔施工质量的关键。施工过程还需要对混凝土的浇筑、固化和后期养护进行严格的管理和控制，确保斜拉桥的长期稳定性和使用安全。

3.1.3 索塔施工测量控制

斜拉桥主塔作为桥梁的核心结构，其施工精度和质量直接影响整座桥梁的安全性和使用寿命。因此，对主塔的施工测量控制显得尤为重要。主塔的结构复杂，通常由基础、承台塔座、下塔柱、下横梁、中塔柱、上横梁、上塔柱（拉索锚固区）和塔顶建筑等部分组成，这些部分各自有其独特的功能和形态，因此在施工过程中施工人员需要进行精确的测量和控制，以确保整体结构的稳定性和准确性。

由于主塔的建筑造型多种多样，断面形式也因设计和功能需求而异，这为施工测量带来了挑战，不仅要保证各部位的几何尺寸准确，还要确保整体结构的稳定性和均匀性。因此，主塔局部测量系统的控制显得尤为关键，这一系统的基准点应建立在相对稳定的位置（如主塔的承台基础），从而进行主塔各部位的空间三维测量定位控制。

测量控制的时间选择也是一个关键因素。为了减少日照对主塔造成的变形影响，测量通常在夜间进行，具体时间为当天 22：00 至次日 7：00 日出之前，这样可以确保测量的准确性，避免因日照引起的温度变化对结构造成的影响。随着主塔高度的增加，风力对结构的影响也会

增大,因此测量时应选择风力较小的时机,并对日照和风力的影响进行修正。

在主塔的各个部位,特别是转换点上的测量控制尤为关键。这些转换点是连接各个部位的关键位置,任何误差都可能导致整体结构的偏差。因此,测量时我们需要对这些点进行特别的关注,根据实际施工情况进行调整,确保整体结构的稳定性和准确性。

对于主塔局部测量系统的测量,我们通常采用三维坐标法或天顶法。这两种方法各有优缺点,都能够提供准确的测量结果。值得注意的是,随着主塔高度的增加以及混凝土的收缩、徐变、沉降、风荷载、温度等因素的影响,局部测量系统的基准点可能会发生变化。为了确保测量的准确性,我们需要在上述八大部位的相关转换点上与全桥总体测量坐标系统接轨,进行总体坐标的修正。

1. 三维坐标法

三维坐标法是一种基于笛卡尔坐标系统的测量方法,它为索塔施工测量提供了一个高度精确和可靠的解决方案。

三维坐标法的应用在索塔施工测量中具有多方面的优势。由于索塔的结构通常是非线性的,且在不同的施工阶段会有不同的配置,因此需要一种能够提供精确三维位置信息的测量方法。三维坐标法正好满足了这一需求,它可以精确地确定任何一个点在空间中的位置,无论这个点是在索塔的基础、中部还是顶部。

使用三维坐标法进行测量时,测量设备会直接或间接地获取目标点在 X、Y 和 Z 三个坐标轴上的坐标值。这些坐标值不仅可以用来描述点的位置,还可以用来计算两点之间的距离、角度等。这对于索塔施工测量来说是非常有价值的,因为它可以确保索塔的各个部分都按照设计图纸的要求进行施工,确保整个结构的稳定性和安全性。

在索塔施工测量中,三维坐标法的另一个重要应用是进行误差分析和调整。由于施工过程中可能会出现各种不可预测的因素（如材料的变形、设备的误差等），这可能导致施工结果与设计图纸上的要求出现偏差。通过三维坐标法，工程师和测量师可以实时监测这些偏差，并及时进行调整，确保施工的精度。

三维坐标法还可以用于索塔施工的其他方面，如材料的定位、设备的安装等。例如，当需要在索塔上安装一些设备或部件时，我们可以使用三维坐标法来确定这些设备或部件的准确位置，确保它们能够正确地与其他部分配合。

三维坐标法为索塔施工测量提供了一个高度精确和可靠的方法，它不仅可以确保索塔的各个部分都按照设计图纸的要求进行施工，还可以实时监测和调整施工过程中的误差，确保施工的精度和质量。在未来，随着测量技术的进一步发展，三维坐标法在索塔施工测量中的应用将会更加广泛和深入。

2. 天顶法

天顶法主要用于确定地面点的垂直位置，其基本原理是测量天顶角，即从测量点到目标点的视线与垂直线之间的角度。天顶角的测量通常依赖于精密测量仪器，如全站仪。

在进行天顶法测量时，操作员需要在已知高度的参考点上安装测量仪器，这个参考点可以是任意已知高度的点，如地面标记或特定的测量基站。仪器的安装和校准需要确保仪器水平放置且准确指向天顶。仪器安装后，操作员会通过仪器的视线装置对目标点进行瞄准，确保测量线准确指向目标点。在目标点进行测量时，仪器会记录天顶角和距离信息，这些数据可用于计算目标点的绝对高度。

计算过程需要考虑参考点和目标点之间的垂直距离，这通常是通过几何关系或三角函数来计算。实际计算过程通常涉及复杂的数学运算，这些运算会考虑测量数据的各种误差，以确保结果的准确性。

为了提高测量的准确性，测量过程还需要考虑和修正各种潜在的误差源，包括仪器误差、大气折射、地球曲率和地球自转等。仪器误差可能来自仪器本身的不精确或安装时的误差；大气折射指的是光线在大气中传播时由于温度和压力的变化而发生的折射，这会影响测量的准确性；地球曲率和自转对远距离测量有显著影响，需要通过适当的数学模型进行修正。

测量一般选择在条件较为稳定的时候进行（如无风或温度稳定的环境），这是因为风和温度变化可能会影响仪器的稳定性和测量精度。夜间进行测量可以减少大气折射的影响，因为夜间的温度较低且稳定，大气折射现象比白天弱。

收集到数据之后，原始数据需要通过特定算法进行处理，以消除误差，提高结果的可靠性，通常包括数据平滑、滤波和统计分析。数据处理后即可得到目标点的准确垂直位置。

天顶法的一个优点是其对于地面倾斜和不规则性的高容忍度。由于测量的是天顶角，因此即使在不平坦或倾斜的地面上也能得到准确的垂直位置信息。然而，天顶法也要求操作人员具备一定的技能和经验，以确保测量的准确性，包括正确设置仪器、进行精确的瞄准和数据记录。

3.2 主梁施工

3.2.1 主梁施工方法

1. 顶推法

在斜拉桥的主梁施工方法中，顶推法作为一种独特的施工方法，虽然在斜拉桥主梁施工中的应用较为有限，但其技术特点和适用条件仍值得深入探讨。

顶推法的核心思想是在施工过程中，通过设置若干临时支墩来支撑主梁，并利用专门的设备将主梁从一个支墩推向另一个支墩。在这个过程中，主梁会反复承受正、负弯矩的作用，这对主梁的材料和结构设计提出了较高的要求，特别是主梁需要具有较好的抗压和抗拉能力，以确保在反复弯矩作用下不会出现损伤或失稳。

对于钢斜拉桥主梁，顶推法具有一定的适用性。由于钢材料具有良好的抗压和抗拉性能，且其结构可以设计得较为均匀和稳定，因此钢斜拉桥主梁比较适合采用顶推法施工。特别是在那些桥下净空较低、临时支墩的造价不大，且支墩不会影响桥下交通的地区，顶推法可以作为一种有效的施工选择。

然而，对于混凝土斜拉桥主梁，顶推法的应用则面临着很大的局限性。混凝土材料虽然具有较好的抗压性能，但其抗拉性能相对较弱。因此，混凝土斜拉桥主梁在顶推过程中承受反复的弯矩作用时，可能会出现裂缝或其他损伤。由于拉索的水平分力可以为主梁提供预应力，如果在拉索张拉前进行顶推施工，可能会导致主梁承受过大的弯矩。为了满足施工需要，施工人员可能需要设置临时预应力束，这在经济上可能不是一个合理的选择。

正因为上述原因，顶推法虽然在理论上可以用于斜拉桥主梁的施工，但在实际应用中，尤其是在我国，这种方法还没有得到广泛的应用。斜拉桥主梁的施工技术仍然在不断地发展和完善中，各种施工方法都在根据实际工程的需要和条件进行选择和调整。

2. 平转法

在众多的施工方法中，平转法因其独特的施工思路和技术特点，成为中小跨径斜拉桥施工的一种重要选择。

平转法的核心思想是将斜拉桥的上部构造在桥址的两岸或仅在一岸进行现浇施工，这种施工方式的显著特点是所有的安装工序（如落架、

张拉和调索等）都是在岸上完成的。这样的施工模式相较于传统的中心向两侧逐步延伸的施工方法，具有更高的施工效率和更好的工程质量控制。

完成上述施工工序后，接下来的关键步骤是将整个上部构造从岸上整体旋转到桥位。这一过程需要以桥墩或桥塔为圆心进行精确的旋转操作，直到上部构造完全对齐并与桥墩、桥塔连接合龙。这一步骤对施工设备和操作人员的技术水平都提出了较高的要求，因为任何误差都可能导致整个工程的失败。

平转法的应用具有一系列的优势。由于所有的安装工序都是在岸上完成的，施工环境相对稳定，可以有效避免因天气、水流等不可控因素对施工的影响；岸上的施工环境也为工人提供了更好的工作条件，有利于确保工程质量和施工安全。平转法的施工周期相对较短，可以有效缩短工程的总体建设时间。

但是，平转法也并不是适用于所有斜拉桥工程。这种方法主要适用于桥址地形平坦、墩身矮小以及结构设计允许整体转动的中小跨径斜拉桥。对于那些桥址地形复杂、墩身较高或结构设计不适合整体转动的斜拉桥，平转法可能并不是一个理想的选择。

3. 支架法

支架法的核心是利用支架作为临时的支撑结构，为斜拉桥主梁的施工提供稳定的工作平台。这种方法可以根据具体的工程需求和现场条件采用不同的施工形式，如在支架上进行现浇、在临时支墩间设置托架或劲性骨架进行现浇，或者在临时支墩上架设预制的梁段。

这种施工方法的显著优势在于其简单和方便。支架作为临时结构，可以根据施工需要进行快速搭设和拆除，大大简化了施工流程，提高了施工效率。支架法还能确保斜拉桥主梁的结构完全满足设计的线形要求，从而确保了工程的质量和安全性。

第 3 章 大跨径斜拉桥施工技术

支架法特别适用于那些桥下净空较低的工程项目。在这种情况下,传统的施工方法可能会受到桥下交通的影响,而支架法可以有效避免这一问题。因为支架作为临时结构,其高度和位置都可以根据现场条件进行灵活调整,从而确保桥下交通不受影响。

但是,尽管支架法具有上述优势,施工人员在实际施工中仍然需要注意一些关键问题。例如,支架的稳定性和承载能力是整个施工过程中的关键因素,任何支架的不稳定或超载都可能导致严重的安全事故,因此在施工前,施工人员必须对支架进行严格的设计和检验,确保其完全满足施工的需要。

支架法在施工过程中还需要与其他相关工序进行紧密的配合。例如,在进行现浇时,支架法需要确保混凝土的浇筑速度和支架的移动速度相匹配,以避免因混凝土未充分固化而导致的结构变形或破坏。

4. 悬臂法

悬臂法的核心思想是利用桥塔作为支点,从桥塔两侧对称地进行施工,使主梁在空中逐渐延伸,直至两侧悬臂在桥中部合龙。这种方法可以根据具体的工程需求和现场条件选择不同的施工形式,如悬臂拼装法和悬臂浇筑法。

悬臂拼装法的主要工作流程如下:在桥塔区域先现浇一段放置起吊设备的起始梁段,然后利用各种起吊设备(如起重机或挂篮)从桥塔两侧依次对称地安装预制的梁段。这种方法的优势在于它可以快速地进行施工,因为预制的梁段可以在工厂中进行生产,然后运输到施工现场进行安装。但这也意味着这种方法需要有足够的场地来存放和组装预制梁段,并且需要强大的起吊设备来进行梁段的吊装。

悬臂浇筑法则是直接在施工现场进行混凝土的浇筑。这种方法是从桥塔两侧使用挂篮逐段对称地浇筑混凝土,使主梁在空中逐渐形成。这种方法的优势在于它不需要大量的预制梁段和起吊设备,而且可以确保混凝土结构的连续性和一致性。正因如此，我国的大部分混凝土斜拉桥主梁都采用了悬臂浇筑法进行施工。

当然，无论选择哪种悬臂施工方法，都需要确保施工过程中的稳定性和安全性，因为在悬臂施工过程中，主梁是在空中逐渐延伸的，任何不稳定或失误都可能导致严重的安全事故。因此，施工单位必须进行严格的施工计划和管理，确保每一个施工环节都得到了充分的考虑和准备。

悬臂法与其他施工方法（如支架法）有着本质的不同。支架法是在地面上进行施工，悬臂法则是在空中进行。这意味着悬臂法需要更高的技术要求和更严格的施工管理。悬臂法也为混凝土斜拉桥的建设提供了更多的可能性和灵活性。

3.2.2 斜拉桥主梁施工特点

1. 结构设计由施工内力控制

斜拉桥的主梁结构通常具有高跨比小、梁体纤细的特点，这使其抗弯能力相对较差。这种结构特点是为了满足斜拉桥的功能和美观需求，但在施工过程中，这种纤细的梁体结构会面临更大的挑战。特别是在使用悬臂施工方法时，由于挂篮的重量较大，如果仍然采用传统的梁式桥挂篮施工方法，那么斜拉桥的梁、塔和拉索将会受到很大的施工内力，这将导致结构设计不经济，甚至可能影响桥梁的安全性。

为了解决这一问题，斜拉桥在设计和施工过程中必须充分考虑施工内力的控制。这意味着在施工过程中，施工人员不仅要考虑结构的受力特性，还要考虑施工方法和技术的选择，以确保施工过程中的受力状态与运营阶段的受力状态基本一致。

为了实现这一目标，斜拉桥施工技术必须充分利用斜拉桥结构本身的特点。斜拉桥的主要受力构件是拉索，它在桥梁结构中起到了关键的作用。因此,在施工过程中,施工人员必须充分发挥斜拉索的效用,通过合理的施工方法和技术,尽量减轻施工荷载,确保施工过程中的受力状态与设计要求相一致。

这种施工方法和技术选择不仅可以确保斜拉桥的结构安全性,还可以提高施工效率,降低施工成本。因为当施工过程中的受力状态与运营阶段的受力状态基本一致时,施工单位可以更加精确地控制施工进度和质量,避免因为施工内力过大而导致的结构变形或损坏。

斜拉桥主梁的施工必须充分考虑施工内力的控制,确保施工过程中的受力状态与运营阶段的受力状态基本一致。这不仅是为了确保斜拉桥的结构安全性,也是为了提高施工效率,降低施工成本。为了实现这一目标,施工单位必须充分利用斜拉桥结构本身的特点,选择合适的施工方法和技术,确保施工过程中的受力状态与设计要求相一致。

2. 采用横截面浇筑方法

单索面斜拉桥的横截面通常采用箱形断面,这种断面结构可以有效地承受斜拉索的拉力,同时能够提供足够的刚度和稳定性。然而,如果选择全断面一次浇筑的方法,由于浇筑过程中的重量较大,可能会对桥梁结构产生过大的施工荷载。为了解决这一问题,施工单位通常会选择在一个索距内纵向分块浇筑,这样可以有效地减少浇筑重量,但需要配置额外的预应力束来承受施工荷载。

为了进一步优化施工过程,施工单位通常会将横截面分解为三部分:中箱、边箱和悬臂板。这种分解方法旨在确保施工过程中的稳定性和安全性。首先,施工单位会完成包含主梁锚固系统的中箱的施工过程,这样可以确保斜拉索的锚固系统得到有效的固定。随后,施工单位会张拉斜拉索,使中箱形成一个独立、稳定的结构。在此基础上,施工单位会以中箱和已浇筑的边箱为依托,浇筑两侧的边箱。最后,施工单位会使用悬挑小挂篮浇筑悬臂板,这样可以确保整体箱梁按照"品"字

形向前推进,从而实现施工的连续性。

对于双索面斜拉桥,其主梁节段的横截面通常分为两个边箱和中间的车行道板三段。这种结构设计旨在确保斜拉桥的受力特性和功能需求得到满足。在施工过程中,施工单位首先会安装边箱,并张拉斜拉索。为了确保斜拉索的拉力得到有效的传递,施工单位会预埋小钢箱于梁体内部,这样可以有效地传递斜拉索的水平分力。通过这种方法,边箱的自重可以被两侧的拉索分别承受,从而降低挂篮的承重要求,同时减轻了挂篮的自重。在边箱安装完成后,施工单位会安装中间的桥面板,并现浇纵横接缝混凝土,以确保桥梁结构的完整性和稳定性。

斜拉桥主梁的施工方法和技术选择必须充分考虑桥梁的结构特点和受力特性。无论是单索面斜拉桥还是双索面斜拉桥,选择合适的横截面浇筑方法都是确保施工质量和安全性的关键。通过合理的施工方法和技术选择,施工单位可以有效地提高施工效率,降低施工成本,同时可以确保斜拉桥的结构安全性和功能性得到满足。

3. 塔梁临时固结

由于斜拉桥的结构特点和受力特性,其施工过程可能会面临许多挑战和风险。其中,塔梁临时固结是斜拉桥主梁施工中的一个关键环节,它旨在确保桥梁在整个梁部结构架设安装过程中的稳定性和安全性。

塔梁临时固结的主要目的是抵抗施工过程中可能出现的不平衡弯矩和水平剪力,这些不平衡的受力可能是由于多种原因造成的,如钢梁桥面板的安装、斜拉索的张拉以及其他施工活动。如果不采取有效的固结措施,这些不平衡的受力可能会导致桥梁结构的不稳定,甚至可能导致结构的损坏或崩塌。

为了有效地实施塔梁临时固结,施工单位需要进行详细的工程分析和计划。首先,施工单位需要对桥梁结构进行详细的受力分析,确定施工过程中可能出现的最大不平衡弯矩和水平剪力。基于这些分析结果,施工单位可以选择合适的固结方法和技术，以确保桥梁结构的稳定性和安全性。

在实际施工过程中，塔梁临时固结通常采用多种方法和技术。例如，施工单位可以采用临时支撑、加固或其他结构措施来增强桥梁结构的稳定性；施工单位还可以采用预应力技术，通过预先张拉斜拉索来平衡施工过程中的不平衡受力，这种方法不仅可以有效地抵抗不平衡弯矩和水平剪力，还可以提高桥梁结构的整体刚度和稳定性。

除了上述方法和技术，施工单位还需要密切关注施工过程中的各种变化和风险。例如，施工单位需要定期检查和监测桥梁结构的受力和变形，确保其在安全范围内；如果发现任何异常或风险，施工单位需要立即采取措施，调整施工计划或采取其他应急措施。

4. 中孔合龙

中孔合龙是指斜拉桥两侧的主梁在中央部分相结合，形成一个完整的桥梁结构。为了确保大桥中孔能顺利合龙，施工单位通常会参考以往斜拉桥的成功经验，选择最为合适的合龙方法。

自然合龙是其中的一种常用方法。这种方法的核心思想是利用桥梁结构自身的受力特性和环境条件，使两侧的主梁在特定的条件下自然地接合在一起。这种方法不仅可以确保桥梁结构的稳定性和安全性，还可以简化施工过程，提高施工效率。

以上海杨浦大桥为例，该桥在施工过程中就采用了自然合龙的方法。为了确保大桥中孔能顺利合龙，施工单位在施工前期需要进行大量的研究和分析，确定以下几个关键方面。

（1）合龙温度。合龙温度是指在中孔合龙过程中，桥梁结构所处的环境温度，这个温度对于桥梁结构的受力特性和合龙效果有着至关重要的影响。正确的合龙温度可以确保桥梁结构在合龙过程中保持稳定，避免因温度引起的不必要的应力和变形。

在斜拉桥的施工过程中,由于桥梁结构的特点和施工条件的限制,选择合适的合龙温度显得尤为重要。不同的桥梁结构和施工条件可能需要不同的合龙温度。因此,施工单位在施工前期需要进行大量的研究和分析,确定一个最为合适的合龙温度。

除了合龙温度本身,温度的持续时间也是一个关键因素,这个时间需要满足钢梁安装就位及高强螺栓定位所需的时间,温度的持续时间过短可能会导致桥梁结构的不稳定或合龙失败。因此,施工单位在选择合龙温度时,还需要考虑温度的持续时间,确保温度在整个合龙过程中都能保持稳定。

(2)温度变形。在合龙过程中,全桥的温度变形对中跨合龙段长度的影响成为一个至关重要的因素。

温度变形是指由温度变化引起的结构变形。对于大桥来说,由于其跨径大、结构复杂,温度变形对其结构的影响尤为显著。特别是在中孔合龙的过程中,由于桥梁两侧的主梁需要在中央部分相结合,温度变形对中跨合龙段长度的影响就显得尤为敏感。

为了确保大桥中孔能顺利合龙,施工单位在整个施工过程中都需要对温度变形进行监测。这不仅可以确保桥梁结构的稳定性和安全性,还可以为确定合龙段钢梁长度提供科学依据。

除了对温度变形进行监测,施工单位还需要对温度变形与环境湿度的关系进行研究。环境湿度是影响温度变形的一个重要因素,通过对温度变形与环境湿度的关系进行研究,施工单位可以更准确地预测和控制温度变形,从而确保大桥中孔能顺利合龙。

为了更准确地预测和控制温度变形,施工单位还可以采用先进的测量和监控技术。例如,施工单位可以采用高精度的温度传感器和湿度传感器,对桥梁结构的温度和湿度进行实时监测;施工单位还可以采用先进的数据分析技术,对监测数据进行深入分析,找出温度变形的规律和趋势,为施工提供科学依据。

（3）合龙段钢梁长度。合龙段钢梁长度的确定基于设计的合龙段长度，再根据实际施工情况进行修正。设计合龙段长度为 5.5 m，这是对桥梁设计参数和施工条件进行预测得到的一个理论值。但在实际施工过程中，由于各种因素的影响，这一长度往往需要进行修正。其中，温度变形和湿度是影响合龙段钢梁长度的重要因素。

（4）合龙段钢梁的安装。合龙段钢梁的安装不仅是一个技术性的挑战，还是一个对施工团队综合能力的考验。由于合龙段的特殊性，其安装过程必须在有限的时间内完成，这意味着施工团队必须在短时间内完成大量的工作，确保合龙一次成功。

在合龙前，施工团队必须做好充分的准备工作，包括但不限于确保所有的施工材料和设备都已经准备就绪、施工团队已经对合龙过程进行了充分的培训和演练、所有的安全措施都已经到位。

钢梁的预先吊装是合龙段安装的关键步骤。这一步骤要求施工团队在短时间内完成大量的吊装工作，确保钢梁能够准确地对齐并安装到位。一旦螺孔位置平齐，施工团队必须迅速行动，打入冲钉，施拧高强螺栓，确保钢梁能够稳固地固定到位。

在合龙段钢梁的安装过程中，时间就是金钱，任何的延误都可能导致整个施工进度受到影响，因此施工团队必须确保每一个步骤都能够准确、迅速地完成。

除了技术和时间上的挑战，合龙段钢梁的安装过程还面临着许多其他的问题。例如，施工现场的环境条件、天气变化、施工设备的性能等都可能对合龙段钢梁的安装造成影响。因此，施工团队必须对这些因素进行充分的考虑，确保合龙段钢梁的安装能够顺利进行。

（5）解除临时固结。临时固结在斜拉桥主梁施工中起到了临时支撑和稳定的作用，能够确保在合龙过程中桥梁结构的稳定性。但是，一旦中孔梁合龙成功，临时固结的存在就可能成为一个潜在的风险因素。由于温度的变化，桥梁结构会产生变形和内力，如果此时还存在临时固结，那么这些变形和内力可能会超出桥梁结构的承受能力，导致结构的破坏。因此，中孔梁一旦合龙，解除临时固结就显得尤为重要。这不仅是为了确保桥梁结构的安全，还是为了确保桥梁的长期使用寿命和稳定性。

在合龙段钢梁的高强螺栓施拧完毕后，施工团队必须迅速行动，立即拆除临时固结。这一步骤要求施工团队具备高超的技术水平和丰富的经验，确保在拆除临时固结的过程中不会对桥梁结构造成任何损害。

拆除临时固结不仅是一个技术性的挑战，还是一个对施工团队综合能力的考验。施工团队必须确保每一个步骤都能够准确、迅速地完成，确保桥梁结构的安全和稳定。

除了技术和时间上的挑战，拆除临时固结还面临着许多其他的挑战。例如，施工现场的环境条件、天气变化、施工设备的性能等都可能对拆除临时固结造成影响。因此，施工团队必须对这些因素进行充分的考虑，确保拆除临时固结能够顺利进行。

3.3 拉索施工

斜拉索将桥面与桥塔固定在一起，确保桥梁在受到荷载或环境影响时保持稳定。在构造上，斜拉索主要由钢丝或钢绞线组成的钢索以及位于两端的锚具构成。

目前，在斜拉索的构造中，锚具有多种类型，以适应不同的斜拉索和桥梁结构需求。其中，热铸锚、墩头锚、冷铸墩头锚和夹片群锚是比较常见的几种。这些锚具的选择和配置取决于斜拉索的种类、设计要求以及桥梁的结构特点。例如，配备热铸锚、冷铸锚和锄头锚的斜拉索可以提前完成锚具的装配，从而形成预制的斜拉索，这种预制索的优势在于它可以在专门的工厂内进行生产，然后运输到桥梁工地，或者直接在桥梁工地进行生产，并在合适的位置进行安装和张拉。

第 3 章 大跨径斜拉桥施工技术

另一种斜拉索装配了夹片群锚,在张拉过程中直接对钢丝进行张拉,只有在张拉完成后,锚具才开始起到其应有的作用。由于这种斜拉索的特点(如平行钢筋索和平行钢绞线索),它必须在桥梁的施工现场进行生产和安装。因此,这类斜拉索被称为现制索。

正确选择斜拉索的类型和锚具并确保其在施工中的正确安装和张拉,对于确保桥梁的安全和稳定至关重要。这也突显了斜拉索在现代桥梁工程中的重要性以及为什么其生产、安装和维护都需要非常精确和专业的技术支持。

3.3.1 斜拉索的生产

斜拉索的主要成分通常为高强度钢丝或特定合金,钢丝需要经过严格的生产和处理流程,以满足强度和耐久性的要求。在生产开始时,为了去除表面的氧化层和杂质,钢丝会经历除锈工艺。接着,为了确保每根钢丝的直线度,它们会经历调直工艺。此后,钢丝将经历应力下料,这一步骤能够确保钢丝的强度和韧性达到预定的标准。

钢丝在经历上述处理后,接下来是涂抹防护漆,以提供对腐蚀和其他环境因素的防护。然后,钢丝穿过锚固设备,并进行傲头工艺,这是为了确保钢丝在拉索中的固定。接着是抛锚,其目的是确保斜拉索在桥梁上的固定和稳定。

钢丝一旦被处理和固定,便会绞合成绳索,绳索的大小、形状和结构都会影响其在桥梁中的性能。这些绳索通常会进行额外的涂层处理,以进一步增强其对外部环境的防护能力。

最后,为了确保斜拉索在施工和使用过程中的稳定性,我们会将其进行超张拉和标定。超张拉能够确保斜拉索在其使用寿命中可以承受预期的最大荷载,标定则能够确保工程师和施工团队了解斜拉索的确切规格和性能。

斜拉索的生产不仅是制造一个产品，还是一个涉及多个学科和技术的复杂过程。从原材料的选择和处理，到斜拉索的设计和制作，每一步都需要精确和专业的技术支持。

3.3.2 斜拉索的保护与维护

斜拉索通常安装有防护套管，以防止外界环境（如雨水、盐雾或污染物）的侵蚀。为了减少紫外线对斜拉索的影响，有时我们还会在防护套管上涂抹特殊的涂层。定期的检查和维护也是确保斜拉索长期性能的关键，包括检查绳索的紧密度、锈蚀情况以及任何潜在的损坏。关于拉索的防护，我们可以临时防护和永久防护两方面来讨论。

1. 临时防护

在建筑和工程领域中，对于重要的材料和部件，确保其在特定的环境条件下不受到损害是非常关键的。特别是在桥梁、高层建筑和其他大型结构中，使用的钢丝或钢绞线往往承受着巨大的拉力和压力。为了确保这些材料的长期使用和安全性，对其进行适当的防护处理至关重要。其中，临时防护作为一个短期的、过渡性的保护措施，其目的在于确保钢丝或钢绞线在出厂后到进行永久防护处理之前，不会受到氧化、腐蚀或其他外部环境因素的影响。

在实际操作中，为了实现这一目标，钢丝经常会进行镀锌处理。这种处理方法的核心是在钢丝表面形成一层均匀、连续的锌层，旨在为钢丝提供一个保护屏障，阻止其与外部环境中的有害物质接触。镀锌处理不仅为钢丝提供了有效的保护，还增强了其耐久性和防腐蚀性。

但是，仅仅依靠镀锌处理往往是不够的。为了进一步增强钢丝的防护效果，它们通常会被放入聚乙烯套管中，然后安装锚头密封，喷上防护油，并充入氮气。这一系列的操作确保了钢丝在套管内部能够得到充分的密封，从而进一步隔绝外部环境的侵害。

除了镀锌处理,还有其他的临时防护方法,如涂漆、涂油和涂沥青膏处理。这些处理方法都旨在为钢丝提供一个外部的保护层,使其在存储和加工过程中不受到损害。尤其是在不进行镀锌处理的情况下,这些额外的临时防护措施变得尤为重要。

总体而言,无论是镀锌还是其他临时防护方法,它们都在为钢丝提供一个安全的"庇护所",确保其在未来的使用中能够发挥出最大的潜力和效能。确保材料的质量和性能是任何工程项目成功的关键,因此这些临时防护措施不应被忽视或轻视。

2. 永久防护

永久防护的目的是确保斜拉索在从生产到桥梁建成使用的整个周期内,始终处于良好的状态。永久防护的手段主要分为内防护和外防护两大类。内防护着重于直接保护斜拉索,防止其锈蚀,外防护则是为了确保内防护材料不会因为各种原因流出、老化等。

对于内防护,目前常用的材料有沥青砂、防锈脂、凡士林、聚乙烯塑料泡沫和水泥浆等。这些材料各具特点,如沥青砂具有很好的密封性,防锈脂和凡士林则可以为斜拉索提供润滑,减少其在使用过程中的摩擦。

外防护的材料选择更为复杂,聚氯乙烯管、铝管、钢管和多层玻璃丝布都是常用的材料,它们都有各自的优缺点。例如,聚氯乙烯管虽然价格低廉,但其质脆,抗冻和抗老化性能差,容易破裂;铝管和钢管则需要进一步的处理,以防止其自身腐蚀。在众多的外防护材料中,我国目前主要采用的是炭黑聚乙烯。这种材料在挤出机中直接挤包在斜拉索上,形成所谓的熟挤索套。

然而,任何一种防护材料都不是完美的。为了提高斜拉索的防护效果,我们通常还需要在其表面添加其他的保护层(如浅色胶带或PE面层),以进一步减少温度变化对其的影响。

斜拉索的防护工作不仅仅是在生产阶段完成的,更多的是与斜拉索在整个生命周期中的使用、维护和管理密切相关。为了确保斜拉索的长期稳定性和安全性,生产和使用斜拉索的各个环节都必须受到严格的控制,这不仅是为了桥梁的稳定性和安全性,还是为了确保公众的生命财产安全。

3.3.3 斜拉索的布置与安装

斜拉索的安装是一个复杂的过程,通常由专门的团队在特定的环境条件下进行,安装步骤如下:首先,确定斜拉索的精确位置和角度,确保其能够有效地分担桥面的荷载;接下来,使用特殊的吊装设备将斜拉索提升到所需的位置;一旦斜拉索到位,它会被固定在桥塔和桥面的预留位置上,此过程需要精确的测量和调整,以确保斜拉索正确张拉并分担桥面荷载。具体来说,斜拉索的布置与安装可以分为二个部分。

1. 斜拉索的布置与移位

(1)放索。在施工前,为了确保斜拉索的安全和完整性,施工团队通常将其绕在类似电缆的钢结构盘上进行运输。这种做法不仅方便运输,还可以在运输过程中为斜拉索提供必要的保护,防止其受到外界的损伤。

常见的现场放索方法有两种,分别是立式转盘放索和水平转盘放索,它们各自适用于不同情境。对于使用钢结构索盘的斜拉索,它们通常采用立式转盘放索方法。这种方法是将钢结构索盘放置在一个立式支架上,并在索盘轴的中空部分穿上一个圆轴,然后通过缓慢地转动索盘,斜拉索就会被放出。这种方法的优点是它可以确保斜拉索平稳地释放,减少斜拉索在放置过程中可能受到的损伤。

对于那些自身成盘的斜拉索,它们通常采用水平转盘放索方法。这种方法是将斜拉索放置在一个水平的转盘上,并从转盘的一侧开始放出

第3章 大跨径斜拉桥施工技术

斜拉索。由于斜拉索自身的重量和转动的动力，这种方法可以确保斜拉索平滑地放出，同时减少了放索过程中的摩擦和应力。

然而，无论采用哪种放索方法，都存在一些潜在的风险。由于斜拉索盘的自身弹性和放索过程中产生的牵引力，放索过程可能导致转盘转动加速。这种加速可能导致斜拉索过快地放出，甚至可能导致散盘，这对施工人员的安全构成了严重威胁。为了避免这种情况，施工团队通常会在转盘上安装制动装置，或者使用钢丝绳作为尾索，并用卷扬机来控制放索的速度。

放索需要精确、细致的操作，并采取必要的安全措施，这样可以确保施工的顺利进行，同时保障施工人员的安全。

（2）索在桥面上的移动。斜拉索在其搬运和安装过程中，确保其完整性和安全性是非常重要的。在放索和挂索的过程中，斜拉索需要在桥面上进行移动，由于斜拉索的特性（如自身弯曲或与桥面的直接接触），其在移动过程中可能会受到损害，特别是其外部防护层和内部的索股。为确保斜拉索在移动过程中的完整性，施工团队需要使用特定的方法和技术。

关于斜拉索的移动，重要的是考虑索的来源和目的地。例如，若斜拉索是通过水路由驳船运输到达的，对于较短的斜拉索，可以直接将索盘吊装到桥面上，然后使用专门的放索支架进行放索，这种方法需要在桥面上安置吊装设备，以确保斜拉索可以平稳地移动到所需位置；对于较长的斜拉索，一种更为实用的方法是在驳船上直接设置放索支架，这样斜拉索可以直接在船上被放出。

然而，仅仅放出斜拉索并不足够，施工团队还需要考虑如何将它从一个位置移动到另一个位置。为此，施工团队通常需要在桥梁的端部设置转向装置，帮助引导斜拉索的移动。这些转向装置的设计和位置取决于桥梁的结构。例如，对于现浇梁，转向装置通常设置在施工挂篮上，这样可以在浇筑混凝土时轻松地移动斜拉索；对于预制或拼装的桥梁结构,转向装置则被设置在主梁上。

转向装置的设计必须考虑斜拉索的特性。为确保斜拉索在转向时不受损,转向装置的曲率半径应不小于斜拉索的半径,并且应确保与桥梁主体保持一定的距离,避免斜拉索与桥梁的任何部分发生碰撞。常用的施工方法有以下几种。

①辗筒法。辗筒法是一个在桥梁工程中广泛采用的技术,专门用于在桥面上移动斜拉索,确保斜拉索在移动过程中不受损害。这种方法的核心是利用一组特制的辗筒,为斜拉索提供一个平滑、连续的滚动表面,从而保护索不直接与桥面接触。

当斜拉索从其存放位置或运输工具上放出并需要在桥面上进行移动时,辗筒带就发挥了关键作用。这些辗筒被安排成一条连续的带状,形成一个导轨,允许斜拉索沿着它们移动。由于斜拉索的重量和特性,这种方法提供了一种机械上有效且安全的方式来移动索,而不会损坏索或桥面。

制作这些辗筒需要进行多方面的考虑。斜拉索的刚柔程度和布置直接影响辗轴的设计。如果辗轴的半径选择不当,可能会导致辗轴弯曲,或者在斜拉索移动过程中产生过多的摩擦,可能对斜拉索造成损害。因此,选择适宜的辗轴半径是至关重要的。

平根之间的距离也需要特别注意。这些间距不仅可以确保斜拉索顺利滚动,还能够确保斜拉索不会与桥面直接接触,因为这种接触可能导致斜拉索的损坏或过度磨损。平根的间距设计要综合考虑斜拉索的直径、重量和移动速度。

辗筒与桥面的连接方式也是一个关键考虑因素。在某些情况下,辗筒可以直接与桥面固结,为斜拉索提供稳固的滚动表面。在其他情况下,尤其是当斜拉索套筒与桥面之间有一定的距离时,辗筒可以与斜拉索套筒固结,确保斜拉索在移动过程中始终保持在辗筒上。

②导索法。导索法旨在简化索在桥面上的移动过程,同时确保索的

第3章 大跨径斜拉桥施工技术

安全和完整性。导索法的基本原理是利用一个预先安装在索塔上部的斜向工作悬索来导引和支持斜拉索的移动，从而避免使用复杂和昂贵的移动设备。

斜向工作悬索的角度和位置是根据斜拉索的预期路径和桥梁的结构特点来确定的。这根悬索不仅起到了导向的作用，还提供了一个稳定的支撑点，确保斜拉索在移动过程中保持在预定的轨迹上。斜拉索上桥后，其前端会连接一个牵引索，这个牵引索的主要作用是提供一个稳定的牵引力，使斜拉索沿着导索顺利移动。

为了确保斜拉索在移动过程中的稳定性和安全性，施工团队每隔一定距离就会设置一个吊点。这些吊点作为间隔支撑，能够确保斜拉索在整个移动过程中都得到充分的支持，并且减少了因不均匀荷载或突然的外部力量导致的不稳定性。这种方法不仅确保了斜拉索的安全移动，还大大减少了因摩擦或其他外部因素导致的潜在损坏。

导索法的一个显著优点是它减少了对大型牵引设备的依赖。在许多斜拉桥的施工现场，特别是在空间受限或地形复杂的地方，部署和操作大型牵引设备可能会非常困难且价格昂贵。而通过导索法，工程团队可以更轻松、更经济地移动斜拉索，特别是那些已经成卷的斜拉索。

③移动平车法。移动平车法经常被用在那些需要对斜拉索进行长距离横向移动的场合。这种方法的核心思想是利用平车的滚动特性，通过机械的方式来移动大重量的斜拉索，使斜拉索的移动更为流畅、高效且安全。

斜拉索上桥后，工程团队会开始部署平车，确保平车均匀地分布在斜拉索下方。这些平车之间的距离取决于斜拉索的长度、重量和桥梁的结构特点。每一个平车的位置都是精心计算和选择的，以确保斜拉索在整个移动过程中都得到充分的支撑。

为了确保斜拉索在移动过程中的稳定性，平车的设计和材料选择都是至关重要的。平车通常由坚固的金属或其他高强度材料制成，确保它

们能够承受斜拉索的重量。平车的轮子则是设计的关键。由于桥梁的顶面可能会有不规则的凹凸，选择合适大小的轮子可以确保平车在这些不平的表面上稳定运动，避免因轮子太小而导致的运动阻碍。

与辊筒法相似，使用平车法时也需要确保平车之间保持合理的距离，这是为了确保斜拉索在移动过程中不会与桥面直接接触，从而避免对斜拉索或其防护层造成潜在的损伤。适当的平车间距还可以确保斜拉索在移动过程中的稳定性，减少因摩擦或其他外部因素导致的潜在损坏。

尽管移动平车法为斜拉索的移动提供了便捷，但在施工现场施工团队仍然需要高度的警觉和专业知识，任何移动过程中的小差错都可能导致斜拉索的损伤或其他意外。因此，操作平车的工作人员必须经过充分的培训，确保他们熟悉施工流程，能够根据实际情况做出快速而准确的决策。

④垫层法。垫层法适用于轻型或较小直径的斜拉索。这种方法的原理是在桥梁表面创建一个柔软的缓冲层，从而保护斜拉索和桥梁结构不受潜在损伤。

当斜拉索需要在桥面上移动时，直接的物理接触可能会对索本身或其防护层造成损伤，桥梁的表面也可能因为移动过程中的摩擦和冲击而受损。为了解决这些问题，垫层法的引入变得尤为关键。垫层法通过在桥面上敷设如麻袋、草包或地毯等柔软材料，可以为斜拉索提供一个平滑的移动路径，同时能吸收移动过程中产生的冲击力，从而大大减少斜拉索和桥面受损的风险。

选择合适的垫层材料也是这种方法成功的关键。麻袋和草包是传统的选择，因为它们既经济又容易获得，能够提供良好的缓冲效果，并避免斜拉索与桥面之间的直接接触。地毯则为斜拉索提供了一个更为平滑的移动表面，特别是在那些需要长距离移动的场合。

斜拉索的移动速度和移动方式也需要考虑。过快的移动可能会导致

第 3 章 大跨径斜拉桥施工技术

摩擦热和潜在的磨损,而不当的移动方式可能会导致索线扭曲或缠绕。因此,在使用垫层法时,施工团队应确保斜拉索的移动是缓慢、平稳和有序的。

2. 塔上斜拉索的固定

(1)单吊点法。单吊点法的主要特点是使用一个吊点来提升和安装斜拉索。这种方法相对简单,能够迅速完成斜拉索的安装。

斜拉索上桥面之后,工程团队首先需要在索塔孔道中放一根牵引绳。这根牵引绳的目的是与斜拉索的前端连接,为提升和安装斜拉索提供支持。为了确保斜拉索在提升过程中的稳定性,工程团队通常会在离锚具下方一个特定距离处设置一个吊点,这个吊点可以确保斜拉索在提升和安装过程中保持正确的位置和角度。

索塔吊架是由型钢组成的支架,上面配有转向滑轮。转向滑轮可以确保牵引绳在提升斜拉索时平稳地移动,避免因摩擦或其他因素导致的损伤。当锚头提升到与索塔孔道的锁孔位置对齐时,工程团队需要使牵引绳和吊绳相互协调,确保锚头的尺寸与锁孔位置完全匹配。这一步骤至关重要,因为它决定了斜拉索能否稳固地固定在索塔上。

牵引绳将斜拉索牵引至索塔孔道后,工程团队将锚头穿入并固定。这样,斜拉索就成功地安装在了索塔上。

单吊点法虽然有许多优点(如施工简便、安装迅速),但它也存在一些缺点。由于这种方法只使用一个吊点,所需的起重索拉力相对较大。由于斜拉索在吊点处的弯折角度可能较大,这会导致斜拉索在那个位置受到额外的压力。因此,这种方法通常更适用于较柔软的短斜拉索。

(2)多吊点法。多吊点法与前述的导索法有相似之处,但具有其特殊的操作方式。这种方法的主要特点是使用多个吊点来提升和安装斜拉索,从而确保斜拉索在提升过程中保持稳定,减少弯折和应力。

在导索法中，牵引索是通过预设的索孔引出的。而在多吊点法中，工程团队只需要将这个牵引索从预穿的索孔中直接引出，这样的操作可以简化斜拉索的提升和安装过程，同时减少了斜拉索在提升过程中可能遭受的损伤。

使用多个吊点的优势在于吊点的分散和减少斜拉索的弯折。当提升斜拉索时，各个吊点可以均匀地承受斜拉索的重量，从而确保斜拉索在提升过程中不会产生大的弯折和应力。这种均匀的分布也有助于斜拉索在提升过程中保持直线状态，从而避免了斜拉索在提升过程中可能出现的扭曲或损伤。

多吊点法的另一个显著的优势是在统一的操作指挥下，它可以确保所有的吊点同步工作，从而实现斜拉索的均匀起吊。这种均匀的提升方式不仅可以确保斜拉索的安全，还可以缩短斜拉索的安装时间。

由于多吊点法使用了多个吊点，因此斜拉索在两端不需要使用大吨位的千斤顶进行牵引。这大大减少了斜拉索在提升过程中可能受到的外部应力，从而确保了斜拉索的完整性和稳定性。

多吊点法结合了导索法的优点，并在此基础上进行了改进和优化。使用多个吊点不仅可以确保斜拉索在提升过程中的稳定性，还可以简化斜拉索的安装过程，从而提高施工效率。

（3）起重机安装法。起重机安装法主要是利用起重机的提升能力来确保斜拉索的安全和稳定安装。这种方法的核心是利用索塔施工时的大型起重机并结合特制的扁担梁，确保斜拉索在提升过程中的稳定性。

斜拉索在生产和运输过程中，为了保护其不受损害和方便搬运，通常会被卷绕在特制的钢结构盘上。而在施工现场，为了将斜拉索安装到指定的位置，我们就需要一种有效的提升方法。起重机安装法正是为此而设计的。使用这种方法，斜拉索不仅可以被准确地提升到指定的高度，还能在提升过程中保持其完整性和稳定性。

具体操作中，起重机需与特制的扁担梁相结合，扁担梁用于捆绑斜拉索，确保斜拉索在提升过程中不会发生扭曲或损坏。当斜拉索准备好提升时，索塔孔道内会伸出一根牵引索。这根牵引索的作用是将斜拉索引入索塔的斜拉索锚空内。斜拉索的下端则通过移动式起重机进行提升。这样，斜拉索就可以被平稳地提升到指定的位置，并准确地安装在索塔上。

起重机安装法的优势在于其操作简单且快速。由于起重机具有很高的稳定性和提升能力，因此在提升斜拉索时不容易损坏斜拉索。但这种方法的要求也很高：首先，起重机必须具有足够的提升能力，以确保斜拉索的安全提升；其次，由于起重机的尺寸和重量，这种方法更适合于重量不大的短斜拉索的安装。

（4）分步牵引法。分步牵引法充分考虑了斜拉索在安装过程中索力逐渐增大的特点，以确保安装过程的平稳和安全。这种方法的特点是将整个牵引过程分解为若干个小步骤，每一步都使用特定的工具和设备，以确保斜拉索在每个阶段都能得到恰当的处理。

在斜拉索的安装初期，索力是相对较小的。因此，工程团队可以使用人吨位的卷扬机将斜拉索的张拉端从桥面提升到预留孔的外部。这一步骤的目的是将斜拉索放置到合适的位置，为后续的牵引工作做好准备。

接下来，工程团队需要用穿心式千斤顶来牵引斜拉索，将其牵引至张拉锚固面。考虑到斜拉索在牵引过程中的索力会逐渐增大，牵引过程被细分为前、后两个部分。前半部分由于索力相对较小，可以采用柔性的张拉杆，即钢绞线束，通过使用两套钢绞线夹具，系统地交替进行，确保斜拉索被平稳地牵引到位。当进入牵引的后半部分，索力会逐渐增大，这时就需要采用刚性的张拉杆，刚性张拉杆能够提供更大的牵引力，确保斜拉索在高索力下也能被稳定地牵引。

分步牵引法的关键在于，每一步都根据斜拉索的当前状态选择合适的工具和方法，确保斜拉索在整个安装过程中都处于一个安全和稳定的状态。

分步牵引法还具有其他一些明显的优点。例如，由于整个牵引过程都是在桥面上完成的，因此桥面不会受到额外的荷载，这对于保护桥面的结构是非常有利的；这种方法使用的牵引功率大，这意味着工程团队可以更快速地完成斜拉索的安装；由于需要的辅助施工较少，整个施工过程更为简便，大大提高了施工效率。

3. 梁端斜拉索的安装过程

斜拉索在梁部的安装与塔部安装类似，基本的安装方法有两种。

（1）吊点法。吊点法的主要特点是通过悬挂和平移的方式，逐步将斜拉索牵入预定位置。这种方法的优势在于其简便性和高效性，能够确保斜拉索在整个安装过程中都得到平稳、有序的处理，从而保证斜拉索在后续的使用中具有良好的性能。

在开始施工之前，工程团队首先要在梁上正确地放置转向滑轮。这些滑轮的作用是为斜拉索提供一个转向和导向的功能，确保斜拉索在被牵引时沿着预定的路径移动。这些滑轮必须牢固地固定在梁上，并且要确保它们的位置与斜拉索的预定路径完全对应。

接下来，工程团队需要将牵引绳从套筒中伸出。这条牵引绳的作用是将斜拉索从其原始位置牵引到目标位置。在这一步骤中，起重机扮演了关键角色，它通过强大的起重能力，将斜拉索吊起，斜拉索的锚头逐渐被牵引，直至完全进入套筒。

随着斜拉索的吊起，操作人员必须密切关注斜拉索的位置和状态，确保斜拉索在整个吊起过程中都处于一个稳定的状态。当斜拉索的锚头逐渐牵入套筒时，操作人员要缓缓放下吊钩，这一步是为了确保斜拉索不会受到过大的拉力，从而避免损坏。

随后，斜拉索开始向套筒口平移。这一步骤需要非常小心，因为任何不当的操作都可能导致斜拉索的位置偏移或者使斜拉索受到损坏。只有当斜拉索完全对准套筒口时，锚头才能够完全牵入套筒内。

第 3 章 大跨径斜拉桥施工技术

（2）拉杆接长法。拉杆接长法是一种专门针对梁部为张拉端的斜拉索安装时使用的方法，它特别适合在施工场地有限或斜拉索长度较长的情况。这种方法的核心是利用短拉杆与主拉杆的连接，逐渐延长斜拉索的有效长度，从而使斜拉索能够逐步拉入预定位置。

施工开始前，工程团队首先要制备一系列长度为 1.0 m 左右的短拉杆。这些短拉杆将与主拉杆连接，形成一个足够长的拉杆系统，确保其总长度超过斜拉索套筒和张拉千斤顶的长度。这种设计确保了在施工过程中，工程团队可以逐步地将斜拉索的张拉端从其初始位置拉到预定位置。

随后，工程团队利用千斤顶的强大推拉力将斜拉索逐渐拉出。在这个过程中，短拉杆起到了桥梁的作用，使斜拉索能够在一个平稳、有序的过程中逐步移动。每当斜拉索移动到一个新的位置，工程团队都需要拆掉一个短拉杆，从而使斜拉索的有效长度逐渐减少。这个过程会持续进行，直到斜拉索的张拉端完全超出锚固面。

在施工过程中，为了确保斜拉索与拉杆之间的连接稳固，工程团队需要使用一个专门设计的组合螺母（也称为张拉杆连接螺母），这个螺母可以固定拉杆，并使拉杆与斜拉索形成一个整体。随着斜拉索的逐步拉伸，这个螺母也会逐渐向前移动，直到斜拉索完全拉入预定位置。

当斜拉索的锚头完全拉出锚板后，工程团队就可以拆除张拉杆连接螺母，完成斜拉索的安装。这样，斜拉索就可以稳固地固定在桥梁上，为后续的施工和使用提供坚固的基础。

3.3.4 张拉与调整斜拉索

斜拉索在安装后需要进行张拉操作，以确保它们能够有效地分担桥面的荷载，这是通过使用专门的张拉设备（如液压张拉机）对斜拉索施加力来实现的。斜拉索被拉紧到所需的张拉力后，会被固定在其位置上。随着时间的推移，由于各种因素（如温度变化、荷载变化或斜拉索自身的松弛）的影响，工程团队可能需要对斜拉索进行调整，这需要团队进行定期检查，确保斜拉索始终保持在最佳的张拉状态。

不同于传统的斜拉索张拉方法，现代的斜拉索张拉工艺已经可以满足更加复杂和严格的施工要求。无论是一端张拉还是两端张拉，斜拉索张拉的核心都是确保斜拉索在张拉过程中保持稳定，并能够达到预定的张拉力。

为了实现这一目标，施工方通常会在斜拉索的端头接上专门设计的张拉连接杆。这种连接杆不仅可以确保斜拉索在张拉过程中的稳定性，还可以使斜拉索更容易与大吨位穿心式千斤顶连接。这种千斤顶由于其特殊的结构和高强度，可以为斜拉索提供强大的张拉力，确保斜拉索能够达到预定的张拉状态。

考虑到施工的方便性和灵活性，现代的张拉杆通常采用分节接长的方式，而不是使用整根通长的张拉杆。这种设计不仅可以简化施工过程，还可以根据施工现场的实际情况进行调整，使斜拉索的张拉更加精确和稳定。

拉锚式斜拉索张拉工艺的主要步骤包括以下几个方面。

1. 对液压设备进行标定

在开始斜拉索调索张拉的工作之前，工程团队首先要对液压设备进行详细的标定，确保千斤顶和配置的液压泵工作正常，并能够提供准确的张拉力。液压泵是斜拉索张拉过程中提供动力的关键设备，其性能好坏直接关系到斜拉索张拉的成功与否。

标定过程的关键是确定张拉值与液压表读数之间的线性关系。这需要对千斤顶进行一系列的测试，通过逐步增加张拉力，观察并记录液压表的读数。这样，工程团队可以得到一个张拉值与液压表读数之间的对应表，为后续的斜拉索张拉提供准确的参考。

对于预计的调整值，工程团队也要进行详细的划分和级别确定。这个过程需要预先确定不同的张拉力级别，并为每个级别设定一个目标值。这样，在斜拉索张拉过程中，工程团队可以根据实际情况，快速地选择适当的张拉力级别，确保斜拉索张拉的效率和准确性。

在实际的斜拉索张拉过程中，液压表的读数成为最关键的参考数据。施工人员需要根据液压表的读数，判断斜拉索的张拉状态，并根据前面得到的对应表，确定实际的张拉力。这样可以确保斜拉索在整个张拉过程中，始终保持在预定的张拉力范围内，避免出现超过设计值的情况。

2. 对索力检测仪器进行标定

索力检测仪器是一种高精度的测量工具，它能够准确测量斜拉索的张拉力，并为施工人员提供实时的数据反馈。但任何一种仪器，无论其设计得多么精湛，都需要经过标定才能确保其测量结果的准确性。

为了对索力检测仪器进行标定，施工人员通常需要先设定一个已知的标准张拉力，然后使用索力检测仪器进行测量，比较测量值与标准值之间的差异。这种方法基于对比的原理，通过与标准值进行对比，施工人员可以准确地确定仪器的测量误差，并进行相应的调整。

标定过程中，施工人员除了要注意仪器的精度和稳定性，还要考虑到各种外部因素的影响，如温度、湿度、气压等。这些因素都可能影响仪器的测量结果，因此在标定过程中施工人员要尽可能地控制这些变量，确保其在一定的范围内。

标定完成后，施工人员还需要定期对索力检测仪器进行复查和维护，确保其始终处于良好的工作状态。这不仅可以确保斜拉索张拉的准确性，还可以延长仪器的使用寿命，减少因仪器故障造成的工程延误和损失。

为了进一步提高斜拉索张拉的准确性，现代的索力检测仪器还配有计算机控制系统。这个系统可以实时监测斜拉索的张拉力，并与预设的

目标值进行对比,自动调整张拉力,确保其始终处于设计范围内。

3. 计算各级调整值和延伸量

施工人员需要根据斜拉索的材料特性、施工条件和设计索力来计算各级调整值。斜拉索的材料特性包括弹性模量和屈服强度,这些因素都直接影响斜拉索的延伸量。施工条件(如温度、湿度和气压)也会对斜拉索的张拉力和延伸量产生影响。而设计索力是工程师根据桥梁的结构和受力情况所确定的斜拉索的目标张拉力。

在计算各级调整值时,施工人员需要考虑斜拉索的总长度、初始状态下的索力以及索的自重、风荷载和其他变动荷载等因素。这些因素都会对斜拉索的张拉力产生影响,需要在计算中予以考虑。

有了各级调整值后,接下来就是列出相应的延伸量。延伸量是指斜拉索在张拉过程中的实际伸长长度,它可以通过斜拉索的弹性模量和调整值来计算。具体来说,延伸量等于调整值乘斜拉索的初始长度,再除以斜拉索的弹性模量。这样计算出的延伸量是理论值,实际施工中可能会有所偏差,但它为施工人员提供了一个参考。

当斜拉索的张拉力达到预定值时,延伸量也会达到设计要求。这时,施工人员可以通过索力检测仪器来实时监测斜拉索的索力,并与预计的延伸量进行比较,以确保斜拉索的索力始终处于设计范围内。

4. 索力检测

索力检测是斜拉索张拉过程中必不可少的环节。索力检测不仅能够为施工人员提供实时的索力情况,还能确保斜拉索的索力始终处于设计范围内,避免因索力过大或过小而导致的各种安全隐患。因此,施工人员在施工前必须确保所有的索力检测仪器都已经就位并进行了标定,确保其准确性和可靠性。

除了索力检测,其他观测也同样重要,包括对斜拉索的变形、延伸量、温度、湿度等参数的实时监测。这些观测数据不仅能够为施工人员提供斜拉索的实时状态，还能为后期的斜拉索维护和检修提供宝贵的数据支持。

当然，除了各种观测仪器，张拉工具和设备也是斜拉索调索张拉过程中必不可少的。这些工具和设备包括但不限于张拉千斤顶、液压泵、张拉连接杆、液压油表等。它们的性能好坏直接关系到斜拉索张拉的成功与否。因此，施工人员在施工前必须确保所有的工具和设备都已经就位并进行了必要的检查和试验，确保其性能良好，能够满足施工的要求。

施工人员还需要对施工现场进行全面的清理和整理，确保施工现场的安全和畅通，特别是要确保所有的观测仪器、工具和设备的电源线和信号线都已经正确接好并进行了标记，避免在施工过程中发生误操作或短路等情况。

5.确保索力的准确性

斜拉索调索张拉的过程中，如何确保索力的准确性并避免斜拉索受到损伤是施工人员关心的核心问题。要完成这一目标，施工人员必须遵守严格的操作流程，并确保每一步的精确性和可靠性。

开始施工时，固定千斤顶撑架是非常重要的。施工人员可使用手拉葫芦等设备，将撑架稳固地固定在斜拉索的锚固面上，确保在张拉过程中撑架不会移位或发生形变。接下来，施工人员可将千斤顶与撑架连接，确保其能够承受斜拉索的张拉力，并且能够稳定地传输索力。

张拉杆可与斜拉索直接连接，并用于传输和测量索力。为了确保精确性，张拉杆必须经过严格的安装流程。首先，施工人员将张拉杆穿过千斤顶和撑架，并与斜拉索的锚头端连接；然后，施工人员使用后螺母将张拉杆固定在位，确保其与斜拉索形成一个整体。

液压泵是提供索力的主要设备。在开始张拉之前，施工人员必须确保液压泵与千斤顶之间的油管连接完好，以确保油液能够顺畅地流动。启动液压泵时，施工人员根据需要调整千斤顶的活塞位置，为斜拉索提供适当的索力。

索力检测是确保斜拉索张拉成功的关键。为了准确测量索力，施工人员可以采用穿心式压力传感器，这种传感器可以直接测量张拉杆上的拉力。施工人员可将传感器安装在张拉杆的后螺母之间，并确保传感器与张拉杆紧密接触，这样就可以准确地测量斜拉索的索力，并确保其始终处于设计范围内。

6. 调整索力

为了精确地控制斜拉索的索力，首选的设备是电动液压泵，它不仅能够为斜拉索提供稳定的索力，还能够根据需要进行微调。当需要按照预定级别调整索力时，施工人员只需通过电动液压泵进油就能实现逐级调整。电动液压泵的工作原理是将液压油压入千斤顶，使千斤顶产生推力，从而对斜拉索产生张拉力。

在某些情况下，我们可能需要降低斜拉索的索力。这时，我们可以通过进油的方式先拉动斜拉索，使锚环松动。一旦锚环松动，我们就可以旋开它，然后回油，从而使斜拉索的索力降低。这种方法既简单又有效，能够快速地降低斜拉索的索力，确保其安全、稳定。

如果在调索过程中，千斤顶达到了允许的最大伸长量，那么就需要进行下一步操作。具体来说，施工人员需要将斜拉索锚头的锚环旋紧，使其能够临时支承在锚固支承面上。这样，千斤顶就可以回油，为下一次张拉做好准备。

如果斜拉索的调索是在锚头还未被牵出其锚固面的情况下进行的，那么我们就需要对其进行临时锚固。在这种情况下，临时锚固是由叠撑在锚环上的张拉杆前螺母承担的，即使用两半边螺母进行临时锚固。

为了确保斜拉索调索张拉的准确性，施工人员必须对整个过程进行

严格的监控（包括检测、校核数据），并配合液压表的读数，共同控制张拉力。整个过程必须随时进行观测，确保斜拉索的索力始终在安全范围内，避免任何不正常的情况发生。

3.4 桥面系施工

3.4.1 护轮安全带施工

护轮安全带的主要目的是防止车辆因不同原因偏离其正常行驶轨迹或在突发情况下驶出路面。

在材料选择方面，护轮安全带通常由混凝土或其他坚硬的材料制成。这些材料能够有效承受车辆的冲击力，且具有较长的使用寿命。安全带的外侧形状设计可以有效引导车辆回到正常的行驶轨迹。

施工的过程中，施工人员一定要确保护轮安全带的位置准确无误，因为这关系到护轮安全带在实际使用中的功能性。安全带与路面的结合需要平整、紧密、无缝隙，以确保其与路面的完整性。在强度和稳定性方面，安全带必须满足设计要求，确保其在各种情况下都能起到预期的作用。

在施工方法上，护轮安全带有两种主要的施工方式。一种是预制块件安装，另一种则是与桥面铺装层一起现浇。预制的安全带块件具有施工速度快、质量容易控制等优点，矩形截面是预制安全带块件中比较常用的一种，肋板截面也有其应用场景。

无论选择哪种施工方式，安装前都需要进行精确的放样。特别是在弯桥和坡桥上，线形的平顺性至关重要。预制块件必须通过坐浆进行安装，这样可以确保其准确落位，且全桥对直。安装后的护轮安全带需要保持线条顺直，使其整体看起来整齐且美观。

3.4.2 路缘石施工

路缘石用来明确车道的边界，提供一定的导向作用。

路缘石的材料一般使用预制混凝土块。天然石材也是一种常见的选择，具有独特的外观和长久的使用寿命。不同的材料选择具有不同的施工方法和工艺要求，但无论哪种材料，其基本性能要求是一致的。

施工过程中，路缘石的位置设置需要确保其准确地位于车道的边界上，这样不仅可以提供明确的导向作用，还能够确保车辆在行驶过程中不会偏离正常轨迹。路缘石的高度也是一个需要特别关注的参数，高度不仅会影响路缘石的导向性能，还与桥面的连接方式密切相关，不同的高度具有不同的连接方法和工艺要求。

与桥面的连接方式对于路缘石的稳定性和持久性非常重要。稳固且持久的连接方式可以确保路缘石在长时间的使用中不会出现位移或破损。连接方式的选择需要考虑路缘石的材料、形状、尺寸以及预期的使用环境。

路缘石的宽度一般为 8～35 cm。这样的尺寸既能够满足导向的需求，又不会对车道造成过多的干扰。

路缘石施工的方法和工艺要求与护轮带是相似的。在施工过程中，施工人员可以参考护轮带的施工经验和技术要求，以确保路缘石施工的质量和效果。

3.4.3 人行道施工

人行道是为行人提供通行的专用区域，通常设置于桥面的两侧。在人行道施工中，平整的表面不仅可以确保行人的舒适性，还关系到行人的安全。适中的坡度和良好的排水条件可以避免水积滞，减少滑倒的风险。为了进一步提高行人的安全性，人行道需要配备防滑措施，这些措施可以是特殊的材料选择、表面处理或其他技术手段。

为了增强人行道的安全性，人行道需要在关键位置设置防护设施，如护栏或护板。这些防护设施旨在阻止行人意外跌落，同时为行人提供一个依靠的地方。

人行道的设计和施工还需考虑其与桥面的高度关系。一般来说，人行道的顶面需要高出桥面 25～30 cm。人行道板根据在主梁上的位置，可分为搁置式和悬臂式。预制块件的选择又分为整体式和分块式，整体式的优势在于施工快速且方便，特别是在有吊装能力的情况下；而分块式虽然具有轻便的优势，但施工更为烦琐，整体性相对较差。

人行道板的施工方式主要有预制拼装和现浇两种。无论采用哪种方法，都需要在施工过程中预留出灯柱、栏杆的安装位置，并妥善埋设预埋件。悬臂式人行道板在安装时，必须确保构件上的钢板与桥面板内的锚栓焊接牢固。

排水是人行道施工中的一个重点环节。人行道梁需要使用稠水泥砂浆进行安装，以形成人行道顶面的横向排水坡。考虑到桥梁的变形和伸缩，人行道在桥面的断缝处需要设置伸缩缝。人行道的防水层需要与桥面防水层连成整体，确保雨水不会渗透桥梁结构，从而延长桥梁的使用寿命。

3.4.4 栏杆和护栏施工

大跨径斜拉桥的桥面系施工中，栏杆和护栏的主要目的是确保行人和车辆的安全。栏杆一般设置在桥面两侧的人行道，其作用是为行人提供安全的通行环境。护栏则负责保护车辆、行人或物体不坠入江河，起到了阻隔和保护作用。无论是栏杆还是护栏，施工中都应确保其具备足够的稳固性和坚固性，并且其高度和间距都要满足相关的安全标准。

栏杆的常用材料有混凝土、钢筋混凝土、金属或金属与混凝土的混合材料。按照形式区分，栏杆可以为节间式或连接式。节间式的栏杆由立柱、扶手以及横挡或栏杆板组成，其特点是便于预制和安装。连续式

的栏杆具有连续的扶手，主要由扶手、栏杆板或柱和底座组成。从实用角度出发，栏杆又可以分为人行栏杆和防撞栏杆两种，前者主要负责保护行人的安全，后者则能有效地抵抗车辆的冲撞，确保车辆在意外情况下不会失控冲出护栏。

栏杆和护栏在施工时的一般规定和要求强调了其施工的精确性和严格性。例如，安装或现浇的栏杆应在人行道板施工完成后进行；对于钢筋混凝土护栏，还必须等到桥跨处于自承状态后才能开始施工。在实际的施工过程中，栏杆和护栏必须保持整齐、平直，并且高度要与设计要求相符，以确保其美观性。栏杆和护栏的构件的连接必须是稳固的，特别是钢筋混凝土墙式护栏，这些构件之间的连接需要经过特殊设计，以确保栏杆和护栏的稳定性。

金属护栏的施工还涉及一系列的细节操作，如放样、定位、预埋件的设置和保护以及确保立柱和横梁的位置精确。这些操作要求施工人员具备高超的技术和经验，确保每一个步骤都能按照规定和要求完成。

3.4.5　桥面铺装层施工

大跨径斜拉桥的桥面铺装层是直接与交通荷载接触的部分，它的主要功能是提供良好的行车条件，保护桥面板不受磨损，并分散车辆轮重的集中荷载，因此桥面铺装层的施工要求十分严格。

桥面铺装层材料的选择需要根据具体的使用要求来确定，常用的材料有沥青混凝土、水泥混凝土及其他特殊材料。无论选择何种材料，施工过程中都必须确保其具有适当的厚度、均匀度和紧密性。为了确保道路的安全性，桥面铺装层还需要具备良好的排水性和防滑性。

钢主梁斜拉桥桥面的特点是结构复杂、局部变形大，因此对其铺装层的要求也相对特殊。为了适应这种复杂的使用条件，铺装层需要具备良好的变形特性、热稳定性、低温抗裂性、防水功能、抗疲劳开裂性、表面平整度及抗滑性能。为此，国内外的多个设计、科研和施工单位都开展了大量的试验研究，逐步形成了针对钢主梁斜拉桥的双层式改性沥青 SMA 混合料铺装方案。这种铺装方案的主要特点是根据铺装层的不同功能来选择不同的沥青和填料，以确保其满足各自的使用要求。

施工过程中，钢桥面板的处理与防护十分关键。首先，钢桥面板需要进行喷砂除锈处理，确保其表面光洁；然后在除锈后的 4 h 内喷涂防锈漆；除此之外，还需要对黏结材料进行洒布，并确保黏结层与钢板之间的良好结合。

在铺装材料方面，改性沥青 SMA 混合料的生产温度较高，因此施工时需要确保摊铺温度、碾压温度都达到规定的标准。石料规格的稳定性和备料数量的充足性也是保证施工质量的关键。施工机械的正常运行和施工各工序的紧密配合也是非常重要的。

斜拉桥桥面铺装层施工是一个技术含量高、施工难度大的项目。成功的施工需要高度的质量意识、精细的施工组织管理和完善的质量保证体系。在实际操作中，施工人员还需要充分领悟设计思想，确保各项施工环节都符合设计要求，以确保桥面铺装层的长期稳定和安全性能。

3.5 施工控制

斜拉桥施工控制的核心在于确保结构的内力、变形和线形始终处于设计允许的安全范围内。由于施工过程中各阶段的结构行为与成桥状态存在显著差异，尤其是对于大跨径和柔细的主梁，这种差异更为突出，因此精确的施工控制显得尤为重要。

3.5.1 计算施工控制的基本准则

施工控制计算的基本准则是为了确保桥梁在施工过程中的安全性和功能性。这要求工程师分析和预测各施工阶段的结构行为，确保其与设计要求相符。为了达到这个目的，工程师需要深入了解施工中可能出现

的各种影响因素,并采取适当的措施来控制这些影响。

1. 施工阶段计算荷载的确定

桥梁施工时所受的恒定荷载对桥梁内力和变形有着显著影响。为保证施工的顺利进行,工程师需要对施工方法和程序进行深入研究,并制订合理有效的施工方案。这也要求工程师对主梁在架设期间的施工荷载进行精确计算。具体来说,不同的斜拉桥主梁施工方法(如工厂预制、现场起吊拼装、挂篮悬浇、支架现浇或预制拼装等)对施工荷载有所不同。除了常规的施工荷载,工程师还需考虑预应力、斜拉索的张拉力等永久荷载,混凝土的收缩、徐变影响,温度、地震力和风力等环境因素的影响,特别是在施工合龙前的最大悬臂状态,此时斜拉桥的稳定性最为脆弱,因此需要采取相应措施防止由风等因素引起的破坏。

2. 施工阶段计算模型

由于斜拉桥在架设过程中其结构体系不断变化,因此每一个施工阶段都需要选择与当前结构体系和荷载状况相匹配的计算模型。随着计算机技术的发展,有限单元法已成为斜拉桥结构分析中不可或缺的工具。不同的部位需采用不同的单元模型来进行模拟。例如,拉索可以采用等效弹性模量直杆单元法、多段直杆法或曲线杆单元法来模拟;索塔可以用梁单元或实体、板壳单元来模拟;主梁的模拟可以选择单主梁模型、双主梁模型、三主梁模型或实体、板壳单元等。这些模型需要能够准确地反映实际结构体系,并满足计算的精度要求。

3. 施工阶段计算应注意的几个问题

大跨径斜拉桥的施工计算中,几何非线性效应是一个不可忽视的因素。对于小跨径的斜拉桥,这种效应可能较小,但随着跨径的增大,其影响也逐渐增强。引起斜拉桥几何非线性的因素主要有斜拉索的垂度影响、梁柱效应和大变形效应。为了更准确地进行施工计算，工程师需要根据实际情况对这些非线性因素进行考虑。例如，工程师可以采用Ernst弹性模量修正方法来处理拉索垂度的影响；对于梁柱效应，可以引入稳定函数或利用最小势能原理来处理；大变形效应则需要采用有限位移理论，并结合迭代法或增量法来求解相应的非线性方程组。

大跨径斜拉桥施工计算的一般原则是确保施工过程的安全性和功能性，以满足设计要求和实际工况需求。在此基础上，工程师还需对施工荷载进行精确计算，选择合适的计算模型，并注意处理各种非线性因素的影响，以确保施工计算的准确性和可靠性。

3.5.2 施工控制的计算方法

施工控制的计算方法通常是对每一施工阶段进行详细的理论分析，确定各阶段的控制参数的理论值，这些计算值将作为施工现场调整的参考。然而，由于实际施工条件与理论计算存在一定的误差，因此需要根据实际测量数据进行调整。此外，工程师还要考虑施工中可能遇到的各种偏差和不确定性，如温度、湿度、材料特性等变化以及施工过程中可能出现的误差。

1. 倒拆法

倒拆法是一种常见的斜拉桥施工计算方法，它的特点是从斜拉桥的理想成桥状态出发，然后按照与实际施工相反的顺序进行计算，从而得到各施工阶段的控制参数。对于大跨径混凝土斜拉桥，由于需要考虑混凝土的收缩和徐变，这种方法在时间顺序上可能会遇到一些限制。因此，这类桥梁通常采用正装和倒拆相结合的方法进行迭代计算。

2. 正算法

正算法是按照实际施工的顺序进行计算的方法，它的目标是确保斜拉桥在施工结束后的恒载内力和主梁线形与预定的理想状态基本吻合。为实现这一目标，正算法通常采用以下几种计算原则。

（1）刚性支承连续梁法。该方法的核心思想是从施工到成桥的整个过程中，通过多次调整拉索力，使斜拉桥主梁在恒载状态下的内力与刚性支承连续梁的内力保持一致。

（2）四点（或三点）控制法。这种方法是通过合理设计拉索的力，使在施工阶段主梁的悬臂端标高始终保持为成桥状态的标高，并在其后的几个节点通过施加预应力，以确保该部分主梁和桥面板不产生拉应力。

（3）零弯矩法。该方法的目的是在新的梁段安装过程中，设计斜拉索的力与新梁段的重力相匹配，并通过在主梁内施加预应力，使新梁段的安装面上没有弯矩，从而确保新安装的梁段不会对已安装的结构产生额外的位移。

3. 无应力状态法

无应力状态法的基本思想是在施工过程中，通过斜拉桥各结构单元的无应力长度和无应力曲率，实现斜拉桥成桥状态的自动逼近。这种方法可以确保斜拉桥在施工结束后达到预定的状态，且各结构单元都处于无应力状态，从而确保桥梁的长期稳定性和使用寿命。

3.5.3 施工过程中的控制与调整策略

施工过程中的控制和调整是为了确保施工结果与设计要求相符，通常包括索力的调整、桥梁标高的调整等。调整策略的选择通常基于对实际测量数据和理论计算数据的比较分析。例如，如果测得的数据与计算值存在偏差，我们可能需要对索力进行调整，或者采用其他方法进行修正。不同的施工情况和问题可能需要采取不同的控制和调整策略。

第3章 大跨径斜拉桥施工技术

1. 施工控制管理

为了确保施工控制的高效运作，很多项目会组建专门的施工控制工作小组。这个小组通常由业主、设计单位、施工队和监理单位的代表组成，他们共同参与施工控制方案的制订和实施。这种跨部门的合作模式确保了各个环节的紧密衔接，同时使各个部门能够从整体上对施工过程进行监控和管理。

制订施工控制方案和细则是工作小组的主要职责之一。这些方案和细则往往涉及施工的各个环节，包括材料的采购、运输以及现场施工、质量检查等，每一个步骤都有明确的操作规范和标准。这不仅确保了施工过程中的每一个环节都能够按照既定的要求进行，还大大提高了施工的效率。

为了使施工控制更具有系统性和程序性，工作小组还会针对施工进度制定相应的施工控制程序。这些程序往往根据施工的实际情况进行调整，以确保施工能够按照预定的计划进行。通过这样的方式，施工控制不仅在技术上得到了保障，还在管理上实现了系统化、规范化，为斜拉桥工程的成功建设提供了有力的保障。

2. 施工测试

通过实际的测量和数据分析，施工团队可以及时地了解施工现场的实际情况。这些数据为施工团队提供了一个真实、客观的施工现场的"快照"，使他们能够根据这些信息做出及时的决策和调整。例如，如果在结构变形测试中发现某一部分的变形超过了预定的标准，施工团队可以立即采取措施进行调整，确保工程的安全和质量。

施工测试还有助于提高设计精度。设计团队可以根据施工测试中得到的数据对设计方案进行调整和优化，这不仅可以提高工程的质量，还可以节省资源和成本。例如，如果在应力和应变测试中发现某一部分的

应力超过了设计的预期，设计团队可以对这一部分进行重新设计，确保其能够承受更大的应力。

斜拉索的索力测试也是施工测试中非常重要的一部分。斜拉索的索力直接影响桥梁的稳定性和安全性。通过索力测试，施工团队可以准确地了解斜拉索的实际索力情况，确保其在安全的范围内。

温度的影响测试也是不可忽视的。温度对斜拉桥的材料和结构都有很大的影响。例如，温度的变化会导致材料的膨胀和收缩，从而影响结构的稳定性。通过温度的影响测试，施工团队可以了解温度变化对施工的具体影响，从而采取相应的措施进行调整。

挂篮的变形测试是为了确保挂篮在施工过程中的稳定性。挂篮作为施工过程中的关键工具，其变形直接影响施工的质量和安全。通过挂篮的变形测试，施工团队可以确保挂篮在施工过程中始终处于最佳的状态。

除了上述的测试项目，施工测试还包括其他相关的参数测试，如材料的弹性模量、结构的几何尺寸等。这些参数的测试都是为了确保施工过程中的每一个环节都能够达到预期的标准和质量要求。

3. 施工控制原则

施工控制遵循的基本原则是，斜拉桥竣工后的线形和梁的应力都应满足设计要求。在施工过程中，任何标高和索力的大偏差都应该被及时发现并纠正。对于各种因素，如温度、斜拉索的索力、主梁的刚度等，都应该在施工控制中得到充分的考虑。

施工过程中，斜拉桥的线形和梁的应力都必须符合预先设计的要求。这不仅关乎工程的质量，还直接关系到桥梁的长期使用安全。线形的控制涉及桥梁的整体外观和功能性，梁的应力则是关乎桥梁结构安全的关键因素。任何一个环节出现偏差，都可能对整个工程造成严重的后果。

第3章 大跨径斜拉桥施工技术

当然,在实际施工过程中,由于各种不可控的因素,总会出现一些偏差。这就需要工程团队具备高度的敏感性和专业能力,能够在第一时间发现并及时纠正这些偏差。例如,如果在施工中发现某一部分的标高与设计要求有较大的偏差,那么施工团队必须立即停止施工,查明原因并采取措施进行调整,只有这样才能确保斜拉桥的整体质量和安全性。

另外,施工控制还必须充分考虑各种影响因素。例如,不同的温度会对斜拉桥的材料产生不同的影响,从而影响整个施工的进程,工程团队必须在施工前就对这些因素有所了解,并在施工过程中进行实时监控和调整。

斜拉索作为斜拉桥的关键部分,其索力直接影响桥梁的稳定性和安全性。因此,对斜拉索的索力进行精确的控制是每个施工项目的必要环节。主梁的刚度也是施工控制中需要重点考虑的因素。如果主梁的刚度不够,那么在施工过程中可能会出现不可预测的偏差,从而影响整个工程的质量和安全。

4. 施工控制方法

针对斜拉桥的施工,目前存在两种主要的控制方法:一次到位法和分次到位法。二者虽然方法不同,但都旨在满足结构的最终状态要求,同时满足施工状态的要求。

一次到位法主张在施工时,斜拉索的索力应迅速达到设计的目标值,之后不再进行大的调整。这种方法的优点在于能够快速完成施工目标,减少施工过程中的不确定性。由于不再频繁调整索力,这种方法也能够降低施工的复杂性。但这也意味着施工过程中必须确保每一步操作的精确性,确保索力快速而准确地达到设计值。

分次到位法则更注重施工过程的可控性,这也是现在应用比较广泛的一种控制方法。施工团队会根据实际情况,逐步调整斜拉索的索力,直至达到设计要求。这种方法的优势在于,它允许施工团队在施工过程中对索力进行微调，以适应现场的实际情况，这就为施工过程中的不可预测因素留出了更大的调整空间。

无论选择哪种方法，施工控制参数的优化与确定都是关键。斜拉桥的施工涉及诸多参数，这些参数互相影响，共同决定了施工的效果。为了确保施工顺利进行，施工团队需要对这些参数进行持续的监测和分析，根据实际施工中的反馈，及时识别可能的问题，并采取措施进行调整。

例如，结构刚度会影响斜拉索的索力调整效果，施工荷载会改变桥梁的受力状况，温度则可能影响施工材料的性能。对于这些参数，施工团队需要进行实时的识别和预测，确保它们始终处于一个合理的范围内，只有这样才能确保施工控制的效果，达到施工的最终目标。

第 4 章　典型大跨径斜拉桥实例简介

4.1　南京长江第二大桥

4.1.1　项目简介

南京长江第二大桥位于南京市,是"九五"期间国家批准的重点建设项目。该桥位于现有的南京长江大桥下游约 11 km,其南汊主桥部分是桥梁工程的核心部分,跨越了长江的主航道。该主桥的跨径组合为 58.5 m + 246.5 m + 628.0 m + 246.5 m + 58.5 m,共五跨。这座桥是一座双塔双索面的全断面焊接钢箱梁斜拉桥,桥梁的总长为 2 938 m,其中主跨的长度为 628 m,是该桥的最长部分。

该工程于 1997 年 10 月 6 日正式启动,经过四年的建设,于 2001 年 3 月完工并正式通车。桥址所在的江面宽约 1 100 m。其中,桥位的主航道沿北岸流淌,形成的河床断面呈 V 形,且是不对称的。为了支撑桥梁,河道中设置了两座主墩。北侧的主墩位于深水槽中,而南侧的主墩相对较高,位于江床表面,流速也相对较小。

南汊大桥的桥面宽度为 32 m（不包括斜拉索锚固区），设计为六车道的高速公路，预计的设计车速为 100 km/h。桥面承受的设计荷载包括汽-超 20 级和挂车-120。设计的风速标准为桥位区域 20 m 高度 10 min 最大风速，达到 32.6 m/s。为确保桥梁的安全，桥墩的设计考虑了船舶的撞击荷载，顺水流向的力为 2 700 kN，而横水流向的力为 13 500 kN。抗震设计标准为 7 度。为满足航运需求，桥梁的通航净空设置为 24 m。桥面的纵坡设计为 2.8%，主跨部分采用了半径为 1 200 m 的圆弧曲线。

4.1.2 桥梁结构设计

1. 主梁设计

南汊桥的核心部分是一个五跨连续的箱梁斜拉桥，其整体长度为 1 238 m，其中最大的主跨长度为 628 m。主梁采用扁平的闭口流线型钢梁设计。在桥的中心线位置，箱梁的内部净高达到 3.5 m。桥面上部采用了 2% 的双向横坡设计。从横桥的方向看，两侧的斜拉索之间的中心距离为 36.6 m。梁的底部宽度为 26.4 m，而整体梁的宽度为 38.2 m。这座钢箱梁的桥面采用了正交异性板钢材料。在整个桥梁结构中，钢箱梁被分为 93 个独立的梁段进行生产和安装。每一个标准的梁段长度为 15 m，重量为 2 700 kN。在桥的中心部分，合龙段的长度为 6 m。在主塔无索的区域，梁段的长度为 7.25～7.5 m。在桥的两侧，辅助跨的压重区梁段长度为 10.7～12 m，而边跨合龙段的长度为 8.25 m。

2. 索塔设计

索塔的设计为三维倒 Y 形结构，其基部高程为 -5.00 m，而顶部高程为 +190.41 m，索塔的整体高度为 195.41 m。该索塔结构由下部、中部、上部塔柱及其横梁和其他附属设施组成。下部塔柱的高度为

35.11 m，其内外斜率分别为 1 ∶ 2.738 3 和 1 ∶ 3.402 1，从顺桥方向和横桥方向看，其断面尺寸从底部的 12.0 m×7.0 m 逐渐变为 7.5 m×4.5 m。中部塔柱的高度为 95.3 m，斜率为 1 ∶ 5.839 5，并保持断面尺寸为 7.5 m×4.5 m。上部塔柱设计为两根分开的双柱，高度为 65 m，这两根柱子的断面尺寸均为 7.5 m×4.5 m，其中嵌入了 92 道 U 形的预应力筋以及 40 对斜拉索的钢套筒。

在索塔的上部和中部，横梁的长度都是 5.0 m，其断面尺寸为 7.1 m（宽）×6.0 m（高）。而在下部，横梁的长度为 46.64 m，断面尺寸为 7.56 m（平均宽度）×8.0 m（高）。

3. 斜拉索设计

南京长江第二大桥的南汊桥采用了两个索塔设计，每个索塔在其两侧各配置 20 对斜拉索，从而使每个塔的斜拉索总数达到 80 根。这些斜拉索在空间中的布局形式为每侧的上、下有两个空间索面。在桥面上，斜拉索被布置在 15 m 和 12 m 的两种间距中，其中 12 m 的间距被安置在辅助跨内。在索塔上，斜拉索的锚固间距从下方的 2.5 m 逐渐变为上方的 1.75 m。该桥所采用的斜拉索是由镀锌平行钢丝和聚乙烯防护构成，其中冷铸锚头的设计方式有五种规格，分别为 ϕ112 mm、ϕ120 mm、ϕ130 mm、ϕ141 mm 和 ϕ150 mm。斜拉索的最大长度为 336.7 m，其重量可达 270.2 kN。这些斜拉索与钢箱梁之间是通过销接的方式连接的，这种设计既方便施工又方便日后更换斜拉索。为了达到减震的效果，设计中采用了辅助索与减振橡胶块共同作用的方式。

斜拉索的主要原材料包括高强度钢丝、锚具和高密度聚乙烯。其中，钢丝的强度等级为 1 670 MPa，并且是低松弛的，镀锌后其直径为 7 mm；锚具部分由锚杆、螺母锚板连接筒、挡圈、O 形圈和透盖等组成，锚具的表面采用镀锌处理，其厚度在 10 μm 和 40 μm 之间，并且镀锌后需要进行脱氢处理；斜拉索本身为双护层型，其内层由黑色高密度聚乙烯构成，外层则是白色高密度聚乙烯。

成品斜拉索有一系列的技术要求，其中包括：斜拉索的抗拉弹性模量应不小于 1.9×10^5 MPa；斜拉索的长度误差应满足 $\Delta L \leq 0.0002L$ 的要求；斜拉索的表面不应有深度超过 1 mm 的刻痕或面积大于 30 mm² 的损伤；每根斜拉索都需要进行预拉，以消除其非弹性延伸；每根斜拉索需要进行长度复测；在批量生产之前，应取 3 根试件进行静载破断试验。这些要求确保了斜拉索在工程中的稳定性和可靠性。

4.1.3 主塔的基础细节

南京长江第二大桥的南汊主桥位于长江下游，其地理位置具有一定的复杂性，因为其所处的水域不仅水深、流急，而且受潮汐的影响，水位变化幅度较大。桥址所在的地形呈现出高低不平的特点，江岸斜率较大并且不稳定。

考虑到地理和地质条件，设计师选择了钻孔灌注摩擦桩基础作为最佳的解决方案。为了支撑整个桥梁结构，南、北两塔的基础承台厚度达到 6 m，直径为 33 m，并且采用了 30 号混凝土的钢筋混凝土结构。每个承台都包含 21 根直径为 3 m 的摩擦桩，这些桩的长度因地理位置而异，南塔桩的长度为 87 m，而北塔桩的长度为 102 m。

考虑到施工时的水位情况，北塔的施工水深达到了 39 m，而南塔为 20 m。两塔的地基覆盖层厚度分别为 33 m 和 29 m，其中基岩面在 36 m 范围内的最大高差为南塔 0.57 m，北塔 1.06 m。清除这些覆盖层后，塔基础的施工水深可以达到最大的 68 m。在高水位施工时，最大实测的水流速度可以达到 3.8 m/s。

为了确保施工的安全和稳定，设计中还采用了两个圆形双壁钢围堰，这两个围堰的外径为 36 m，内径为 33 m，堰壁的仓厚为 1.5 m。南塔围堰的高度为 54.25 m，而北塔围堰的高度为 65.5 m。这两个围堰是目前国内最大的深水钢围堰，围堰封底的混凝土厚度约为 8.5 m。

4.1.4 设计与施工的主要特点

1. 大型钢围堰

在本次施工中,为确保大型钢围堰的封底与钻孔灌注桩的施工能够按时完成,施工团队进行了一系列精细的策略部署和技术应用。考虑到工程的时间压力,团队制订了周密的工程进度规划,并对每一阶段进行了严格的时间管理,以确保项目始终按照既定计划前进。为了应对可能的不利因素,经过深入的分析,团队评估了水流、风力等多种荷载可能带来的最大风险,并充分考虑了钢围堰在不利稳定状况下的风险和施工的便利性。基于这些分析,团队精心设计了全铁锚锚碇系统,并将其分为前、后两个阶段来逐步实施。为了确保施工的稳定性和安全性,团队对河床的动态变化进行了持续的监测。

为提高施工效率,团队在导向船上配备了一台塔吊,这样即使在漂浮状态下也能保证其正常操作。在混凝土供应方面,除了在钢围堰附近设置水上混凝土搅拌站,团队还巧妙地在岸上与钢围堰之间搭建了军用舟桥,并进一步在岸边设立了商品混凝土供应站。这种组合方式不仅大大提高了混凝土供应的效率,还确保了封底混凝土的供应连续性和稳定性,为整个项目的顺利进行提供了坚实的保障。

2. 超长钻孔灌注桩

南、北塔的最大钻孔长度从基岩面开始分别达到了 47.17 m 和 59.95 m,从平台面开始的最大钻杆自由长度则分别为 107 m 和 130 m。这些钻孔需要穿越的岩层主要为胶结砾岩层。为了确保每一钻孔都具有准确的垂度,同时保证钻具在长距离的钻进过程中的稳定性,对钻孔进度进行合理的控制也是有必要的,因此技术团队采取了一系列专业的措施。其中,导向钻杆的设置在整个钻进过程中起到了关键作用。

为进一步提高钻孔的稳定性,钻头的配重方式也经过了专门的改进。针对钢护筒的布置,技术团队采取了一种高效的策略,即先进行钻孔,然后进行埋设,这种方法既保证了钻孔的准确性,也确保了施工的高效进行。

3. 大体积承台混凝土浇筑

两个主塔的承台底面和顶面标高分别设定为 −11.0 m 和 −5.0 m,这使它们位于水面之下。当钢围堰内部的水被抽取后,团队利用围堰的内壁作为侧模,同时在顶部的钢护筒上搭建底模,进而进行混凝土浇筑。由于承台的混凝土浇筑涉及大量的混凝土施工,因此温差应力可能会导致混凝土开裂。为了有效地应对这一技术难题,团队采用了严格的温度控制措施来确保混凝土的均匀性和质量。这种方法不仅确保了施工的质量和安全性,还避免了因温差应力带来的不必要的技术难题和风险。

4. 大高度大斜率索塔

在南京长江二桥的施工中,南、北两索塔采用了多边形外形的混凝土结构设计,其从承台顶面测起的总高度达到了 195.55 m。这两个索塔呈对称分布,并由下、中、上三道横梁相连。索塔的结构可以在下、中横梁处划分为上、中、下三个部分。为了抵御船的撞击所产生的水平力,下塔柱部分在船撞线以下的设计为多室或实心的变截面钢筋混凝土结构,船撞线以上的部分则为单室空心变截面钢筋混凝土结构。

为确保施工的顺利进行及结构的稳固性,团队对南京长江二桥主塔的施工采取了多种措施。考虑到塔柱的结构特性,下塔柱浇筑时采用了翻模系统,中、上塔柱的浇筑则使用了自升爬模系统。在施工过程中,劲性骨架的刚度得到了增强,为高空的倾斜状态提供了稳定的支撑。为有效控制下塔梁施工时的拉应力,团队采用了钢绞线预拉方法,而下横梁的施工选择了两次浇筑,并在浇筑中使用了大刚度的竖、斜钢管及牛

第4章 典型大跨径斜拉桥实例简介

腿支撑体系，成功解决了可能的混凝土开裂和施工空间布撑的问题。

中塔柱浇筑中，团队通过设置预施的水平顶力的主动横撑来控制中塔柱根部的应力，成功地解决了高度大和斜率大的柱身浇筑中线形与应力控制的问题，实现了线形和内力的双重控制目标，同时显著推进了施工进度。在测量过程中，团队利用 GPS 技术建立了高精度控制网，并使用高精度智能全站仪进行了索塔施工定位，成功地应用了空间斜拉索套筒定位技术，确保了施工的高精度。

为了进一步提升工程的技术含量，南京长江二桥采用了一系列国际先进技术，如小半径大吨位预应力布设和预应力真空辅助吸浆法压浆等。通过混凝土配比的多次试验、模板结构的优化、振捣理论与实际操作的探索，团队成功地实现了最佳的索塔混凝土施工效果。

5. 大吨位大体积钢箱梁块件的安装

为确保各个块件准确地对位并稳定地组合，团队首先进行了托架与排架的架设，这为后续的块件安装提供了必要的支撑与导向。随后，团队利用浮吊进行了块件的吊装作业，浮吊的使用不仅能确保块件的稳定吊装，还能在有限的施工空间内实现高效率的作业。接着，在确保安全的前提下，块件被移至指定位置并进行精确定位，以确保每一个部分都能与其他部分紧密结合。

除浮吊外，团队还利用了吊机进行块件的吊装，进一步提高了施工的效率和精确度。为了更好地配合吊机的操作，吊机被直接安装在桥面上，这使吊机能够在桥面上进行灵活的移动和操作。随着块件的逐步安装，团队对悬臂式拼装的块件进行了拼焊，确保了各个部分之间的紧密连接和整体的稳定性。

合龙段的安装需要高度的精确度和技术含量，因为合龙段的安装直接关系到桥梁的完整性和稳固性。通过上述一系列细致且有序的施工措施，南京长江二桥南汊主桥钢箱主梁的安装得以顺利完成。

6. 大长度斜拉索的索引和张拉

考虑到空间索面斜拉索牵引的复杂性，拉索的防护工作不仅确保了斜拉索在牵引过程中的稳定性，还为确保工人安全和施工质量提供了有力的保障。在牵索过程中，为了避免索盘转动不均匀导致的索面损伤或其他不良后果，团队进行了专门的技术优化，确保了索盘在牵引过程中的平稳转动。

已成桥的边跨部分位于水面之上，这为斜拉索的进索施工带来了一定的困难。为了解决这一问题，团队利用了特定的技术策略和工艺流程，确保了在水面上的进索施工既安全又高效。

7. 大跨径复杂体系主梁的施工控制和体系转换

在南京长江二桥的大跨径复杂体系主梁施工中，为了确保主梁的合龙工作能够精确无误，施工团队解决了多个技术难题。

在主梁施工的初期，精确将基准块件定位在托架和排架上是关键，这确保了后续施工的精度。团队综合控制了标高、索力和缝宽三者之间的关系，这三者的协同工作对于主梁轴线的控制尤为关键，它们共同影响着整体结构的稳定性和准确性。

为了确保主梁能够顺利合龙，施工团队选择了一个温度较为稳定的时段进行施工，即从晚上10：00开始，持续到第二天早上7：00。选择这一时段的原因是这一时段的温度相对均匀，有利于保障施工的准确性和质量。当主要的焊缝工作完成后，团队迅速解除了拉压的临时支座，这一步骤是为了让主跨结构从单悬臂状态转变为斜拉桥的五跨连续状态，这种体系转换过程需要确保不会有任何内力对正在焊接中的合龙段产生不良影响，从而确保施工质量。

第4章 典型大跨径斜拉桥实例简介

4.2 荆州长江公路大桥

4.2.1 项目简介

荆州长江公路大桥坐落于湖北省的荆州市，是一座在207国道上跨越长江的桥梁。这座桥的位置特别，它横跨了长江上的一个沙洲——三八洲。三八洲的存在使桥的位置被分成了南汊和北汊两部分。北汊的宽度约为700 m，南汊则约为450 m，三八洲本身的长度约为1 100 m。

荆州长江公路大桥的总长达到了4 177.60 m，这座桥下的地层具有其特殊性，地表露出的是第四纪的松软堆积砂卵石层，更深处则是泥岩和粉细砂岩组成的基岩，这些基岩的顶部埋在116 m和128 m的深度之间。

为了满足现代交通的需求，桥的设计行车速度被定为100 km/h，其设计荷载分为汽-超20级和挂车-120级。桥面设计得非常宽敞，其中行车道的净宽为21.50 m，整个桥面的总宽为24.5 m，在斜拉桥段则达到了27.0 m，桥上并未设计非机动车道和人行道。

这座大桥并不是一整块单一的结构，而是由九个不同的桥段组成，它们从北向南依次如下。

1. 北岸桥

北岸桥总长度为926 m，它由北岸引桥（22个20 m的预应力混凝土简支空心板）、跨越荆江大堤的桥（一个93 m、一个150 m和一个93 m的预应力混凝土连续梁）和北岸滩桥（五个30 m的预应力混凝土简支T梁）组成。

2. 主桥

主桥的长度为 2 557 m。主桥包括北汊通航孔桥（两个 200 m 和一个 500 m 的 PC 斜拉桥）、三八洲桥（一个 100 m、六个 150 m 和一个 100 m 的预应力混凝土连续梁）以及南汊通航孔桥（一个 160 m、一个 30 m 和一个 97 m 的 PC 斜拉桥）。

3. 南岸桥

南岸桥的长度为 270 m，它由南岸滩桥（八个 30 m 的预应力混凝土简支 T 梁）、跨越荆南干堤的桥（一个 50 m、一个 80 m 和一个 50 m 的预应力混凝土连续梁）和南岸引桥（九个 30 m 的预应力混凝土简支 T 梁）组成。

荆州长江公路大桥不仅在技术上展现了现代桥梁工程的精湛技艺，还在实践中为当地居民和过往的行人提供了方便快捷的通道，连接了南北两岸，成为荆州市的新地标和长江上的一颗璀璨明珠。

4.2.2 桥梁结构设计

1. 北汊通航孔桥

北汊通航孔桥的主梁部分采取了预应力混凝土肋板式的结构，这种结构既保证了桥梁的稳定性，又为其提供了足够的承载能力。该主梁的双主肋设计高度为 2.4 m，标准的梁段肋宽则为 1.7 m。桥梁的顶部宽度为 26.5 m，底部则为 27.0 m，这确保了桥梁有足够的面积来承载交通流量。为了解决边墩支座可能出现的负反力问题，设计师在两端 70 m 范围内采用了增加主肋宽度的方法，以增加桥梁的自重，提高其稳定性。

在北汊通航孔桥的设计中，H 形索塔是其显著的特点，两座塔分别高 139.15 m 和 150.25 m，具有强大的支撑作用。为了增强塔的稳定性，

第 4 章　典型大跨径斜拉桥实例简介

每根柱下均设有 5 m 高的塔座。塔上横梁的截面高度为 4 m，而下横梁的截面高度为 6 m，二者都设置了预应力筋，进一步加强了其稳定性和承载能力。

斜拉索在此项目中采用了 PES7 热挤聚乙烯拉索以及 PESM7 冷铸镦头锚锚固体系。这种拉索设计确保了桥梁的稳定性，同时使桥梁更加美观。斜拉索的最小间距为 4 m，而标准间距为 8 m。为了保证桥梁的均衡，塔下第一对斜索与直索的间距被设计为 11.5 m。拉索的最小倾角为 23.554°，确保了桥梁的稳定性。

对于桥梁的支座部分，设计师采用了漂浮体系的设计，这意味着主梁仅在两端的交界墩上设置了四个拉压球形支座。这种设计旨在保证桥梁的稳定性，同时简化结构。支座的设计竖向压力为 500 kN，而竖向拉力为 2 500 kN。支座的设计位移量为 ±400 mm，转角为 1%。

2. 南汊通航孔桥

南汊通航孔桥的主梁部分选择了预应力混凝土肋板式结构，它的双主肋设计高度仅为 2.0 m，这种设计相对较低的高度有助于减小风阻并增强桥梁的整体稳定性。为满足桥梁的受力和静力平衡需求，主梁的桥面板厚度进行了差异化设计。桥面板的厚度有五种不同的断面形式，分别是 32 cm、76 cm、108 cm、132 cm 以及实体梁。这种多样性的设计考虑到了桥梁在不同部位的受力情况，确保了其在各种环境条件下的稳定性。

南汊斜拉桥的索塔部分与北汊部分相似，同样采用了 H 形塔的设计。但两塔的高度不等，其中高塔的高度为 124.8 m，而低塔的高度为 89.4 m。这种高低错落的设计不仅考虑了桥梁的受力平衡，还为桥梁增添了一种独特的视觉效果。

在斜拉索的部分，南汊斜拉桥与北汊斜拉桥采用了相同的材料。但在斜拉索的布局上，南汊斜拉桥做出了不同的设计决策，塔下不设直索，形成了一个长20.0 m的无索区。拉索的标准间距为8.0 m，而最小间距为4.0 m。拉索的最小倾角为25.75%。这种设计旨在保证桥梁的稳定性，并在视觉上提供一种流畅且和谐的效果。

南汊斜拉桥的支座部分设计为漂浮体系，这意味着它的主梁仅在两端的交界墩上设置了四个拉压球形支座。但由于桥梁的不对称性，小边跨梁端的拉压支座需承受较大的竖向拉力。这种设计基于对桥梁受力平衡的深入研究和精准计算。

3. 三八洲桥

三八洲桥采用了预应力混凝土箱形连续梁的结构形式。与传统的桥梁设计不同，这一结构旨在提供更高的稳定性和耐久性，为整体桥梁提供了均匀的受力平衡，而这种平衡是保证桥梁长久使用的关键因素。

三八洲桥的主梁设计独特。不同于常规的单一连续梁，该桥被设计成两个分离的箱梁。这种分离的箱梁设计不仅有助于分散桥梁的受力，还为桥梁提供了更大的通风和维护空间。

在桥梁的几何参数方面，箱梁墩顶梁的高度为8.0 m，这种相对较高的设计可以确保桥墩在极端天气或洪水情况下仍具有良好的稳定性。而在跨中及梁端，梁的高度为3.3 m，这种逐渐减小的高度设计有助于提供更好的气动稳定性。单幅箱梁的顶部宽度为12.50 m，而底部宽度为7.0 m，这种逐渐变窄的设计不仅有助于提供更好的水动力学特性，还在视觉上呈现出一种流线型的美感。

4.2.3 主塔的基础细节

整体而言，主桥基础均采用钻孔灌注桩基础，这种基础类型在桥梁工程中被广泛使用，因为它提供了深入地基的坚固支撑，确保了上部结构的稳定性。钻孔灌注桩基础还可以减少地基对环境的影响，特别是在河流或湿地环境中。

第4章 典型大跨径斜拉桥实例简介

北汊通航孔桥在两塔下部都设置了22根直径为2.5 m的桩基，这种大直径的桩基设计有助于分散上部结构的荷载，并确保桩基在变动的土壤条件中仍然稳定。承台的设计直径为33.0 m，厚度为6.0 m，这为上部结构提供了坚固的支撑。

三八洲桥的中墩采用了不同的方法，每墩设置了5根直径为2.0 m的桩基。这种较小的桩基直径有助于减少地基施工的复杂性，同时提供了所需的稳定性。对应的承台厚度为5.0 m。

南汊斜拉桥的高塔下部采用了22根直径为2.0 m的桩基，与北汊通航孔桥相似，但其承台直径稍小，为27.20 m。低塔下部的设计则更为简洁，仅使用了15根直径为2.0 m的桩基，与高塔相比，这种设计有助于减少施工成本和时间。两个塔的承台厚度都统一为6.0 m，以确保稳定性。

4.3 武汉白沙洲长江公路大桥

4.3.1 项目简介

武汉白沙洲长江公路大桥位于武汉长江大桥上游8.6 km处，成为武汉市境内跨越长江的第三座大桥。这座大桥不仅象征着武汉的持续发展和城市扩建，还代表着桥梁工程技术的创新和进步。

整个桥梁长为3 586.38 m，其结构被划分为正桥和引桥两部分。其中，正桥的长度为2 458 m，引桥的长度为1128.38 m。这种结构设计确保了桥梁在各种环境条件下都能够提供稳定和持久的服务。

白沙洲长江公路大桥的主体结构是一个双塔双索面的钢－混凝土混合型漂浮体系斜拉桥，该斜拉桥分布为50 m+180 m+618 m+180 m+50 m。值得注意的是，主孔部分长度为618 m，两侧孔在各自的143 m范围内采用了钢箱结构，这些钢箱与预应力混凝土箱梁在两端相连接，各自延伸了 78 m。

大桥的行车速度被设置为 80 km/h，完全能够满足现代交通的需求。荷载方面被设计为汽-超 20 级和挂车-120 级。

桥面宽度的设计为净宽 26.5 m 的双向六车道，这为交通提供了充足的空间，确保了交通的流畅性。

主塔的基础采用了 1.5 m 的钻孔桩和大型的 34.4 m×20.4 m×5.0 m 承台。主塔本身则是一个精心设计的钻石形预应力混凝土结构，这种结构不仅美观，还能够提供足够的稳定性和强度。

钢箱梁的设计全宽为 30.2 m，高 3.0 m，其横断面采用了两个分离式的单箱单室设计，这两部分通过横梁连接在一起；为了确保施工的准确性和质量，钢箱梁全部采用了栓接工艺进行施工。混凝土箱梁则被设计在钢箱梁的两端，各自延伸 87 m，其外形与钢箱梁保持一致。

武汉白沙洲长江公路大桥的设计和施工融合了现代工程技术和实践的最佳方法，确保了桥梁的长期性能。这座桥梁不仅是武汉市的一个重要交通节点，还是现代桥梁工程的一个杰出代表。

4.3.2 桥梁结构设计

1. 斜拉桥设计

武汉白沙洲长江公路大桥的核心特点是其由 904 m 的钢箱梁和两段各 87 m 的预应力混凝土箱梁所组成的固结结构。

这种钢-混凝土的混合设计利用了两种材料的最佳特性：钢的高强度和韧性与混凝土的刚度和耐久性。将这两种材料结合可以进一步优化桥梁的整体性能，提供额外的刚度，并减少由于交通荷载或环境因素引起的潜在变形。

桥梁的边跨与中跨比为 0.372，这一比例经过精心计算，以确保桥梁的整体稳定性和均匀的荷载分布。这种设计选择不仅有助于平衡桥梁的静态和动态响应，还确保了在各种交通和环境条件下都能够提供稳定的支撑。

与传统的斜拉桥相比，白沙洲长江公路大桥的这一组合结构提供了额外的优势。混合材料的使用可以增加桥梁的使用寿命，因为混凝土可以为内部的钢结构提供保护，从而减少由于腐蚀和其他环境因素引起的劣化。这种混合设计还允许更大的跨径和更高的荷载承载能力，使桥梁更加适应现代化交通的需求。

2. 钢箱梁设计

选择截面形式时需要充分考虑风荷载对大桥的影响。流线型的加劲梁断面不仅提供了优良的抗风性能，还赋予了桥梁独特的外观。该设计确保了桥梁在强风条件下的稳定性，同时提高了桥梁的空气动力性能。钢箱梁的顶宽为 29 m，梁高为 3.0 m，采用双箱分离的扁平箱梁设计，这种结构方式提供了出色的扭转刚度，同时方便了桥梁的维护和检查。

为进一步提高结构的抗风性能，箱梁两侧还设置了风嘴。这些风嘴可以有效地改善气流在梁体周围的流动状态，从而减少风荷载的影响。加劲梁截面采用了双箱分离和单箱三室两种形式。这两种截面形式都经过了精心的设计，以确保其在承受不同荷载时都具有良好的稳定性。

在确定梁高时，项目团队进行了大量的综合研究，包括结构构造、抗风性能、经济性能、景观和养护维修等多个方面。最终，梁高被确定为 3.0 m，这使高跨比为 1∶206，而主梁的宽高比为 9.67。这种梁高选择确保了桥梁在承受各种荷载时都具有优越的力学性能。

3. 混凝土箱梁设计

武汉白沙洲长江公路大桥的混凝土箱梁设计选择了双箱分离的截面形式，这种结构方式提供了优越的扭转刚度和稳定性。梁高被设定为 3 m，其外观与钢箱梁保持一致，从而为整个桥梁项目提供了统一、和

谐的视觉效果。混凝土箱梁的各个部分（如顶板、底板、竖腹板和斜底板）均经过精心设计和计算，确保其在承受各种荷载时均具有出色的力学性能。

顶板的厚度为 26 cm，底板的厚度则增加到 40 cm，这样的设计是为了确保桥梁在承受垂直荷载时具有足够的稳定性。竖腹板和斜底板的厚度分别为 34 cm 和 24 cm，这些尺寸都是基于详细的工程计算和经验得出的。

混凝土箱梁的施工采用了挂篮悬浇的方法。这种方法在复杂的桥梁工程中已被证明是非常有效和可靠的。悬浇的节段长为 4.5 m，在边墩的现浇段则增加到 5.6 m。这样的设计使在托架上的现浇施工变得更为简便，同时确保了与悬浇节块的顺利合龙。

4. 主塔结构设计

武汉白沙洲长江公路大桥在主塔结构的设计中充分考虑了结构稳定性、抗震性和工程经济性。该主塔选择了钻石形结构，该钻石形主塔从塔座以上升至 174.75 m 的高度，彰显了其雄伟的身姿。主塔配置了两道横梁，这两道横梁均采用了空心矩形断面，结构简洁而坚固。在尺寸方面，下横梁宽度为 6.5 m，高度为 6 m，而上横梁的宽度稍窄，为 5.8 m，高度为 5 m。预应力筋被巧妙地设置在这两个横梁中，以增强其承载能力和耐久性，主塔的其余部分则主要为钢筋混凝土结构。

所有的塔柱均采用空心矩形断面，为了确保整体的稳定性和力学性能，下塔柱的宽度从底部的 6.5 m 逐渐收缩至 4 m，而中塔柱和上塔柱的宽度均保持为 4 m。为了适应不同的工程需求和受力情况，塔柱在纵向上的尺寸也经过了精心的调整。

上塔柱作为斜拉索的锚固区域，特别增设了预应力筋，确保能够有效抵抗斜拉索产生的水平力。为了满足施工的需要，锚固壁内部进行了陷凹处理，壁厚为 1.2 m。而在考虑到船撞作用的情况下，下塔柱的上游迎水面壁厚被加厚至 1.8 m。为了结构对称性，下游部分也作了相同处理。

5. 斜拉索结构设计

大桥斜拉索采用的是 415.2 mm 高强度镀锌钢绞线，其强度达到了 $R=1\,700$ MPa，具有超强的拉伸和压缩承受能力。这种钢绞线外层覆盖了 PE 防护层，确保其在恶劣的环境中仍能保持良好的性能。成索也被覆盖了 PE 防护层，并缠绕了 PVF 带。这种多层防护设计旨在确保斜拉索不仅在外部环境中具有出色的耐久性，在遭受潜在的机械损伤时也能提供额外的保护。

缆索的防护层设计，特别是镀锌层、双层 PE 和 PVF 带，确保了其在日常使用中能够抵御腐蚀和其他外部损害。

斜拉索的设计不仅关注材料和结构，还涉及其在桥上的布局。桥梁中的斜拉索有五种不同的类型（从 PES7-73 到 PES7-163），并且被精心布置以确保整体的均衡与稳定性。每根斜拉索之间的标准距离也被精确地计算和设置，确保它们能够有效地分担桥梁的重量，并为车辆和行人提供一个安全的过渡。

为了确保斜拉索的质量和性能，除了常规的物理力学性能测试，团队还进行了成索破断试验和疲劳试验。这些测试为工程团队提供了有关斜拉索在极端条件下的性能的宝贵数据。每根斜拉索在出厂前都要经过严格的质检，确保它们可以在设计荷载的 1.4 倍的拉力下正常工作。

6. 结构形式设计

大桥钢箱梁的顶板不仅是结构的一部分，还是桥面的承重结构，显示了其双重功能。按照正交异性板的设计原理，该顶板的厚度为 12 mm，这保证了其在承受交通荷载时的强度和刚度。

纵肋是采用 8 mm 钢板压制的梯形闭口肋，其肋间距为 0.64 m，这

种设计旨在提高结构的整体刚度。而横肋（或称为横梁）的间距被定为 3.0 m，这是基于其在结构中的分布和功能来确保整体的稳定性。

对于钢箱梁的底板，其设计也充分考虑了结构在不同位置的受力状态。在主塔附近的 60 m 区段，由于压应力较高，底板的厚度被增加到 16 mm，以确保其在受到较大荷载时不会发生压屈。加劲闭口肋的间距为 0.7 m，进一步加强了底板的稳定性。

腹板的设计同样注重稳定性，其厚度为 12 mm，加劲闭口纵肋的间距也为 0.7 m，这确保了桥梁在受到侧向荷载或风荷载时的稳定性。

在桥梁的结构中，索锚点是一个关键位置，因此团队在此设置了主横梁，其他位置则按照 3 m 的间距设置了横梁或副横梁。由于主梁采用了双箱分离的形式，节段吊装时可能会发生变形，因此团队在节段两端和中间都设置了横肋。

主要受力结构的钢材选择了 16Mnq 钢，这是一种高性能的结构钢，能够提供良好的强度和韧性。钢桥面板顶部还铺设了 8 cm 厚的铺装层，这不仅提供了一个平滑的驾驶表面，还增加了结构的耐磨性。

钢箱梁的节段连接采用了直径为 22 mm 的锰钛硼高强螺栓，这种螺栓具有高的抗拉和抗剪能力。整个桥梁共使用了 30 多万套高强螺栓，确保了各个节段之间的紧固和稳定性。这种连接方式不仅提供了良好的结构完整性，还方便了施工和维修工作。

4.3.3 主塔的基础细节

大桥的主塔基础是一种高桩承台结构，特点是在河床下一定深度设置了多根钢管桩，以确保整个桥塔在受到较大荷载时的稳定性。为了构建这一高桩承台，团队采用了一种结合了钢管桩支承平台和有底钢吊箱围堰的施工方案，这样的方案既考虑了工程的稳定性，又确保了施工的高效性。

在围堰施工中，团队特别采用了 2 m 厚的混凝土为吊箱的底部，这

不仅确保了围堰的稳定性，还为后续的施工提供了坚固的基础。为了支撑整个桥塔的重量，基础使用了 40 根钻孔桩，每根桩的长度达到了 74.00 m，这样的设计确保了桥塔在长期运营中的稳定性。

承台的平面尺寸为 34.4 m×21.8 m，这样的尺寸可以为桥塔提供足够的支撑面积，确保桥塔在受到外部荷载，尤其是风荷载时的稳定性。由于基础承台位于河床面以上，冲刷的影响相对较小，这进一步延长了基础的使用寿命。

为了减少施工中的困难并提高工作效率，围堰的设计中加入了多种创新元素。围堰的顺水流向两端各设置了一个弧形浮筒，这可以有效减少流水对围堰的压力，确保其在施工过程中的稳定性。整个围堰的设计使其能够自浮于水中，这避免了使用大型起吊设备，大大提高了施工的效率。

在基础施工过程中，团队先利用自浮式吊箱围堰底节作为导向架，再接高围堰，这样的步骤简化了施工流程，使围堰的下放更加简单、快捷。围堰与定位钢护筒之间的相互导向设计确保了施工的准确性，进一步提高了工作效率。

4.4　夷陵长江大桥三塔斜拉桥

4.4.1　项目简介

夷陵长江大桥坐落于湖北省宜昌市的心脏地带，为宜昌市南北两岸提供了稳固的交通纽带。在地理上，桥位紧邻葛洲坝水利枢纽大坝，与其下游仅隔 7.6 km。这一地理位置不仅展现了人类工程建设的壮丽景观，还证明了工程师对于地理和水文条件的精准把握。

在夷陵长江大桥的设计之初，决策者和工程师选择了单索面三塔混凝土加劲梁斜拉桥方案。此方案的特点在于它能够适应宜昌地区的特定地理和气候条件，同时确保了桥梁的结构稳固性和使用寿命。桥梁的总跨径达到了 936 m，中间两个主跨各为 348 m。

考虑到桥梁的承载能力和安全性，设计师特别针对不同类型的车辆和人群进行了荷载设计。针对汽车，桥梁采用超 20 级的设计标准；而对于挂车，桥梁采用了 120 级的验算标准。为了确保行人的安全，桥面的人群荷载被设计为 3.5 kN/m²。为满足现代化交通的需求，桥梁的设计车速定为 60 km/h，这为驾驶者提供了流畅且安全的驾驶体验。

夷陵长江大桥的桥面宽度足以容纳公路的四车道，并在两侧设有 2.0 m 宽的人行道，确保了行人的通行安全。桥面的坡度设计也非常人性化，全桥均位于一个大的竖曲线上，桥面的半径为 18 725.9 m，并且还设置了 1.5% 的双面横坡，这样的设计不仅确保了行车的平稳性，还能够在雨季有效地排水，避免积水。

考虑到夷陵长江大桥的地理位置和长江的航运重要性，桥梁的通航标准也被特别关注。桥梁的净高被设定为 18 m，净宽约为 125 m，这确保了各类船只可以安全、顺利地通过桥下。

夷陵长江大桥所处地区的地震烈度为Ⅵ度，这要求桥梁在设计和建设时必须考虑到抗震设计。桥梁所在地区的风速达到了 23.53 m/s，这也为桥梁的抗风设计提出了更高的要求。

4.4.2　桥梁结构设计

1. 索塔设计

大桥索塔在外观上呈现出独特的钻石形状，这是由其钢筋混凝土结构所决定的。这种钻石形状不仅具有较高的视觉冲击力，还提供了坚固的结构基础，能够有效承受来自各个方向的荷载。主塔在纵向尺寸上也进行了巧妙的设计，中塔和边塔的纵向尺寸分别为 7.0 m 和 5.5 m，这种设计使主塔在视觉上更为修长，同时提供了足够的空间来容纳斜拉索和其他结构元件。

从结构上看，主塔被分为上塔柱、中塔柱和下塔柱三个部分。上塔柱和中塔柱都采用了单箱单室的截面，下塔柱则使用了单箱双室的截面。这种结构上的差异不仅考虑了桥梁的受力分布，还确保了桥梁在不同部位都具有足够的强度和稳定性。

在材料选择上，主塔采用了50号混凝土，这种高性能混凝土不仅具有高的抗压强度，还具有良好的耐久性和抗侵蚀性。为了进一步增强桥梁的稳定性，上塔柱的斜拉索锚固区还加入了环向预应力，这种预应力采用了精轧螺纹粗钢筋，钢筋的直径为32 mm，抗拉强度达到了800 MPa，这确保了斜拉索可以在长时间内保持稳定的张力。

为了使桥梁的竖向受力能够从中塔柱顺畅地传入下塔柱，并满足局部的承载能力需求，工程师还在中塔柱和下塔柱的交接处布置了横向预应力。这种预应力采用了19号股钢绞线，绞线的直径为15.24 mm，抗拉强度更是高达1 860 MPa。

2. 斜拉索设计

夷陵长江大桥的斜拉索采用了平行钢绞线拉索体系，这种体系具有高度的稳定性和可靠性，能够有效地承受桥梁的各种荷载。相较于传统的斜拉索，平行钢绞线拉索更为坚固，且由于其结构的均匀性，荷载在索中的分布也更为均衡，从而提高了桥梁的整体稳定性。

为了确保斜拉索的耐久性和防腐性，每根钢绞线都被包裹了PE护层，并在内部注入了油性蜡。这种设计不仅增强了斜拉索的防腐能力，还为其提供了额外的润滑，从而延长了斜拉索的使用寿命。钢绞线的直径为15.24 mm，这意味着它具有足够的承载能力来支撑桥面的荷载。

在材料选择上，钢绞线的强度为1 770 MPa，足以应对各种极端的环境条件，其容许应力为抗拉强度的45%，这确保了斜拉索在使用过程中不会因为超出其应力极限而发生断裂。

斜拉索共有六种规格,这为桥梁的设计和施工提供了多种选择。不同规格的斜拉索可以根据桥梁的不同部位和荷载需求进行选择,从而确保桥梁的安全和稳定。

3. 主梁设计

该桥的主梁选择了 55 号混凝土,这种混凝土以其高强度和耐久性而得到广泛应用。结构上,主梁采用了单箱三室截面,这种截面设计旨在实现材料的最大化利用和最佳的承重性能。主梁采用了三向预应力混凝土结构,进一步增强了其抗压和抗拉能力。

外观上,主梁的设计保持了一致的外轮廓尺寸,梁高 3.0 m,顶板宽 23.0 m,底板宽 5.0 m,这种设计旨在确保整体的均匀性和稳定性。两侧悬臂板的悬臂长度为 3.5 m,这样的设计旨在为桥面提供足够的支撑面积,同时考虑了桥梁的美观性。

主梁边跨长约 90 m 的区段为压重段,这是为了确保桥梁在这一区段的稳定性。压重集度约为 400 kN/m,这一设计考虑了桥梁在不同荷载条件下的稳定需求。

在施工方面,主梁的各个部分均采用了预制悬拼施工方法。这种方法可以保证施工的精确性和快速性。为了确保预制梁段的匹配性和精确度,主梁采用了湿接缝技术,湿接缝技术可以有效地消除施工累积误差,确保桥梁的线形准确。

主梁的各部分厚度均经过精心设计,以满足桥梁的承重和稳定需求。例如,顶板厚 22 cm,底部厚 35 cm;而在合龙处,由于纵向预应力束的起弯,底板厚度增至 40 cm。

结构上,主梁还采用了多种加强措施,如中塔处主梁的截面局部加强以及边跨现浇段的截面变化。这些设计都旨在确保桥梁在各种荷载和环境条件下的稳定性。

第4章　典型大跨径斜拉桥实例简介

4. 支承体系设计

在大桥的整个支承体系中，除了显而易见的三个桥塔和两个边墩，设计师还巧妙地设置了四个辅助墩。这些辅助墩均位于桥的中线位置，确保了整个桥梁的对称性和均衡性。为了进一步保证桥梁在不同荷载和环境条件下的稳定性，每个辅助墩上都配备了一个纵向活动支座，这种支座可以在一定范围内活动，从而有效地吸收桥梁在使用过程中产生的各种动态荷载。

边墩的设计也考虑到了实际的使用需求和桥梁的稳定性。每个边墩上都设置了两个纵向活动支座，这些支座的横桥向间距达到了 12 m，为桥梁提供了足够的稳定性。边塔上也设有两个这样的支座，但其间距稍小，为 10.4 m。这种差异化的设计旨在确保各部分的承载能力与其所承受的荷载相匹配。

中塔与桥梁的连接方式为固结方式，这意味着中塔与桥梁形成了一个整体，进一步提高了桥梁的整体稳定性。

为了应对可能的风荷载和其他横向荷载，桥梁在各边墩和边塔处都配备了横向支座。这些支座不仅能够抵抗风荷载，还能防止桥梁的横向位移，并在必要时限制桥梁的位移。

5. 桥体结构布置设计

在斜拉桥的纵向布置上，整体跨径为 936 m，这种布局确保了桥梁的连续性和整体稳定性。其中，边跨的 120 m 被细分为三个小跨，这样的设计有助于分散荷载，并确保各个小跨的结构均衡。每一个小跨的设计均考虑了桥梁的整体承载能力与稳定性。

桥梁的宽度为 23.0 m，这种宽度可以满足交通流量的需求。中央的索区宽 3.0 m，为斜拉索提供了足够的空间，确保斜拉索的工作性能。两侧的人行道宽各 2.0 m，为行人提供了宽敞的通行空间。桥梁的总宽

度通过各部分的精细计算得出。

对于主塔的设计，三个主塔的高度存在差异，这是基于结构稳定性和美观性的综合考虑。边塔与中塔的结构有所不同，中塔的高度要比边塔高，这种设计旨在确保桥梁在中央部分的承载能力。主塔的钻石形钢筋混凝土结构既体现了现代桥梁设计的创新思路，又保证了主塔的稳定性与耐久性。

单索面斜拉桥斜拉索位于桥面中央，确保了桥梁的均衡承载。每条斜拉索的断面都由两根组成，这种设计旨在增强斜拉索的承载能力。斜拉索的布置频率与间距都经过精确计算，以满足桥梁的结构和功能需求。

6. 主梁预应力体系设计

夷陵长江大桥的三塔斜拉桥主桥结构对于预应力体系有着严格的规划和设计。预应力体系是为了确保桥梁在各种工况下都能够保持良好的受力状态，避免因为外部荷载变化引起的不良应力集中，从而提高桥梁的使用寿命和安全性。

主梁的预应力体系分为纵向、横向和竖向三个方向，每个方向都有其独特的设计要求和技术特点。

纵向预应力是桥梁的主要预应力，它主要承担桥梁自重和交通荷载引起的弯矩。为了满足不同的受力和施工需求，纵向预应力采用了粗钢筋、体内钢绞线束和体外钢绞线束三种形式。其中，粗钢筋主要用于预制块件的悬拼，体内钢绞线和体外钢绞线则主要用于抵抗桥梁的正常使用荷载。这种组合方式既确保了桥梁的受力安全，又方便了施工操作。

横向预应力主要用于抵抗桥梁横向的负弯矩，这种弯矩通常是由桥梁的不均匀荷载或斜拉索的横向拉力引起的。为了确保桥梁的横向稳定性，横向预应力采用了体内钢绞线束，其配置和数量均根据桥梁的实际受力情况进行优化。

第4章 典型大跨径斜拉桥实例简介

竖向预应力主要用于斜拉索的锚固部位，它可以有效地将斜拉索的拉力传递到桥梁上，确保桥梁的竖向受力平衡。由于斜拉索的拉力通常都集中在锚固部位，因此竖向预应力的配置和数量也是经过严格计算和优化的。

4.4.3 主塔的基础细节

夷陵长江大桥的三塔斜拉桥中，主塔墩选择在长江的中心位置进行布置，这一决策考虑到了桥址的地质条件、水流速度等多种因素。基础选择了 16 根直径为 2.0 m 的钻孔灌注桩作为支承结构，这种桩基础具有较好的承载能力和稳定性，能够有效地将桥塔的荷载传递到稳定的地下岩层中。桩的间距和布置方式也经过了精细的计算和优化，以确保整个基础系统的均匀受力和稳定。

大桥建设处的施工水位为 37～39.5 m，水流流速为 1.5～2.0 m/s，河床覆盖层为较大的卵石，其中的大型卵石直径甚至达到了 50 cm，这对于桩基施工提出了一定的挑战。覆盖层的厚度也较大，为 5.3～7.6 m，这意味着桩基施工需要到相对深的地下层进行。覆盖层之下是砂岩层，这为桩基提供了较好的支承条件，但也要求桩基必须深入砂岩层内，以确保其稳定性。

4.5 齐河黄河大桥

4.5.1 项目简介

齐河黄河大桥位于济南市槐荫区与德州市齐河县的交汇点，是一个地理、交通和工程的交汇之处。大桥连接了济南市与德州市，并跨越了黄河这一壮丽的自然地标。桥的下游约 300 m 处是北店子浮桥，桥址的两侧则是黄河的险工，南坦险工位于左岸，北店子险工位于右岸。

在大桥的上游,北店子险工靠近河流,确保了桥位断面的主河槽相对稳定,这是工程设计和施工的一个优势。当河水流量较小时,主槽的左右两岸都有宽度基本相等的稳定滩地。这种地质和地形条件为桥梁的设计和建设提供了一个稳固的基础。

工程技术上,齐河黄河大桥是一个双塔双索面斜拉桥,其总跨径为 840 m,由多个小跨组成,最大的跨径达到了 410 m。桥梁的主梁采用了钢-混组合梁,桥塔则是由钢筋混凝土结构组成,这种材料的选择旨在确保桥梁的结构强度和耐久性。

大桥被设计为一级公路。桥上的道路宽度和车道数量考虑到了未来的交通需求,主线双向共有 6 车道,另外还为非机动车辆提供了专用车道。在设计速度方面,桥梁的设计速度为 80 km/h,这考虑到了桥梁的结构安全和交通流量。桥梁的设计荷载为公路-Ⅰ级,这确保了桥梁能够承受各种交通载荷。

考虑到桥梁的使用寿命和安全性,设计基准期定为 100 年。为确保桥梁在黄河的特殊环境中的稳定性,设计师还考虑了黄河的设防流量、航道等级等因素。风也是桥梁设计中的一个重要因素,齐河黄河大桥的抗风设计标准为 28.6 m/s,在施工阶段则为 22.2 m/s。桥梁的抗震设计标准为Ⅵ度,这考虑到了地区的地震活跃性。

4.5.2 桥梁结构设计

1. 主梁设计

齐河黄河大桥的主梁采用了双边箱钢-混组合梁断面,这种结构方式提供了优越的结构强度和稳定性,确保了桥梁在复杂的环境和荷载条件下的安全和可靠性。

该主梁的宽度精确地设计为 35.5 m 和 35.56 m。为了确保道路的排水,桥面板被设计成 2% 的双向横坡,这样可以有效地引导雨水流向两

第4章 典型大跨径斜拉桥实例简介

侧,避免积水和结冰。边钢箱的宽度和高度为 2.8 m 和 3.0～3.056 m,这种设计提供了良好的空间和材料使用效率。根据受力区域的不同,钢箱的厚度也进行了精心的选择,顶板、底板和腹板的厚度分别为 25 mm、35～45 mm 和 30 mm,这确保了每个部分都能承受其所需的负载。

为了实现桥梁各部分的有效连接和支撑,横隔板的设计采用了板式断面,并设置了不同的间距,为 1.9～4.0 m。斜拉索是桥梁的关键组成部分,它们通过钢锚箱锚固在主梁上,钢锚箱则布置在腹板的外侧。考虑到锚箱的重要性和受力特点,它的承压板厚度被设计为 40～48 mm。考虑到焊缝会承受反复的剪力和附加弯矩,有拉索梁段的外腹板钢材需满足特定的 Z35 级要求。

为了进一步提高桥梁的结构效率,设计中还设置了三道小纵梁,高度为 380 mm,这样的设计旨在减少预制桥面的尺寸和吊装重量,提高施工效率。

边钢箱之间采用的是 M30 高强螺栓,而边钢箱与横梁、小纵梁与横梁之间使用的是 M24 高强螺栓。

2. 斜拉索设计

大桥的斜拉索呈空间扇形分布,为双索面布置,这种布置方式提供了均匀的受力和稳定的结构支撑。桥塔端的斜拉索锚固在上塔柱内部的钢锚梁上,桥梁端的斜拉索则锚固在主梁内的钢锚箱上,这样的锚固方式确保了斜拉索与桥塔和桥梁之间的紧密连接,提供了稳固的结构支撑。

桥梁上的斜拉索的间距为 12 m,桥塔上的间距则为 2.5 m,这种间距配置确保了斜拉索可以有效地分散并均匀地承受桥梁的荷载。

斜拉索的材料采用的是高强度的平行钢丝,这种钢丝外部被挤压成高密度的聚乙烯形态,提供了双层的 PE 防护。这种双层 PE 防护不仅

增强了斜拉索的耐腐蚀性和耐久性，外层的彩色设计还增强了桥梁的美观性。斜拉索的钢丝的标准强度为 1 670 MPa，这确保了斜拉索在高荷载和复杂环境下的稳定性和可靠性。

斜拉索共采用了七种不同的型号（从 151ϕ7 到 337ϕ7），全桥共有 128 束斜拉索，这样的配置方式确保了斜拉索可以根据桥梁的具体受力情况进行有效的分散和支撑。

为了确保斜拉索的稳定性和可靠性，两端都采用了张拉端冷铸锚，这种锚固方式提供了强大的固定力，确保了斜拉索在任何情况下都不会松动或断裂。

3. 桥面设计

桥面板使用了 C60 高性能混凝土，这种混凝土不仅具有高强度，还具有良好的耐久性和抗渗性，这意味着在长时间的使用中，桥面板可以很好地抵抗各种天气条件和机械荷载的侵蚀，确保桥梁的长期稳定性。桥面板的设计还分为预制板和现浇湿接缝两部分，这种组合方式使桥面板在施工时更为方便和快捷，还可以确保桥面的平整度和连接的紧密性。

为了进一步提高桥面板与桥梁结构的整体性，设计师在边钢箱、横梁和小纵梁顶部布置了剪力钉，这些剪力钉能够确保桥面板与桥梁结构之间的紧密连接，提供更好的受力传递和结构稳定性。

在桥面板的预应力设计方面，考虑到桥梁在使用过程中会受到各种荷载的作用，特别是在边跨尾索区域和中跨中段，设计师特别设置了桥面板纵向预应力。这种纵向预应力采用了高强度、低松弛钢绞线，确保了桥面板在受力时的稳定性。为了满足桥面板在横向的受力需要，设计师还设置了桥面板的横向预应力。

桥面铺装的选择则充分考虑了行车的舒适性和耐磨性。桥面采用了 10 cm 的沥青混凝土作为基础材料。上、下两层都选用了 4 cm 的

SMA-13SBS 改性沥青玛蹄脂混合料，这种材料不仅具有良好的抗压和耐磨性，还可以提供良好的行车舒适性。为了确保桥面的防水性，设计师还特别设置了 2 cm 的 SBS 改性沥青砂作为防水调平层。下封层则采用了热沥青加预拌碎石，确保了桥面铺装的稳定性和耐久性。

4.5.3 主塔设计

齐河黄河大桥选择了 H 形钢筋混凝土结构的桥塔，其形式既有美观之意，又考虑了结构的稳定性和经济性。H 形结构具有较大的弯曲刚度，能够有效地承受横向荷载，如风荷载和地震作用。这种结构还可以有效地传递桥面和斜拉索的荷载到桥基。

桥塔的单箱单室箱形截面设计提供了稳固的支撑和内部空间，方便施工和维护。为了提供足够的刚度和稳定性，桥塔的壁厚在不同位置都有所不同。上塔柱的拉索锚固面壁厚为 100 cm，而其余部分为 90 cm，这是因为锚固面需要额外的强度和刚度来承受斜拉索的张力。相比之下，下塔柱的壁厚更大，为 150 cm，确保了整个桥塔的稳定性。

济南侧桥塔高度为 135.5 m，齐河侧桥塔则为 140.0 m，这种差异是基于地形、河流速度或其他地理因素的考虑。

基础部分，直径为 2 m 的钻孔灌注桩为桥塔提供了坚固的支撑。每个塔柱下布置了 20 根桩，桩长达到了 99 m，这确保了桥塔在不稳定的土壤或在洪水期间都能保持稳定。

材料方面，桥塔及横梁选择了 C50 混凝土，这是一种高强度的混凝土，能够有效地承受桥梁的荷载和环境影响。承台和桩基则选择了 C30 混凝土，这是考虑到其在地下环境中的性能和耐久性。

第 5 章 大跨径斜拉桥基本技术要求

5.1 荷载的相关技术要求

5.1.1 荷载评估与稳定性控制

大跨径斜拉桥的承载能力直接关系到结构的安全与稳定性，为此人们引入了检定承载系数"K"来评估其性能，此系数量化了桥梁在面临实际活载时的响应与设计时预期的标准活载之间的关系。K 值为 1 意味着桥梁所承受的实际最大活载与其在设计阶段所预定的活载相匹配。

K 值提供了一个重要的参考，使工程师能够判断结构在特定活载下的行为。例如，若实际荷载超过了设计荷载，但 K 值仍然大于 1，这意味着结构依然在安全的承载范围内。

桥梁的活载不仅是由车辆造成的，环境因素（如风荷载、温度变化）以及其他动态加载（如地震、洪水等）也可能对桥梁产生影响。因此，K 值的计算需要考虑所有这些因素，以确保桥梁在各种情况下的稳定性和安全性。

第5章 大跨径斜拉桥基本技术要求

在实际运营中，桥梁的荷载可能会因交通流量的增加、车辆重量的变化或其他未预期的外部因素而发生变化。

5.1.2 结构完整性与维护措施

大跨径斜拉桥在日常运营中可能会受到各种内、外部因素的影响，从而导致其结构或构件的承载能力降低。这些影响因素包括但不限于天气侵蚀、车流荷载变化、地震活动、意外撞击等。当桥梁的实际承载能力低于设计标准（$K<1$）时，这可能意味着桥梁的某些部分存在潜在的安全隐患。一旦检测到 K 值低于 1，工程师应立即对桥梁进行全面的技术评估（包括对桥梁的主要结构部件进行详细的检查），以确定可能的损坏或疲劳。基于这些信息，工程师可以制定相应的应对策略。

加固可以增强桥梁现有部件的承载能力，可以通过增加额外的材料、使用预应力技术或采用其他方法来实现。例如，工程师可以在受损的梁部分周围加固钢筋，或在桥墩上增加额外的支撑。

在某些情况下，单纯地加固可能无法满足安全要求。这时，更换成为必要的选择。例如，如果桥梁的某个关键部件严重受损并且无法修复，那么工程师可能需要完全更换该部件，在这种情况下，工程师需要确保新部件与桥梁的其他部分完美匹配，同时要确保新部件满足或超过原有部件的性能标准。

除了加固和更换，改建也是一个可行的选择，特别是当桥梁的总体结构存在问题或当其设计已不再满足现有的交通需求时。改建可能涉及对桥梁的部分或全部结构进行重建或重新设计，以确保桥梁能够满足现代的工程和交通标准。

无论选择哪种策略，关键是确保桥梁的承载能力在加固、更换或改建后都能达到或超过 $K=1$ 的标准，这确保了桥梁在各种情况下都能安全、稳定地运营。

5.1.3 动力响应、制动力与温度分析

大跨径斜拉桥是一种复杂的工程结构，需要细致地考虑结构的动力响应、制动力和温度效应。

动力系数反映了桥梁在运营中由于列车过载、地震或其他动态荷载而产生的动态响应。动力系数的计算公式为 $1+\mu = 1+\alpha\left(\dfrac{6}{30+L}\right)$。此公式考虑了桥梁的跨径和其他结构参数，确保了桥梁在各种动态荷载下都能保持稳定。

在静止状态下，制动力按列车竖向静活载的10%来计算。当列车在动态状态下，即与列车竖向动力作用同时发生时，制动力则按列车竖向静活载的7%来计算。这种差异是列车在行驶中与桥梁之间的相互作用产生的。

温度变化会导致桥梁材料的热膨胀或收缩，从而引起桥梁的变形或内部应力。对于混凝土部分，设计中考虑的温度变化范围是 ±20 ℃；而对于钢箱梁，这个范围是 ±35 ℃。桥梁的温度梯度，即桥梁不同部位之间的温度差异也是需要考虑的因素，混凝土主梁顶板的温度梯度为 +5 ℃，钢箱梁顶板为 +15 ℃，而斜拉索的温差为 ±10 ℃。

5.1.4 场地选择与环境影响因素

对于大跨径斜拉桥的场地选择和评估，具体到桥梁场地土的性质，桥梁所处的地层为软土或岩石，这种地层组合为桥梁提供了一定的支撑力度。软土是一种低强度、高压缩性的土壤类型，可能会导致基础沉降或滑动，针对这种土质，桥梁的基础设计需要确保桥梁具有足够的承载能力和稳定性，以防止不均匀沉降或整体滑动。岩石由于其较高的承载能力和稳定性，成为理想的桥梁基础支撑材料，然而岩石的硬度和坚固性也意味着施工时可能会面临困难，如打桩或开挖。

第5章 大跨径斜拉桥基本技术要求

大跨径斜拉桥的场地类型要求为Ⅳ类，这是基于场地土壤的性质、地震影响等因素进行分类的。Ⅳ类场地通常需要采取更为严格的设计和施工措施，以确保桥梁在此类场地上的稳定性和安全性。桥梁设计中还需特别注意场地浅层的土壤情况，如饱和砂土具有一定的渗透性，但其在受到外部荷载或地震作用时可能会失去强度和稳定性，导致液化现象。

桥位的基本风速是在标准高度 10 m、平均时距 10 min 及重现期 100 年的条件下得出的。这样的标准确保了在大多数情况下桥梁能够承受实际风速。桥面在设计时，由于桥面位置较高，可能会受到更大的风速和风压，使其风环境更为复杂。施工阶段的风荷载主要与施工的具体方法和进度有关；运营阶段的风荷载则需要面对日常可能出现的风环境；极端风荷载通常指在特殊气候条件（如台风或龙卷风）下，桥梁可能遭受的风荷载。综合这三种风荷载，工程师可以确保桥梁在各种风环境中的稳定性和安全性。大跨径斜拉桥的设计风荷载涉及多方面的因素，需要参照相关规范和实际情况，以确保桥梁在各种风环境中的稳定性和安全性。

按照标准，航道的净高是指从航道的水面到桥梁底部的垂直距离，这个高度要保证在最高潮时，最大吃水的船舶能够安全通行；净宽则是指航道的有效宽度，也就是船舶在正常航行中可以使用的水面宽度，这个宽度要考虑船舶的操纵、避让以及可能的风和水流作用。不同类型和尺寸的船舶对航道的净高和净宽要求是不同的。例如，大型货轮和油轮对航道的宽度要求更大，而小型快艇和游船对高度的要求可能较低。因此，在桥梁设计初期，设计者必须明确预期的通航船舶类型和尺寸，以确保桥梁满足这些船舶的通行需求。桥梁的位置、跨度和高度也直接影响航道的形状和尺寸。例如，桥梁的墩柱位置、数量和形状都会对航道的有效宽度产生影响；桥梁的高度则直接决定了航道的净高。因此，桥梁的设计必须与航道的设计紧密结合，确保双方的需求都得到满足。

在设计大跨径斜拉桥时，桥址所在地的气候条件也是一个需要考虑的因素。不同的气候条件对桥梁的材料、结构以及维护都有独特的影响。例如，寒冷地区可能需要特殊的冻融防护措施，而湿热地区可能对材料的耐腐蚀性能提出更高的要求。了解桥址的温度范围、湿度、降水量、风速和其他气候参数可以帮助工程师选择适当的材料、制定合理的设计方案并预测桥梁的耐久性。气候条件也会影响桥梁的日常维护和养护工作，如清除积雪、防止盐分侵蚀等。

桥梁的稳定性和耐久性与桥址的气温条件和风速密切相关，这些气象参数对桥梁的结构、材料选择以及后期维护都有显著影响。为确保桥梁设计的准确性和可靠性，工程师必须对这些参数进行精确测量和合理取值。

河流水文资料可以为设计者提供关于河流的基本特征和潜在风险。水系流域面积的大小决定了河流的径流量和可能的洪水流量，这对于桥梁的防洪措施和高程设计有着直接的指导作用。而水系的组成（如支流、湖泊或水库的存在）会影响河流的流速和流量分布。了解河流的源头和流向以及流域内的地貌和气候特点，也有助于预测潜在的极端气候事件和其对桥梁可能带来的影响。

在桥梁工程设计中，河流的水文特性直接影响桥梁的结构安全和持久性。所跨越河流的流量、设计水位和流速等水文参数为桥梁基础和桥墩设计提供了必要的数据依据。例如，流速对桥墩的稳定性和桥梁基础的侵蚀具有显著影响；设计水位能够指导桥梁的垂直位置和桥面距河面的净高选择，以确保桥梁在极端水文事件中的安全。流量的变化还可能影响河床的稳定性，进而影响桥梁基础的安全。

桥址的选择和桥梁的设计不仅仅是基于结构和功能需求，还需要深入研究其所在地的环境影响因素。特别是那些可能对桥梁的稳定性和持久性产生负面影响的因素，如侵蚀。

持续的水流、风化、冰冻融化和化学反应都可能导致桥墩和基础的

第 5 章　大跨径斜拉桥基本技术要求

侵蚀。土壤的酸碱度、含盐量及其他化学成分也可能影响混凝土和钢材的耐久性。为了桥梁的长期安全和稳定运行，对这些环境因素进行详尽的研究和考察是至关重要的，确保在设计和建设过程中采取适当的措施来预防或减轻这些潜在的风险。

5.2　限界的相关技术要求

对于铁路斜拉桥来说，其建设标准应遵循国家设定的标准轮廓尺寸，即"限界"，以确保铁路的安全和效率。这些限制是为了确保列车的安全行驶并防止对建筑物的潜在损害。

标准轨距铁路的限界可分为两种：机车车辆限界和建筑限界。机车车辆限界描述了与铁路中心线垂直的最大容许轮廓。无论车辆是空载还是满载，无论是全新还是经过长时间使用的，除了电力机车上升的触电弓，它们的所有部分都必须位于这一限界内，不能超出。

与此相对，铁路斜拉桥建筑限界定义了与铁路中心线垂直的最大建筑容许轮廓。除了列车及与列车互动的设备（如车辆减速器、轨道接收器、接触电线等），任何其他设备或建筑物都不得进入这一轮廓。

设计桥体建筑物或设备时，工程师应考虑建筑物可能的沉降和钢轨高程的变化（如基础沉降、道床厚度增加或轨道更换）。无论使用新轨还是旧轨（包括未来的轨道更换），从轨道开始计算的建筑限界尺寸都应符合以下规定。

第一，大跨径斜拉桥的设计必须遵循国家规定的桥梁建筑限界标准。

第二，桥梁应考虑客货共线铁路双层集装箱的运输限界，并确保其设计能够满足这一要求。

第三，在运营过程中，桥梁的各部分和相关附属设备都不能超出基本建筑限界。如有任何部分不符合国家的桥梁建筑限界标准，应立即采

取措施将其恢复到原始设计状态。

第四，涉及洪水流动的大跨径铁路钢箱混合梁斜拉桥，其桥涵孔径在设计时应确保能够顺利应对 1/100 频率的检定洪水。如果实际观测的洪水频率介于 1/300 与 1/100 之间，那么这一观测频率应被视为检定洪水频率。该桥梁还应能够安全地应对 1/300 校验频率的洪水。

5.3 结构整体刚度的相关技术要求

桥梁的刚度不仅影响其结构性能，还直接关系到桥梁在各种荷载作用下的稳定性与安全性。为了确保桥梁在中－活载静力作用下的结构刚度满足要求，工程师需要对梁体的竖向变形进行严格的控制。

5.3.1 刚度要求与竖向挠度控制

竖向挠度是衡量桥梁竖向刚度的主要指标，它反映了桥梁在荷载作用下的竖向位移。按照技术要求，当列车静活载作用在桥梁上时，中跨的竖向挠度不得大于梁长的 1/700，边跨的竖向挠度则不得大于梁长的 1/800。这些限制确保了桥梁在荷载作用下能够保持其结构的完整性和稳定性。

除了竖向挠度，横向刚度也是桥梁刚度控制的重要方面。横向刚度主要考虑桥梁在列车摇摆力、风力和温度力等横向荷载作用下的位移。技术要求规定，梁体在这些荷载作用下的水平挠度不得大于梁长的 1/4 000。这一要求确保了桥梁在横向荷载作用下的稳定性，并减少了因横向位移导致的不良影响。

梁端转角是另一个重要的刚度控制参数。它表示桥梁梁体端部在荷载作用下的旋转角度。技术规定要求，静活载作用下，梁端竖向转角 $\theta \leqslant 2‰ \text{rad}$，而相邻两孔梁之间的转角 $\theta_1 + \theta_2 \leqslant 4‰ \text{rad}$。这些限制确保了桥梁在荷载作用下的转角不会过大，从而避免了因转角过大引起的结构问题。

5.3.2 纵向水平转角与交界墩稳定性

对桥梁的各种变形和转角进行严格的控制是确保其长期稳定和安全运行的关键。

纵向水平转角是评价桥梁纵向刚度的一个重要指标。它描述了桥梁在荷载作用下的纵向旋转情况。对于大跨径铁路钢箱混合梁斜拉桥而言，主桥在交界墩处梁段的纵向水平转角是一个关键的控制参数。技术要求明确指出，该转角不应大于 0.1%。这一限制反映了对桥梁纵向刚度的高要求，确保了桥梁在列车过境时能够快速恢复到原始状态，从而保证列车的平稳运行。

交界墩承受着来自上部结构的荷载，并将这些荷载传递到下部结构和基础。因此，交界墩的设计和施工质量直接影响桥梁的整体性能。在交界墩处，桥梁的纵向转角尤为关键，因为它直接关系到桥梁的纵向刚度和列车的运行稳定性。

从工程实践来看，纵向水平转角的控制通常需要采取一系列技术措施，包括优化交界墩的设计，提高其刚度，确保交界墩与上部结构之间的连接质量以及采用高强度、高刚度的材料。在施工过程中，工程师还需要对交界墩进行精确的测量和调整，确保其位置准确，满足设计要求。

除了交界墩的设计和施工，桥梁的运营和维护也对纵向水平转角的控制起到了关键作用。在桥梁的使用过程中，工程师需要定期对桥梁进行检测和评估，对发现的问题进行及时的处理和修复。这不仅可以确保桥梁的长期稳定运行，还可以延长其使用寿命，减少维护成本。

5.3.3 支座支承垫石与梁底横向相对变位控制

列车活载作用下的支座支承垫石与梁底之间的横向相对变位是评价斜拉桥结构整体刚度的关键指标之一。这个指标直接关系到桥梁的稳定性和列车的安全运行。技术要求明确指出，在列车活载作用下，各支座支承垫石与梁底之间的横向相对变位不应大于 1 mm。这一限制确保了桥梁在列车过境时的稳定性，防止了因为过大的变位导致的安全风险。

支座承受着桥梁上部结构的荷载，并将这些荷载传递到下部结构和基础。支座还允许桥梁的一些微小移动，以适应温度变化、荷载变化等因素引起的桥梁形变。

支承垫石与梁底之间的横向相对变位是衡量支座性能的一个重要参数。这个参数反映了支座在荷载作用下的刚度和稳定性。在设计过程中，工程师需要考虑各种可能的荷载组合（包括列车活载、风荷载、温度荷载等），并确保在这些荷载作用下，支座的性能可以满足要求。

在桥梁施工过程中，支座的安装和调试需要确保支座的位置准确，且与设计要求一致。工程师需要对支座进行严格的质量检查，确保其材料和制造工艺满足规范要求。

桥梁的运营和维护对支座的检查和评估也非常重要。工程师需要定期检查支座的性能，确保其在长期使用中仍然满足技术要求。对于发现的问题，工程师需要对其及时进行处理和修复，以确保桥梁的稳定性和安全性。

从工程实践来看，横向相对变位的控制通常需要采取一系列技术措施，包括优化支座的设计、提高其刚度、选择合适的材料以及采用先进的制造工艺。工程师还需要对支座进行定期的检测和维护，确保其长期稳定性和可靠性。

5.3.4 动力加向应分析与桥墩刚度要求

在斜拉桥的设计与评估中，桥梁的动力响应是一个至关重要的考量因子。动力响应主要描述了桥梁结构在外部荷载，特别是动态荷载，如列车荷载作用下的反应。这种反应与桥梁的刚度、质量和阻尼有关，可能导致结构的振动或不稳定。

技术要求明确指出，在实际运营列车作用下，桥梁的动力响应应小于考虑动力系数的设计活载效应。这意味着在实际运行中，桥梁结构受到的动力荷载影响应低于设计阶段考虑的最大值。这样的要求确保了桥梁在各种可能的运营条件下都具有足够的稳定性和安全性。

桥面的振动也是一个需要关注的重要参数。强振频率是描述桥面振动特性的一个关键指标，它反映了桥面在特定频率下的振动幅度。技术要求规定，桥面强振频率不大于 20 Hz 的竖向振动加速度应满足：$a \leq 0.35g$。这里的 g 是重力加速度，这个限制确保了桥面振动在一个可接受的范围内，从而保证了列车的安全运行和乘客的舒适度。

道砟桥面是铁路桥梁常用的一种桥面结构。它由轨道、道砟和桥梁上部结构组成。这种桥面结构具有良好的阻尼性能，可以有效地减少列车荷载引起的桥面振动。因此，对于道砟桥面，竖向振动加速度的限制可以适当放宽。

考虑到列车运营过程中可能出现的各种情况（如列车加速、减速、停车等），对桥梁的动力响应进行准确的预测和控制是非常重要的。为了满足这些要求，工程师需要对桥梁结构进行详细的动力分析，通常包括建立结构的有限元模型、进行模态分析、确定结构的自然频率和模态形状并进行时间历程分析或谐响应分析以及预测结构在特定荷载下的动力响应。

桥梁的刚度、质量和阻尼是影响其动力响应的三个主要因素。通过优化这些参数，工程师可以有效地控制桥梁的动力响应，使其满足技术

要求。这通常需要采取一系列的结构措施,如增加结构的刚度、使用高强度的材料或增加结构的阻尼。

在桥梁的设计和评估过程中,P1 号至 P10 号墩在动活载作用下应具有足够的刚度。这些墩通常是桥梁结构中的主要支承部分,它们的刚度直接影响整个桥梁的动态响应。一个具有足够刚度的桥墩可以有效地减少桥梁在动活载作用下的振动幅度,从而提高桥梁的稳定性和安全性。

为了确保桥墩的刚度满足要求,技术标准规定了实测墩顶横向最大振幅和最低频率的限制值。这些限制值是基于大量的实验和计算得出的,旨在确保桥梁在各种可能的运营条件下都具有足够的稳定性和安全性。

如果实测的桥墩刚度参数超过了这些限制值,这意味着桥墩可能存在某种技术问题,需要对其进行详细的检查和评估。这可能涉及对桥墩的结构完整性、材料性能和质量进行检查。如果发现桥墩存在严重的技术问题(如裂缝、腐蚀或其他结构损伤),可能需要进行加固或修复。

加固桥墩通常涉及增加其结构刚度和强度。这可以通过增加墩的截面尺寸、使用高强度的材料或增加外部的支撑结构来实现。某些情况可能需要完全更换桥墩。除了对桥墩进行加固或修复,还可能需要采取其他保证行车安全的措施,包括限制列车的速度、增加桥梁的检查和维护频率或在桥梁上安装动态监测系统。

5.4 基础沉降的相关技术要求

大跨径斜拉桥的结构完整性和稳定性在很大程度上取决于基础的性能。其中,基础沉降是评估桥梁健康状况的重要指标。沉降过大或不均匀都可能导致桥梁结构受到过大的应力,从而影响桥梁的整体性能和使用寿命。

索塔作为斜拉桥的主要支撑结构，其基础的稳定性对整个桥梁的稳定性至关重要。索塔基础不均匀沉降限值为 4.0 cm，这意味着在正常运营条件下，索塔基础的沉降不应超过这一值。超过此限值的沉降可能导致索塔的倾斜或转动，从而增加桥面板和斜拉索的应力，影响桥梁的稳定性和安全性。

对于其他墩，沉降限值设为 2 cm，这考虑到了其他墩相对较小的荷载和较高的刚度。超过这一限值的沉降也可能导致桥梁结构的不均匀应力分布，影响桥梁的动态响应和长期性能。

沉降的产生可能与多种因素有关，包括土壤性质、基础设计、施工方法和荷载分布等。软土、松散的砂土或其他不稳定的土壤可能导致较大的沉降。基础的设计和施工方法也可能影响沉降性能，如浅基础可能比深基础更容易发生沉降。施工中的挖掘、填土等也可能导致土壤的不均匀沉降。

为了确保桥梁基础的稳定性，工程师需要在设计和施工阶段采取一系列措施，包括选择合适的土壤改良方法、使用深基础、增加基础的刚度和强度以及采用高质量的施工方法和材料。

在桥梁的运营阶段，工程师需要对桥梁基础沉降进行定期监测，可以通过安装沉降监测仪器或进行定期的测量和分析来实现。如果监测到超过限值的沉降，工程师需要及时采取措施进行修复，包括加固基础、更换受损的部分或采取其他结构加固方法。

5.5 结构耐久性的相关技术要求

5.5.1 钢结构防腐及涂装体系

在考虑桥梁的耐久性时，钢箱梁的防腐是一个重要的方面，因为钢结构在长时间暴露于环境中时容易受到腐蚀的影响。

钢结构的防腐方法多种多样，其中电弧喷铝长效防腐涂装体系是一种有效方法。这种方法利用电弧产生的高温将铝材料喷涂到钢结构表面，形成一层均匀、致密的铝涂层。这一涂层不仅具有很好的抗腐蚀性，还能够提供一定的机械保护。此种防腐体系的设计寿命可达 25 年。

钢箱梁的外部表面直接暴露于大气中，这对其防腐要求较高。这一部分需要特别关注桥梁所处的环境条件，如大气的盐分含量、湿度、温度和污染物浓度等。这些因素都可能加速钢材的腐蚀过程。

与外表面相比，钢箱梁的内部表面虽然不直接暴露于大气中，但其防腐同样重要。箱内的 U 肋和 V 肋是重要的结构部分，需要进行特殊的防腐处理。为了保证内部空气的干燥，钢箱主梁内部还需设置抽湿机，确保内部湿度在一个合适的范围内。

桥梁的行车面是直接与车辆接触的部分，其耐久性和防腐性对桥梁的使用安全至关重要。为此，桥面可采用一种特殊的复合涂层，这种涂层既具有良好的防水性能，又具有防滑功能，可以确保行车安全。

高强度的螺栓摩擦面是桥梁结构中的关键部位，其防腐要求也相对较高。考虑到摩擦面的特殊性，工程师可以采用复合涂层方案：首先在进行二次表面喷砂处理后，采用电弧喷涂方法在摩擦面上形成一层厚度为 120 μm 的铝涂层，然后使用无机富锌车间底漆对其进行封闭，以增强防腐性能。

5.5.2 斜拉索耐久性与保护措施

斜拉索承受了大部分的荷载，因此其材料、制造工艺和维护措施至关重要。

斜拉索的套筒裸露部分是直接暴露在外部环境中的，这部分更容易受到外界因素的侵蚀和损害。为了确保其长期的稳定性和耐久性，套筒的内表面应进行涂装处理。但如果直接暴露在空气中，则需要在涂装的基础上增加一层 100 μm 的氟碳面漆。氟碳面漆不仅具有极好的耐候性，还能够有效防止紫外线、酸雨和其他腐蚀性物质的侵蚀。

斜拉索的塔端和梁端要采用多重防腐体系，确保在各种环境条件下都能保持其稳定性和耐久性。具体措施包括在导管内进行聚氨酯发泡以及在发泡料和减震器之间填充聚硫防腐密封胶。这种多重的防护体系可以有效地防止雨水和其他有害物质进入索导管。

斜拉索的材料选择采用外挤HDPE（热挤聚乙烯）的镀锌平行钢丝拉索，这种材料不仅具有高强度和良好的耐腐蚀性，与锚具的连接也经过了特殊设计，确保连接处不会有水或其他有害物质渗入。为了进一步保护索体，斜拉索梁端的外露部分还外包了不锈钢复合管，这种复合管不仅具有很好的机械性能，还能够有效防止腐蚀。

斜拉索的锚头部分为了确保其稳定性和耐久性，均设置了不锈钢防护罩，并在防护罩内填充了防腐油脂。锚具的外表面还需涂上专用的防腐润滑脂，这种润滑脂不仅可以有效防止锚具的锈蚀，还能够减少摩擦，延长锚具的使用寿命。

5.5.3 索塔钢锚与辅助构件的耐久性设计

钢锚箱作为斜拉桥的关键结构，其材料、制造、施工和维护都必须满足严格的技术标准。

所有使用的涂料都应具备相应的第三方检测报告，这确保了涂料的质量、性能和可靠性。国家或省部级以上的检测机构出具的报告为涂料提供了权威性的认证，确保其能够满足长期使用的要求。

索塔钢锚箱的防腐措施是综合考虑的。除了涂装，塔内还需设置抽湿机，以调控湿度，进一步减少腐蚀的可能性。湿度控制是预防钢材腐蚀的有效手段，特别是在湿度较高或有盐雾侵蚀的地区。

钢锚箱的防腐设计被细分为几个部分，以确保全面的保护。钢锚箱内表面除了与索塔壁混凝土接触的部分，其余部分需要进行完整的涂装处理。这些部分直接面对外部环境，因此需要额外的保护。

钢锚箱外表面，即与索塔壁混凝土接触的部分，其处理方式相对简单，仅需要喷涂一层车间底漆，厚度为 20 μm。这是因为这一部分被混凝土所包裹，不直接暴露在外部环境中，因此腐蚀的风险相对较低。

高强螺栓的摩擦面则采用复合涂层方案，旨在提供额外的防护。在进行二次表面喷砂处理后，还需电弧喷涂一层厚度为 120 μm 的铝涂层。随后，使用无机富锌车间底漆对其进行封闭。这种复合涂层方案旨在提供双重保护，以确保高强螺栓的长期稳定性和耐久性。

在斜拉桥内部，除了钢箱梁和塔内钢锚箱这两种主要的钢结构构件，还有许多其他的辅助构件，如塔内爬梯、检修栏杆和人行道栏杆等。这些构件虽然在桥梁的整体结构中所占比重较小，但它们同样承担着重要的功能和责任，因此其耐久性的要求也不容忽视。

塔内爬梯为斜拉桥的维护和检修提供了重要的通道，它需要承受维护人员的重量和工具的荷载，因此必须具备足够的强度和刚度。考虑到桥梁可能面临的各种自然环境（如风、雨、雪、冰冻等），塔内爬梯的材料和涂层也必须具备良好的耐腐蚀性和耐候性。

检修栏杆和人行道栏杆则是为了保障维护人员在桥梁上的安全而设置的。它们不仅需要具备足够的强度，以防止在外力作用下发生变形或断裂，还需要具备良好的耐腐蚀性，以确保其长期的功能性和美观性。

为了满足上述要求，这些钢结构构件的耐久性设计可参照钢箱梁耐久性相关技术要求。这意味着，这些构件在生产和施工时，都需要进行严格的质量控制，确保其材料、制造和施工均满足相关的技术标准。涂装方面可以采用与钢箱梁相同的涂装体系，包括预处理、底漆、中间漆和面漆等多道工序，以确保其良好的附着力和保护性。

实际的施工和使用过程还需要对这些构件进行定期的检查和维护，以发现并及时处理可能出现的问题，如锈蚀、涂层破损等；还应考虑到桥梁所处的具体环境（如海洋环境、工业环境等），针对这些特定的环境条件，可能还需要采取额外的防护措施。

5.5.4 支座与阻尼器的耐久性与更换策略

支座作为桥梁与墩台之间的连接部件，主要起到传递荷载和允许桥梁在一定范围内的位移的作用。因此，它必须具备足够的承载能力和良好的耐久性。在考虑其耐久性时，特别需要注意的是其所处的环境条件。例如，对于处于海洋大气腐蚀环境下的支座，其耐腐蚀性就显得尤为重要。根据技术要求，这类支座的使用寿命应达到 100 年。这意味着，其材料、制造和施工都需要满足严格的技术标准，以确保其长期的性能和功能性。

除了耐腐蚀性，支座还应具备便于更换的特性。考虑到支座在使用过程中可能受到损坏或性能衰减，能够方便地进行更换就显得尤为重要。这不仅可以降低维护成本，还可以确保桥梁的长期稳定性和安全性。支座上还应设置密封防尘装置，以防止尘埃和其他杂质进入，影响其性能。

阻尼器则是用于减少桥梁在风、地震等外部作用下的振动的设备。其工作原理是通过消耗振动能量，降低桥梁的振动幅度，从而提高桥梁的稳定性和安全性。因此，阻尼器的性能和耐久性对桥梁的整体性能起着至关重要的作用。

第 6 章　大跨径斜拉桥养护制度与理念

6.1　大跨径斜拉桥的养护制度

6.1.1　养护策略与计划

1. 养护目标

大跨径斜拉桥的养护目标不仅仅是修复，更多的是预防和预测，以确保斜拉桥的持续、安全、高效运行。

安全始终是桥梁养护的首要目标。任何桥梁结构的损坏或缺陷如果被忽视，都可能对桥梁的使用者造成严重的安全隐患。因此，定期的检查、评估和维护工作都应围绕着确保桥梁结构的稳定性、承载能力和功能性进行。

适当的养护不仅可以确保桥梁的安全，还可以有效地延长桥梁的使用寿命。及时的维护和修复可以减少由于环境因素、交通荷载等原因导致的疲劳和损伤，从而避免过早的桥梁替换或大修。

第6章 大跨径斜拉桥养护制度与理念

斜拉桥除了承载交通荷载的基本功能，还可能有其他的功能，如人行道、自行车道、观景台等。养护工作应确保这些功能得到维护和恢复，以满足各种交通和公众需求。

斜拉桥往往是城市和地区的标志性建筑，其外观对于提高城市形象、吸引游客等方面都有重要意义。因此，养护工作也应关注桥梁的清洁、涂装、照明等外观相关的方面。

除了上述的基本目标，斜拉桥养护还应考虑桥梁的特殊性质和环境条件。例如，位于沿海地区的斜拉桥可能需要特别关注盐雾腐蚀的问题，而位于地震带的斜拉桥需要加强对地震安全性的评估和维护。

2. 养护分类

大跨径斜拉桥的养护方式主要分为四类。

（1）预防性养护。预防性养护主要是为了避免潜在问题的发生。这种方法通过对桥梁进行常规检查，及时发现并处理小问题，从而避免这些小问题发展成大问题。预防性防护往往被视为最经济、最有效的养护方式，它不仅能够确保桥梁的持续、安全运行，还能大大延长桥梁的使用寿命。

（2）定期维护。定期维护是按照预定的时间间隔或使用条件对斜拉桥进行的常规养护，包括清洁、检查、涂装、润滑等基本活动。这些维护活动虽然简单，但对于确保桥梁的正常运行和延长桥梁的使用寿命至关重要。

（3）修复性维护。修复性维护关注的是对已经出现的问题或损坏进行的修复，涉及对桥梁结构、功能或外观的恢复。例如，对于因交通事故或自然灾害导致的桥梁损坏，工程师都需要对其进行及时的修复性维护，以确保桥梁的安全和功能。

（4）应急响应。应急响应是对突发事件或紧急情况的快速、有效响应。无论是交通事故、自然灾害，还是其他突发情况，这些都可能对

斜拉桥造成严重损害或安全隐患。在这种情况下，迅速、正确的应急响应不仅能够最大限度地减少损失，还能保护桥梁使用者和周边环境的安全。

3. 定期检查与维护

定期的桥梁检查与维护可以确保桥梁的状态，及时发现桥梁出现的问题。桥梁需要进行多种不同类型的检查，每种检查根据其目的、内容和频率有所不同。

根据检查的日期间隔以及检查的项目，检查可以分为初始检查、日常检查、经常检查、定期检查、特殊检查。

根据检查结果，工程师和管理者可以制订并执行必要的维护计划，如清洁、修复、加固等。这些维护活动旨在确保桥梁的持续、安全、高效运行，延长桥梁的使用寿命，为社会和经济发展做出持续的贡献。

4. 技术与方法

技术与方法环节关注的是如何运用现代技术和专业方法来更高效、更准确地进行桥梁的检查、评估和维护。对于斜拉桥这样的复杂结构，明确所需的技术、工具和方法是至关重要的。

在现代社会，技术的快速发展为斜拉桥养护带来了许多新技术。例如，无人机技术现已被广泛应用于桥梁检查中，传统的检查方法可能需要使用高空作业设备或者需要对桥梁进行封闭，而无人机可以在不影响交通的情况下，快速、高效地对桥梁进行全面的视觉检查，特别是那些人工难以到达的部位，这种方法不仅提高了检查的效率，还大大降低了检查过程中的安全风险；数字双胞胎技术则是通过构建斜拉桥的数字模型，使工程师可以在数字环境中对桥梁进行各种模拟试验（如受力分析、疲劳测试等），这为桥梁的维护和改进提供了有力的技术支持，工程师可以基于数字模型的分析结果来制订更加准确、更加有针对性的养

第6章　大跨径斜拉桥养护制度与理念

护计划。

除了上述的新技术，还有许多其他的工具和方法被用于斜拉桥养护中，如各种传感器、检测设备、数据分析软件等。这些工具和方法的应用，使桥梁养护工作更加科学、更加精确。

新技术的引入和应用也会带来一系列新的问题，如何确保新技术的可靠性、如何培训工作人员掌握新技术、如何将新技术与传统方法相结合等，这些都是斜拉桥养护制度需要考虑的问题。

5. 持续改进

斜拉桥养护的核心目标是确保斜拉桥的长期、安全、高效运行。随着时间的推移，斜拉桥可能会面临各种新的挑战和机遇，技术、方法和材料也会发生变化。

持续改进是根据斜拉桥养护的实践经验进行反馈和学习。每当完成一项养护活动（无论是日常检查、维修，还是大型改造），工程师和管理者都应收集相关数据和信息，对养护过程和结果进行评估。这种评估不仅要关注养护的质量和效果，还要关注养护的效率、成本和安全性。通过对这些信息进行分析，工程师和管理者可以发现养护过程中的问题和不足，从而为下一次养护提供有价值的经验和建议。

技术进步是另一个驱动持续改进的重要因素。随着科技的发展，许多新的技术、工具和方法被开发出来，它们为斜拉桥养护提供了新的机会和选择。为了确保养护制度始终处于技术的前沿，工程师和管理者必须定期评估和引入这些新技术，并对制度进行相应的调整和完善。

持续改进不仅是对技术和方法的改进，还包括对制度的改进。制度是一个动态的、具有生命力的体系，它需要不断地自我更新、自我完善，这可能涉及对养护目标、策略、程序、资源配置等各个方面进行调整和优化，而这种调整和优化的依据，既来自实践经验，也来自技术进步。

6.1.2 技术与数据管理

1. 数据管理和档案

随着信息技术的发展，如今的桥梁养护不再只是物理的维修和改造，还包括大量的数据收集、分析和管理，建立和维护一个完善的斜拉桥养护数据库可以为桥梁的长期、安全、高效运行提供有力的支持。

斜拉桥的养护数据库是一个综合性、多维度的信息系统，它不仅包括桥梁的基本信息（如设计参数、结构特点、建设日期等），还包括大量的运行和养护数据。这些数据源于桥梁的日常运行、定期检查、维修和改造等各个环节，它们为桥梁的状态评估、风险预测、维护决策等提供了宝贵的信息和依据。

历史数据记录了桥梁从建设到现在的所有事件和变化，如施工记录、变更记录、事故记录等。这些数据为桥梁的长期性能评估提供了基线和背景，也为桥梁的维护和改造提供了参考和经验。

检查记录关注的是桥梁的当前状态和性能。它包括桥梁的各种检查结果，如视觉检查、仪器检测、功能测试等。这些记录为桥梁的状态评估、风险预测、维护决策等提供了直接的数据支持。

维护记录记录了桥梁的所有维护活动，如清洁、修复、加固、改造等。它不仅包括维护的内容、方法和结果，还包括维护的时间、地点、人员、成本等信息。这些记录为桥梁的维护评估和改进提供了反馈和建议。

材料和设备信息关注的是桥梁的物理组成和功能实现，它包括桥梁使用的所有材料和设备的信息，如类型、规格、性能、供应商等。这些信息为桥梁的维护和改造提供了技术支持，也为桥梁的材料和设备管理提供了依据。

除了上述的数据，养护数据库还可能包括其他与桥梁养护相关的信

第6章 大跨径斜拉桥养护制度与理念

息,如桥梁的使用情况、交通流量、环境因素等。这些信息为桥梁的综合性能评估和管理提供了补充和支持。

2. 技术状况与适应性评估

技术状况与适应性评估的主要目的是对桥梁健康状况以及使用寿命进行全方位的评定。只有从各个构件以及桥体状况了解整座斜拉桥的具体情况,工程师和管理者才能使用正确的策略进行维护和整修。

3. 质量控制与安全管理

在斜拉桥养护中,质量控制与安全管理直接决定了桥梁养护的效果和影响,也关系到养护人员和公众的生命安全。因此,制定明确、科学、实用的质量控制标准和方法以及安全管理的要求和方法,对斜拉桥养护制度的成功具有决定性的意义。

质量控制的核心是确保养护活动的质量,这意味着所有的养护活动(无论是日常检查、维修,还是大型改造)都必须满足一定的质量标准。为达到这一目标,工程师和管理者需要明确各种养护活动的质量要求,如工作范围、方法、材料、设备、效果等。这些要求应基于桥梁的设计参数、结构特点、使用情况等,确保养护活动的针对性和有效性。

除了明确的质量要求,工程师和管理者还需要制定一套完整的质量控制方法,包括质量检查、评估、反馈和改进等各个环节。质量检查需要关注养护活动的过程和结果,确保它们满足质量要求;质量评估需要对养护活动的效果和影响进行综合性的分析,为养护决策提供支持;质量反馈和改进则关注养护活动中的问题和不足,为养护制度的完善和发展提供建议。

安全管理关注的是养护活动的安全性,这不仅包括养护人员的人身安全,还包括公众的生命和财产安全以及桥梁的结构安全。为确保安全,工程师和管理者需要明确各种养护活动的安全要求,如操作规程、

设备使用、环境控制等。这些要求应基于桥梁的结构特点、工作环境、养护方法等,确保养护活动的安全性和可控性。

除了明确的安全要求,工程师和管理者还需要制定一套完整的安全管理方法,包括安全检查、评估、反馈和改进等各个环节。安全检查需要关注养护活动的过程和环境,确保它们满足安全要求;安全评估需要对养护活动的风险和威胁进行综合性的分析,为养护决策提供支持;安全反馈和改进需要关注养护活动中的事故和隐患,为养护制度的完善和发展提供建议。

6.1.3 资源与应急响应

1. 经费与资源管理

任何工程项目,无论其规模大小,都需要合理、高效的经费和资源管理来确保其顺利进行。特别是在大跨径斜拉桥这样的大型工程中,经费与资源管理更是涉及桥梁安全、维护效率和工程成本等多个重要方面。

对于斜拉桥的养护活动,首要任务是制订经费预算。经费预算不仅要考虑桥梁的实际维护需求,还要结合桥梁的使用状况、结构特点、环境因素等多个方面进行综合评估。经费预算应确保有足够的资金来支持养护活动的各个环节,包括日常检查、大型维修、材料采购以及设备租赁等。经费预算还应考虑可能的风险和不确定因素,为突发事件和变更提供一定的经费储备。

经费的分配和管理关注的是资金的使用效率和效果。经费分配需要确保资金能够按照预定的计划和目标进行使用,避免资源浪费和效果低下的情况发生,这需要对养护活动的各个环节进行细致的分析和评估,确保资金的每一分都能发挥最大的价值。经费管理则关注资金的流动,确保资金的合规、透明、高效使用,这需要建立一套完善的经费管理制

第6章　大跨径斜拉桥养护制度与理念

度和方法（如资金审批、支付、核算、审计等），确保资金的安全和合理使用。

资源的管理和调配则关注斜拉桥养护活动的实际执行。资源包括人员、设备、材料等所有参与养护活动的要素。资源管理需要确保资源的充足、合理、高效使用，避免资源短缺和浪费的情况发生，这需要对资源的需求、供应、使用等进行细致的分析和评估，确保资源的每一项都能发挥最大的效果。资源调配则关注资源的流动和分配，确保资源能够按照预定的计划和目标进行使用，这需要建立一套完善的资源调配制度和方法（如资源申请、审核、分配、使用、回收等），确保资源的合理和高效使用。

经费与资源管理为桥梁的长期、安全、高效运行提供了坚实的物质和人力支持，也为桥梁的维护和改进提供了科学、准确的依据。为实现这一目标，所有参与斜拉桥养护的人员都应秉持精细化、规范化、高效化的管理原则，不断地学习、实践、创新，为斜拉桥养护制度的完善和发展做出贡献。

2. 培训与资格

桥梁作为一种重要的交通设施，其安全、稳定和长期的运行在很大程度上依赖于养护人员的专业知识和技能。因此，确保养护人员接受适当的培训并具备相关资格是斜拉桥养护工作中不可或缺的一环。

斜拉桥养护工作不仅涉及桥梁的结构和功能，还涉及复杂的工程技术、材料学、机械操作等多个领域，这意味着养护人员必须具备广泛的知识和技能基础，才能有效地进行养护工作。因此，制订明确、科学、实用的培训计划和内容是非常必要的。培训计划应涵盖斜拉桥养护的各个方面，包括基础理论、实际操作、常规检查、紧急处理等。培训内容应结合桥梁的实际情况和养护需求，确保养护人员能够掌握最新、最实用的养护方法和技术。

除了培训，资格的确定和认证也是斜拉桥养护工作必不可少的环节。资格不仅证明了养护人员的知识和技能，还证明了他们的职业道德和责任感，因此制订明确、严格、公正的资格标准和认证程序是非常必要的。资格标准应涵盖斜拉桥养护的各个方面，包括基础知识、实际技能、工作经验、职业道德等。资格认证程序应确保养护人员的真实、公正、透明评价，避免资格的滥发和失真。

培训与资格的目的不仅是提高养护人员的知识和技能，还是确保斜拉桥的安全、稳定和长期运行。这意味着培训与资格不是一次性的任务，而是一个持续、循环、进步的过程。随着科技的进步和养护需求的变化，培训与资格的内容和标准也应随之更新和完善。只有这样，养护人员才能始终站在斜拉桥养护的前沿，为桥梁的长期、安全、高效运行提供坚实的保障。

3. 应急响应计划

斜拉桥的养护工作对于可能出现的紧急情况（如桥梁受损、交通事故或自然灾害），必须做到快速、准确和有效的应对。斜拉桥因其结构特点和使用环境，容易受到各种外部和内部因素的影响。外部因素包括恶劣天气、地震、洪水等自然灾害以及车辆碰撞、恐怖袭击等人为事件。内部因素包括材料老化、构件疲劳、设计缺陷等。这些情况一旦发生，可能会导致桥梁的局部或整体损坏，甚至威胁到桥梁的结构安全。因此，制订应急响应计划是为了对这些情况做好准备，确保能够迅速、有效地进行应对。

应急响应计划的内容主要包括识别和评估可能的紧急情况、制订应对策略和方法、分配资源和职责、建立通信和协调机制、进行定期的演练和培训。识别和评估主要是通过对桥梁的历史数据、使用环境、结构特点等进行分析，确定可能出现的紧急情况及其可能的影响。应对策略和方法是根据每种情况的特点和严重程度，确定相应的应对措施，如疏

第 6 章 大跨径斜拉桥养护制度与理念

散、封闭、维修、加固等。资源和职责的分配是为了确保每个应对措施都能得到及时、有效的执行。通信和协调机制是为了确保各个部门和人员能够迅速、准确地获取信息，并进行有效的协同作战。定期的演练和培训则是为了确保所有的人员都能够熟悉和掌握应急响应计划，能够在真实的紧急情况下迅速、准确、有效地执行。

应急响应计划的制订和执行是一个动态、持续的过程。随着技术的进步、经验的积累和环境的变化，应急响应计划也需要不断地更新和完善。这需要所有参与斜拉桥养护的人员和组织都秉持专业、责任、创新的原则，不断地学习、实践、进步，为斜拉桥养护制度的完善和发展做出贡献。

6.2 传统养护模式

6.2.1 传统桥梁养护模式概述

在我国桥梁养护领域，传统的养护模式主要由事业型养护和"准企业化"养护构成。这两种模式各有其优势和局限性，是我国在特定历史、经济和技术背景下的产物。

事业型养护模式是一种传统的、较为保守的养护模式。在这种模式下，桥梁管理机构会自设专门的养护机构并配备相应的养护机械，负责桥梁的养护工作。这种模式下的养护机构通常只承担桥梁的日常维护、小修保养及部分专项工程。对于大型的、技术要求较高的专项工程和大、中修项目，管理机构通常会选择公开招投标的方式，从而选择有经验、有能力的养护单位来完成。

与事业型养护模式不同，"准企业化"养护模式是在市场经济条件下逐渐发展起来的新型养护模式。在这种模式下，桥梁管理机构会将其养护工程完全或部分委托给专业的养护公司。这种模式可以进一步细分

为承包养护模式和公司化养护模式。承包养护模式是指经营公司与养护公司签订长期或短期的养护合同，由养护公司负责桥梁的全部或部分养护工作。而公司化养护模式是指经营公司将其养护部门独立为一个专门的养护公司，实行公司化管理，但仍然受到经营公司的控制和监督。

6.2.2 传统养护模式的问题

1. 管养权属问题

在我国的城市桥梁管理体系中，管养权属问题已经成为一个突出的问题，对桥梁的安全和稳定运营产生了深远的影响。

由于城市化进程的加速，大量的桥梁建设项目开始实施。这些桥梁涉及的管理机关众多，包括不同级别的政府部门、交通管理局、城市规划部门等。每个机关都有其特定的职责和权益，这导致了桥梁管理权属的界定变得模糊和复杂。不同的管理机关可能对同一座桥梁有不同的管理要求和标准，这会使桥梁的日常养护和管理工作难以协调和统一。

部分城市桥梁在建成之后，由于种种原因并未正式移交给相应的管理部门。在这种情况下，桥梁很可能长时间处于无人管理的状态，无法得到及时和有效的养护和维护。长时间的管理真空会导致桥梁的各种问题得不到解决，如结构损伤、设备老化、安全隐患等。这不仅威胁到桥梁的安全和稳定，还可能对公众造成安全隐患。

对于一些已经存在多年的老桥和旧桥，由于历史原因、管理制度的变迁或其他原因，它们可能一直没有明确的管理部门。这些桥梁长期处于无人管理的状态，无法得到必要的养护和维护。随着时间的推移，这些桥梁的各种问题会逐渐显现，如结构老化、材料劣化、设备损坏等。如果不及时采取措施，这些问题可能会导致桥梁的安全事故，甚至造成严重的人员伤亡和财产损失。

第6章 大跨径斜拉桥养护制度与理念

2. 管养制度问题

桥梁养护机构的管理规章制度缺失或执行不当是一个重要的问题，直接关系到桥梁养护的效果和效率。

许多桥梁养护机构并没有建立完整和系统的管理规章制度，这意味着日常的养护工作可能没有明确的工作流程、职责划分和工作标准。在这种情况下，养护人员可能会根据自己的经验和判断进行工作，而不是按照统一的标准和要求。这不仅可能导致养护效果不佳，还可能出现重复工作或遗漏重要的养护任务的情况。

有些养护机构即使建立了管理规章制度，但在实际操作中，可能并不能严格按照这些制度执行。这可能是因为养护人员对规章制度的理解不够深入或者认为这些制度过于烦琐和不切实际；也有可能是因为养护机构的领导层对规章制度的重要性认识不足，导致在实际操作中不予以重视。

目前的桥梁养护技术规范也存在一些问题，这些规范往往缺乏明确的使用说明，使养护人员在实际操作中可能会片面地理解和应用。另外，由于我国地域广大，气候、地质和经济条件都存在一定的差异，因此现行的技术规范可能并不适用于所有地区和桥梁。

事实上，我国的桥梁养护技术和经验在不断积累和发展，但由于缺乏灵活和针对性的地方性规范和指南，这些技术和经验很难得到广泛的应用。各省市根据自己的实际情况，应该编制符合当地气候、地质和经济条件的地方性规范和指南，从而更好地指导桥梁的养护工作。

鼓励技术创新是提高桥梁养护效果的关键，但由于现行的技术规范过于严格和统一，可能会限制养护人员的创新思维和实践探索。各级养护机构应该根据自己的实际情况，鼓励和支持技术创新，从而提高桥梁养护的技术水平和效果。

3. 桥梁资料问题

在我国众多的桥梁中，老桥和旧桥无疑承载了丰富的历史和文化记忆。然而随着时间的推移，这些老旧桥梁在养护和管理上面临着一系列的问题。其中，资料不全或丢失是一个长期存在且尚未得到有效解决的问题，这不仅给桥梁的养护和管理带来了巨大的困难，还可能威胁到桥梁的安全和稳定。

老旧桥梁的资料问题主要表现为两个方面。一是桥梁的设计、建设和使用资料不完整。由于历史原因，许多老旧桥梁在建设时可能并没有形成完整的设计和建设资料，或者这些资料并没有得到妥善的保管和归档。随着时间的推移，这些资料可能遗失、损坏或被遗忘。当需要对桥梁进行维修、加固或改建时，由于缺乏相关的设计和建设资料，可能会增加工程的难度和风险。

二是桥梁的养护和检测资料缺失。许多老旧桥梁在使用过程中并没有得到规范和系统的养护和检测，导致养护人员对桥梁的技术状况了解不足。桥梁的技术状况是评估桥梁安全性能的关键，缺乏这些资料意味着无法对桥梁的结构完整性、稳定性和耐久性进行准确的评估。缺乏定期的检测和养护可能会导致桥梁的某些潜在问题得不到及时的发现和处理，增加了桥梁事故的风险。

除了上述资料问题，老旧桥梁还面临着其他一系列的养护和管理问题。例如，由于桥梁的设计和建设技术与现代桥梁有所不同，一些养护和维修方法可能不适用；由于桥梁的使用年限长、受到各种环境和交通负荷的影响，可能会出现各种结构问题，这些问题可能会影响桥梁的使用功能和安全性能，需要及时进行检测和处理；由于老旧桥梁的特殊性，其养护和管理也需要考虑桥梁的历史和文化价值，一些桥梁可能是历史遗产或有特殊的文化和艺术价值，需要在养护和管理中充分考虑到这些因素，确保桥梁的历史和文化特色得到保护。

第6章 大跨径斜拉桥养护制度与理念

4. 养护人员问题

在斜拉桥养护工作中,人员配置和素质问题是一个长期存在且尚未得到有效解决的问题,这不仅影响了桥梁养护的效率和质量,还可能带来安全隐患。

对于许多管养部门来说,业务混杂、人员配置不合理是一个长期存在的问题。实际的养护工作需要有一个专业、精干的养护队伍,能够迅速、高效地进行桥梁巡检和维护。然而,许多管养部门却未能建立这样的专业化养护队伍,导致养护工作的效率和质量受到影响。例如,一支精干的机动化桥梁巡检小分队可以迅速地对桥梁进行巡检,发现并处理桥梁的问题,而缺乏这样的专业队伍可能会导致桥梁问题得不到及时的发现和处理。

桥梁养护行业的人员综合素质也是一个不容忽视的问题。许多养护人员的理论水平和实践能力不成比例,导致养护工作的效率和质量受到影响。一方面,有些养护人员的理论水平不高,导致他们在实际的养护工作中无法准确地判断和处理桥梁问题;另一方面,有些养护人员虽然具备理论知识,但其实践能力较差,导致养护工作无法得到有效的执行。这种不成比例的人员素质问题不仅影响了桥梁养护的效率和质量,还可能带来安全隐患。

5. 养护资金问题

城市桥梁作为城市交通系统的重要组成部分,其健康和稳定性直接关系到城市的正常运行和公众的安全。然而,城市桥梁的养护工作面临着资金的严重短缺问题,这不仅威胁到桥梁的健康和稳定性,还可能带来一系列的社会和经济问题。

城市桥梁的养护资金严重不足意味着许多桥梁无法得到及时和有效的养护和维修。桥梁的养护和维修是一个长期、系统的工程,需要大量

的资金和资源。然而，当前的养护资金难以满足桥梁养护的实际需求，导致许多桥梁无法得到及时和有效的养护和维修。这不仅威胁到桥梁的健康和稳定性，还可能导致桥梁的寿命缩短，增加桥梁的维护和修复成本。

到位的养护资金和养护任务之间存在严重的不匹配问题。即使有一些养护资金到位，但这些资金往往与实际的养护任务不成比例，导致许多养护任务无法得到及时和有效的执行。这种情况下，许多桥梁的养护任务可能会被无限期地拖延，导致桥梁的问题得不到及时的解决，甚至可能导致桥梁的健康和稳定性问题进一步被加剧。

6.3 管养一体化模式

斜拉桥的"管养一体化"是近年来提出的一种管理和维护模式，它的出现是针对传统养护模式问题的一次探索。"管养一体化"主张将桥梁的管理和养护整合为一个统一的、持续的过程，而不是将这两个环节分开处理。

6.3.1 管养一体化实行措施

1. 策略实行

桥梁管理部门是实施管养一体化策略的主要实施者，其核心职责包括招标、资金控制、合同管理、技术方案审定、进度监督、质量监督及合同支付。这些职责不仅涉及桥梁的建设和维护工作的全过程，还与桥梁的长期健康和稳定性密切相关。为了确保桥梁的健康和稳定性，管理部门需要采取一系列有效的管理和监督措施。

管理部门可通过实施招投标制度来选择专业化、规范化的检测维养公司。这一措施旨在确保桥梁的检测和维护工作由具有专业知识和经

第6章　大跨径斜拉桥养护制度与理念

验的公司来完成，从而确保桥梁的健康和稳定性。招投标制度还可以确保桥梁的检测和维护工作的公开、透明和公正，从而提高工作的效率和效果。

检测维养机构是实施管养一体化策略的关键参与者，其主要职责是按照合同的要求进行桥梁的检测维养工作，包括对桥梁的各个部分进行定期的检测、发现和修复桥梁的各种问题以及进行桥梁的日常维护工作。为了确保检测维养工作的质量和效果，管理部门需要对检测维养进度、质量进行严格的监督。

管理部门还需要对检测维养机构的工作进行定期的评估和审查，这可以确保检测维养机构的工作始终符合合同的要求，同时可以为管理部门提供有关桥梁健康和稳定性的重要信息。根据这些信息，管理部门可以及时调整和完善桥梁的管理和养护策略，从而确保桥梁的长期健康和稳定性。

桥梁的管养一体化实施策略是一个系统的、综合的管理和养护机制，这一机制可以确保桥梁的健康和稳定性，同时可以提高桥梁管理和养护工作的效率和效果。为了实现这一目标，管理部门和检测维养机构需要密切合作，共同努力，确保桥梁的健康和稳定性。

2.建立桥梁档案系统

桥梁档案系统主要包括桥梁静态数据库和动态数据库。这两个数据库为城市桥梁的管理和养护提供了全面、准确和及时的信息支持，从而确保桥梁的健康和稳定性。

桥梁静态数据库主要收集和存储桥梁的基本信息和设计资料，这些信息和资料包括桥梁的结构类型、基本组成、设计标准、设计图纸、竣工资料等。这些信息和资料为桥梁的管理和养护提供了基础的参考依据。通过对这些信息和资料进行分析，管理部门可以对桥梁的健康状况和稳定性进行初步的评估，并为桥梁的养护制订合理的计划。桥梁静态

数据库还为桥梁的维修和改造提供了重要的参考资料。

与桥梁静态数据库不同,桥梁动态数据库主要收集和存储桥梁在运营过程中的实时信息,这些信息包括桥梁的病害状况、病害发展趋势、常规巡查和定期检测的结果、养护维修的计划和进度等,这些信息为桥梁的管理和养护提供了实时的参考依据。桥梁动态数据库还为桥梁的养护提供了重要的支持。桥梁在运营过程中,由于各种原因,可能会出现各种病害。这些病害如果不及时被发现和处理,可能会对桥梁的健康状况和稳定性造成严重的威胁。因此,及时发现和处理桥梁的病害显得尤为重要。桥梁动态数据库为桥梁的养护提供了及时、准确和完整的病害信息,从而确保桥梁的养护工作的及时性和有效性。

3. 维修资金管理

只有保证了充足的资金,才能确保维修工作能够及时、有效地进行。为了达到这一目的,桥梁管理部门需要对维修资金进行严格的计划管理,包括对呈报的桥梁维修内容、维修方案、维修工程量和维修费用估算进行详细的审核。这样的审核可以确保维修资金的合理使用,避免浪费和滥用。

在进行维修资金的管理时,桥梁管理部门需要根据桥梁病害的轻重缓急来制订维修计划:对于那些可能影响桥梁稳定性和安全性的重大病害,应当优先进行维修;而对于那些不太严重的病害,可以根据实际情况适时进行维修。这样的方式可以确保桥梁维修工作的高效进行,最大限度地延长桥梁的使用寿命。

为了确保维修资金的合理使用,桥梁管理部门还应当采取专款专项的原则。这意味着为某一特定的维修项目分配的资金只能用于该项目,不能被挪用到其他项目。这样不仅可以确保维修工作的顺利进行,还可以避免资金的浪费和滥用。

维修质量是桥梁养护工作的另一个关键因素。为了确保维修质量,桥梁管理部门需要对维修工作进行严格的监督和检查，包括对维修材料、工艺和工作质量进行检查。只有这样才能确保维修工作的实效性，使其达到预期的效果。

6.3.2 管养一体化的优势

随着市场经济体制的进步，城市桥梁作为关键的公共基础设施也必须适应市场的变化。桥梁管理的市场化是未来的发展方向，这不仅可以提高管理效率，还能增强桥梁养护的社会和经济效益。当桥梁检测与维养实现一体化后，管理部门无须再设立独立的养护团队，而是可以将整体桥梁养护工作推向市场，从而更高效地满足公众需求。

1. 人员方面

在桥梁管理和养护领域，人员配置和组织方式直接影响桥梁的安全、效率以及维护成本。传统模式与管养一体化模式在人员方面的差异主要体现在两者在管理思维、经济效益和工作效率上的不同。

在传统养护模式中，桥梁管理部门往往会配置庞大的养护队伍和专业技术人员。这样的配置初衷是为了确保桥梁的养护工作能够得到及时、全面的响应。庞大的养护队伍意味着在任何时间、任何地点出现的问题都能得到快速的处理；专业技术人员的存在则确保了复杂、特殊的技术问题能够得到妥善解决。然而，这种模式的缺点也十分明显：第一，维持一个庞大的固定养护队伍需要大量的经费投入，包括人员薪酬、设备购置与维护、日常运营费用等；第二，当桥梁没有发生问题或在养护低峰期时，这些人员和设备很可能处于闲置状态，造成资源浪费；第三，由于是固定队伍，他们对新技术、新方法的接受和应用可能不如外部专业单位灵活和快速。

相对于传统模式，管养一体化模式则显得更加轻盈和高效。在这种模式下，桥梁管理部门不再需要建立和维持一个固定的养护队伍，而是

将检测和维养工作委托给市场上的专业公司。这种模式的优势如下：第一，管理部门可以更加灵活地调配资源，根据实际的养护需求选择合适的服务提供商，而不是维持一个可能过剩或不足的固定队伍；第二，由于是市场化运作，服务提供商之间会存在竞争，这不仅可以降低养护成本，还能促进技术和方法的创新。管养一体化模式更加注重结果导向，而不是过程导向，这意味着管理部门只需要关注养护的效果，而不必过多干涉具体的工作过程，大大减轻了管理负担。

相比传统的人员配置方式，管养一体化模式在人员方面更加精简、高效和经济，它摒弃了固定队伍以及重过程的传统思维，而是转向市场化和结果导向的现代管理方式，更加适应当下桥梁养护的实际需求和市场经济的运行规律。

2. 设备方面

在桥梁养护领域，设备是进行养护任务的核心工具，其配置和利用方式直接影响养护的效率和成本。从设备方面对比传统模式与管养一体化模式可以更加深入地理解两者在经济效益、效率及资源利用上的差异。

在传统养护模式中，桥梁管理部门需要对所需的各种养护设备进行投入。这些设备涵盖了从基础的检测工具到高端的维修机械，其购置和维护成本都不菲。为了随时应对可能的养护需求，管理部门必须保证有足够的设备资源。然而，这种配置方式带来的问题也非常明显。

一是成本问题。购买和维护设备需要大量资金。对于一些尖端、复杂的设备，其购置成本可能达到数百万元甚至上千万元。而这些设备在大部分时间可能都处于闲置状态，因为不是每时每刻都有养护任务需要执行。这就导致设备的利用率极低，而购置成本和维护费用却一直存在，这对于管理部门来说无疑是一笔巨大的经济负担。

二是随着技术的快速更新，很多设备可能在短时间内就变得过时。

第6章 大跨径斜拉桥养护制度与理念

这意味着，即使管理部门投入了大量资金购买设备，这些设备也可能很快面临过时、需要更新的问题。这种频繁的设备更新不仅增加了成本，还增加了管理的复杂度。

相比之下，管养一体化模式则显得更加经济和高效。在这种模式下，桥梁管理部门不需要自行购买和维护设备，而是将养护任务交给专业的养护公司来完成，这些公司通常拥有最先进的设备，并能保证设备的高效利用。这种方式的好处在于，管理部门可以完全摆脱设备投入和维护的经济负担，只需要按合同支付养护费用即可。这不仅大大降低了成本，还避免了设备过时和更新的问题。

更重要的是，由于养护公司是专业的、面向市场的，这些公司在设备配置和利用上都有着更加高效的策略，他们会根据市场需求和技术发展趋势及时更新设备，确保这些设备在养护任务中始终处于技术前沿。由于养护公司需要服务多个客户，他们的设备利用率通常都很高，这意味着每一笔投入都能得到最大的回报。

从设备方面看，管养一体化模式相较于传统模式，具有更高的经济效益和效率，它摒弃了设备投入和管理的负担，转向了更加轻盈、市场化的方式，更加符合当下的经济形势和技术发展趋势。

3. 经费方面

在桥梁的养护领域，经费管理的方式直接决定了桥梁的养护质量和效率。传统模式与管养一体化模式在经费管理上存在显著的差异，这些差异为这两种模式带来了不同的优劣势。

在传统的养护模式中，经费申请和分配往往是一种"反应式"的管理方式。也就是说，只有当桥梁出现问题或需要进行养护时，管理部门才开始启动资金申请程序。这种方式有几个明显的缺陷：第一，由于资金申请、审批和拨付都需要时间，这使桥梁的养护工作受到延迟，导致问题进一步恶化，增加了养护的难度和成本；第二，这种方式会导致经

费的计划性差，管理部门很难预先为养护工作做好充分的预算准备，这不仅会使经费紧张，还可能导致养护工作的中断或品质下降；第三，传统模式下的经费管理方式很容易受到其他因素的干扰，如行政干预、预算削减等，这进一步加大了养护工作的不确定性。

相对于传统模式，管养一体化模式在经费管理上展现出更大的优势。在管养一体化模式下，桥梁养护的经费是专款专用的。也就是说，每年桥梁管理单位都会为桥梁养护设置一个固定的预算，这些资金只能用于桥梁的养护工作，不能被挪用到其他用途。这大大增强了经费的稳定性和可预测性，为养护工作提供了有力的财务支持。

更为重要的是，管养一体化模式通常采用总价承包的方式进行经费管理。这意味着，养护公司会根据合同规定，对桥梁进行全面的养护，而不需要再额外申请经费。这种方式为养护工作提供了更大的灵活性，养护公司可以根据实际情况，灵活调整工作计划和经费使用，确保养护任务的顺利进行。总价承包方式还增强了养护公司的责任感，因为这些公司需要利用有限的经费完成所有的养护任务，这促使他们更加注重养护的效率和质量。

管养一体化模式摒弃了"反应式"的经费申请方式，转向了预算稳定、总价承包的经费管理模式。这不仅为养护工作提供了更加稳定和充足的财务支持，还增强了养护公司的责任感和工作效率。在当前的经济形势下，这种高效、稳定的经费管理方式无疑是桥梁养护领域的正确选择。

4. 时效性方面

传统的养护模式在时效性上存在一些固有的问题。在这种模式下，养护的流程和步骤较为烦琐，这往往会导致维养周期变长。一旦桥梁出现问题或损坏，管理部门首先需要进行评估，然后制订维修方案，再进行资金申请、招标等一系列程序，这些步骤都需要时间。在此期间，桥

第6章 大跨径斜拉桥养护制度与理念

梁的问题可能进一步恶化,不仅增加了养护的难度和成本,还可能对公众的安全构成威胁。由于管理和执行分离,养护人员往往缺乏对工作的主动性和积极性。他们可能仅仅按照规定的程序和标准执行任务,而忽略了对桥梁实际情况的细致观察和判断,这也影响了养护的质量和效率。

相比之下,管养一体化模式强调对桥梁的全面、系统管理,将检测、评估、维修和养护整合为一个连续的流程。这意味着,一旦桥梁出现问题,养护公司可以迅速进行评估,制订维修方案,并立即进行施工,大大缩短了维养的周期。更为重要的是,管养一体化模式下,养护公司通常会建立详细的维养计划,明确各个阶段的任务、时间和责任,确保养护工作的高效进行,这种计划化、系统化的管理方式不仅提高了养护的效率,还增强了养护人员的责任感和积极性。

从时效性方面看,管养一体化模式摒弃了烦琐、低效的管理流程,采取了计划化、系统化的管理方式,确保桥梁的问题能够得到及时、有效的处理。在当前的技术和经济背景下,这种高效、及时的养护方式是斜拉桥养护领域的必然选择。

5. 效应方面

在传统养护模式下,工程项目的划分往往不够明确,导致了多个环节的冗余和重复,降低了工作效率。由于没有明确的责任划分和执行标准,不同的养护团队可能对同一问题采取不同的处理方式,导致了资源的浪费和效果的不稳定。由于缺乏对专业化的追求,很多养护团队可能只具备基本的养护技能,而缺乏对特定问题的深入研究和处理能力。这意味着,对于一些复杂、特殊的桥梁问题,传统模式下的养护团队可能无法提供有效、合适的解决方案。这种模式下,由于技术和管理水平的限制,桥梁的维养效果往往不尽人意。

与此相反,管养一体化模式注重工程项目的明确划分和专业化管

理。在管养一体化模式下，桥梁管理部门会根据工程的具体需要，选择具备相应专业技能和经验的维养队伍来进行养护。这确保了每一个养护项目都能得到专业、细致的处理，提高了养护的质量和效果。管养一体化模式还引入了竞争机制，鼓励不同的维养队伍之间进行技术和服务的竞争，这种健康的竞争环境不仅可以激励养护团队不断提高自己的技术和服务水平，还可以为管理部门提供更多的选择，确保桥梁养护工作的高效、经济进行。

管养一体化模式注重工程项目的明确划分和专业化管理，确保每一个养护项目都能得到合适、高效的处理。通过引入竞争机制，这种模式还鼓励养护团队之间的健康竞争，推动了整个斜拉桥养护领域的技术和服务水平不断提高。

6. 风险方面

在传统养护模式下，管理部门通常需要承担所有与桥梁养护相关的风险。这意味着，无论是设计错误、施工质量问题、材料选择不当，还是由于自然环境和其他外部因素导致的问题，都需要由管理部门来解决。这无疑给管理部门带来了巨大的压力。面对这些风险，管理部门可能需要投入大量的人力、物力和财力来进行补救，这不仅增加了养护成本，还可能导致养护工作的延迟和效果的下降。更为严重的是，管理部门由于需要承担所有风险，可能在面对某些难以解决的问题时选择妥协或忽视，这对桥梁的长期稳定和安全构成了潜在威胁。

而在管养一体化模式下，风险管理的模式发生了根本性的变化。在这种模式下，桥梁养护的整个过程由中标单位来负责，这意味着大部分与养护相关的风险都由中标单位来承担。中标单位作为专业的桥梁养护机构，通常具备丰富的经验和技术，能够更加准确地评估和管理风险。由于需要承担大部分风险，中标单位也有更强的动力去确保养护工作的质量和效果，这不仅降低了桥梁养护的风险，还为管理部门提供了更多

第6章 大跨径斜拉桥养护制度与理念

的灵活性，使其可以更加专注于桥梁的长期规划和管理。

　　管养一体化模式还鼓励中标单位与管理部门之间的合作和沟通。由于风险由中标单位承担，中标单位需要与管理部门建立紧密的合作关系，确保养护工作的顺利进行。这种合作和沟通不仅可以更有效地管理风险，还可以为桥梁养护带来更多的创新和进步。

第7章 大跨径斜拉桥养护技术

7.1 斜拉桥检查方法

7.1.1 初始检查

初始检查是在斜拉桥建成后进行的第一次全面检查，其目的是确保桥梁建设满足设计和施工的标准，且没有出现明显的结构和材料缺陷。考虑到斜拉桥等缆索结构体系桥梁的特点（包括它们的结构复杂性和对细节的严格要求），初始检查必须以全面、系统的方式进行。初始检查不仅要求工程师对桥梁的各个部分进行细致的检查，还要求他们能够识别和理解桥梁的整体状态。

对于大跨径斜拉桥，最好是在桥梁交付并即将投入运营时进行初始检查，这样可以确保得到的数据能够真实地反映桥梁的初始状态，而不是桥梁在运营一段时间或经过某些维修处理后的状态。实际上，由于斜拉桥和悬索桥在投入运营前需要进行的交工验收荷载试验和相关检测通常都是深入和全面的，因此与交工检测同步进行的初始检查将大大提高工作效率并确保数据的原始性。

第7章 大跨径斜拉桥养护技术

那些已经运营多年但尚未进行初始检查的桥梁，或者在使用过程中由于结构严重病害而进行了大修或改造的桥梁，也应该尽快建立或重新确定其初始状态。这样可以为工程师提供一个新的参考框架，帮助他们更好地评估桥梁的当前状态和未来的健康状况。

在实施加固改造的过程中，工程师应特别注意确保数据的连续性和可测性，这些数据包括索力、线形、位移和结构内力等关键参数。通过这种方式，工程师可以确保在整个桥梁生命周期内都有一套完整、一致的数据集，为未来的维护和管理工作提供坚实的基础。

初始检查的具体项目包括以下几个方面。

1. 桥梁位移、初始线形及相关环境数据

位移数据需在特定的温度和湿度下进行测量，确保其准确性。主塔的偏位、锚碇的永久观测点坐标、主梁和主缆的线形以及支座和伸缩缝的位移等也是关键的数据，它们提供了桥梁关键部位的详细信息。

2. 桥梁总体尺寸

桥梁的总体尺寸是描述桥梁整体结构的基本参数，包括桥梁的整体长度、宽度、净空、跨径和塔高等。

3. 桥梁构件尺寸

桥梁的构件尺寸包括各个构件的长度和截面尺寸。

4. 伸缩缝与阻尼设备

伸缩缝的宽度、塔梁阻尼器的型号和长度以及支座的型号和位置都是关键数据。

5.桥面铺装层厚度

桥面的铺装层厚度直接影响桥梁的荷载承载能力和使用寿命。

6.桥梁材料和保护层数据

这类数据包括桥梁的材质强度、混凝土结构的钢筋保护层厚度和钢结构的涂层厚度。

7.拉索和主缆数据

拉索和主缆的索力是关键数据。工程师在使用弦振法检测索力时,还需要提供基频、计算索长和材料相对质量等参数,以方便后期核查。

8.悬索桥索夹螺杆轴力

悬索桥的索夹螺杆轴力可以提供桥梁关键连接部位的详细信息。

9.桥梁静、动态参数

桥梁静态参数包括桥梁结构控制截面的应变、挠度等参数,动态参数包括桥梁的频率、振型、冲击系数和阻尼比等参数,这些参数通常在荷载试验中获得。

10.水中基础检测

对水中基础的检测包括结构的状况和河床的情况。

7.1.2 日常检查

日常检查主要关注桥梁的常规运营和使用中可能出现的问题。这种检查通常由桥梁的日常维护团队进行,重点关注桥梁的表面状况、结构完整性和安全设施的运行状况。

第 7 章　大跨径斜拉桥养护技术

日常检查分为日巡查和夜巡查，每种都有其目的和重点。

日巡查的重点是观察桥梁各部分，特别是那些容易受到损伤或磨损的部位，如桥面、桥塔和其他显眼的部件都应该受到特别的关注。日巡查的目的是检查这些部分是否有明显的病害或功能异常，并及时采取措施来解决这些问题。

夜巡查也有其独特的重点。在夜晚，由于光线的限制，很多桥梁的部件可能不容易看清。因此，夜巡查的主要目的是检查桥梁的照明系统、交通标志、标线和防眩板等是否正常工作。这些设备的正常运行对于夜间的交通流畅和安全至关重要。

根据桥梁的实际使用情况和结构特点，夜巡查的频率可能需要适当增加。不过，无论是日巡查还是夜巡查，其主要目的都是确保桥梁的正常和安全运行，而不是进行详细的检查和评估。

7.1.3　经常检查

经常检查是一种更深入和系统的检查方法，其目的是定期评估桥梁的结构状态和性能。这种检查通常每隔几年进行一次，涉及对桥梁的关键部分（如拉索、桥塔和主梁）进行详细的检查和评估。

经常检查通常依赖于目测方法，通过直接观察桥梁结构来评估其状况，这种方法既简单又有效。但单纯依赖目测可能会遗漏一些细节或难以观察的部分，因此这种方法通常需要与一些简单设备相结合。例如，望远镜可以帮助检查员观察远处的部分；照相机和摄像机可以用于记录和分析桥梁的具体状态；扳手、铲子和锉刀等常用工具也在检查过程中发挥着关键作用，它们可以用来对桥梁的某些部分进行更深入的检查。

然而，斜拉桥这种缆索结构桥梁通常包含大量相似的部件，如斜拉桥的拉索、悬索桥的吊杆和索股以及钢梁螺栓和护栏等。这些部件可能在结构和功能上相似，但数量繁多。像主梁和索塔这样的大型结构，其庞大的内、外表面积使在短时间内完成所有检查项目变得困难。

为了解决这一难题，检查人员可以考虑采用循环检查的策略。这种策略的基本思路如下：由于这些部件的劣化规律基本一致，因此可以将它们分成几个部分，每个部分在一个特定的时间段内进行检查，这样不仅可以确保每个部件都得到了检查，还可以增强经常检查的可操作性。例如，如果某个部件的检查频率是每 6 个月一次，那么检查人员可以每月检查该部件的 1/6，以确保在 6 个月的时间内，所有部件都被检查到。

7.1.4 定期检查

定期检查是按照一定的时间间隔（如每 5 年或每 10 年）对桥梁进行的全面检查。与经常检查相比，定期检查更加深入和全面，不仅包括对桥梁的结构部分进行检查，还涉及对桥梁的功能和耐久性进行评估。

1. 桥塔及锚固区的状况

桥塔作为斜拉桥的支撑结构，其稳定性和安全性是至关重要的，检查人员需要对桥塔是否有异常的变位进行检查，这些变位可能是由于地基沉降或其他因素引起的。锚固区是桥梁的关键部分，检查人员需要注意锚固区是否有裂纹或水渍，这些裂纹和水渍可能是材料老化或外部环境因素导致的。渗水现象可能会导致结构内部的腐蚀，因此需要进行详细的检查。

2. 混凝土和钢结构的情况

混凝土结构在长时间的使用中可能会出现缺损、裂缝、剥落、露筋等问题，这些问题可能是材料老化、环境因素或过度荷载引起的。钢结构则需要检查其涂装是否存在问题，如粉化、脱落、起泡和开裂。钢结构的锈蚀、变形和裂缝也是检查的重点。螺栓的情况也非常重要，因为它们是连接结构的关键部件，检查人员需要检查螺栓是否缺失、损坏或松动。钢与混凝土之间的连接也需要进行检查，确保连接是完好的。

3. 斜拉索的检查

斜拉索是斜拉桥的关键组成部分，其状态直接影响到桥梁的稳定性和安全性。检查人员需要对斜拉索的索力进行检查，确保没有异常的变化。斜拉索的线形和振动也是检查的重点。斜拉索的外置阻尼器也需要进行检查，确保其完好无损。

4. 斜拉索防护套及锚具的检查

斜拉索的防护套是为了保护斜拉索内部的钢丝而设计的，需要检查其是否有裂缝、鼓包、破损和老化变质。螺旋线的断裂和缺失也需要进行检查。锚具和锚固区也是斜拉桥的关键部分，需要进行详细的检查，包括锚具是否有渗水、锈蚀的迹象以及锚固区是否有裂缝。

5. 主梁的检查

主梁作为桥梁的承载结构，其状态是非常重要的，需要对其进行全面的检查，确保其没有损坏或异常。

6. 索导管及阻尼器的检查

索导管是为了保护斜拉索而设计的，需要检查其是否有脱漆、锈蚀的迹象。导管与斜拉索之间的密封也是检查的重点，确保其密封可靠。阻尼器是为了减少桥梁的振动而设计的，需要检查其是否有异常的变形、松动或螺栓缺失。

7.1.5 特殊检查

特殊检查是针对特定的问题或事件（如地震、洪水或重大事故）对桥梁进行的紧急检查。这种检查旨在评估特定事件对桥梁结构和性能的影响，并确定是否需要采取紧急措施来确保桥梁的安全和稳定。

特殊检查是根据检测目的、病害情况和性质、检测指标和检查方法进行的。这种检查通常需要使用高级的仪器和设备进行现场测试,并进行其他辅助试验。检查的结果不仅是为了了解桥梁的当前状态,还需要对桥梁的安全性和适应性进行分析,从而为桥梁的养护和维护提供科学的依据。

缆索结构体系桥梁在下列特定情况下,是需要进行特殊检查的:第一,当在经常检查或定期检查中发现某些构件的损伤原因和程度难以确定时;第二,当拟实施可能导致桥梁整体受力发生较大变化的养护工程时;第三,在某些突发事件发生后,为了判断桥梁是否可以继续安全运营,需要进行特殊检查,这些突发事件包括但不限于地震、洪灾、流冰、凝冻、滑坡、风致振动(如主梁的涡振、拉索的风雨振动等)、火灾、车辆或船舶撞击、有害化学液体的污染侵蚀或其他不可预见的自然和人为事件。

特殊检查可以覆盖多种内容,包括材料性能,结构性能和桥梁功能等。材料性能包括材料的物理和化学性能以及随时间退化的程度,如混凝土可能会受到碳化、盐侵蚀或冻融作用的影响,而钢材可能会受到腐蚀或疲劳的影响。结构性能包括结构的强度、刚度和稳定性,强度是指结构能够承受的最大载荷,刚度是指结构在受到载荷时的变形程度,而稳定性是指结构在受到外部扰动时的动态响应。桥梁的主要功能包括其承载能力、抗震性能或通行能力,对这些功能的检查和评估可以确保桥梁在各种条件下都能够正常和安全地运营。

第7章 大跨径斜拉桥养护技术

7.2 检查重点与试验

7.2.1 检查重点解析

1. 斜拉索检查

斜拉索是斜拉桥的核心部件之一，负责将主梁的荷载传递给索塔，因此对斜拉索的检查要求尤为严格。对斜拉索的检查主要包括以下几个方面：一是钢丝是否有锈蚀，钢丝锈蚀可能会导致截面削弱，进而影响其承载能力；二是锚具是否出现滑移或变位，因为滑移或变位可能会影响索的锚固稳定性；三是斜拉索的涂层是否有损坏、裂纹、起皮或剥落，因为涂层一旦受损，可能会导致内部材料的老化和变质；四是锚头是否有损坏，因为锚头是斜拉索固定在索塔上的关键部位。

2. 主梁检查

主梁作为斜拉桥的主要承载部件，其健康状态对桥梁的整体性能至关重要。在日常养护中，检查人员需要检查主梁是否有剥落、露筋的情况，因为主梁一旦出现这些情况可能会导致构件的强度下降。主梁的跨中挠度、构件的变形和位移也是需要关注的关键指标。裂缝、蜂窝和麻面都可能导致混凝土出现质量问题。保护层的厚度、钢筋的锈蚀情况、混凝土的碳化程度和腐蚀情况也需要定期检查。

3. 索塔检查

索塔作为斜拉桥的支撑结构，其稳定性对整个桥梁的安全至关重要。索塔是否有倾斜或变形、是否出现风化、混凝土是否有裂缝、表面

是否有损伤、是否有沉降等都是检查的重点内容。索塔的锚固区是否开裂、锚固区是否有渗水也需要关注，因为这可能会影响索塔的稳定性。

4. 铺具检查

铺具是斜拉桥的辅助设施，负责确保斜拉索的稳定性。检查铺具时，检查人员需要注意锚杯是否有积水或潮湿，因为积水或潮湿可能会导致锈蚀。防锈油是否结块、是否有锈蚀也是检查的重点内容。

7.2.2 常见病害

1. 塔座与承台常见病害

塔座和承台是支撑整个桥塔的基础。但在实际的使用和施工过程中，塔座和承台表面可能会出现裂缝，特别是沿着塔座的棱线方向。这种裂缝的产生，一方面可能与塔座的特殊形状有关，因为复斗形的塔座在棱线处往往是由缺少集料的砂浆构成，这降低了塔座和承台的抗裂性；另一方面，双柱式塔柱的设计会导致承台的受力随着柱身高度的增加而增大，特别是在承台中部，混凝土可能会受到反弯矩的作用，导致开裂。如果没有及时进行保养，塔座的水分可能会过快地散失。大体积的承台混凝土具有较高的水化热，这可能会进一步加大内外层的温差，从而导致表面混凝土受拉开裂。

2. 索孔常见病害

桥塔的另一个关键部分是索孔，索孔是斜拉索穿过塔身的孔道。索孔的位置对斜拉索的工作性能至关重要，但在实际施工中，索孔的位置可能会出现不准确的情况，这种情况可能是由多种原因引起的。例如，施工时索孔的坐标和高程控制可能不够严格，导致放样不准确。混凝土浇筑过程中的技术问题（如跑模或索孔模型移位）可能导致索孔位置的

第7章 大跨径斜拉桥养护技术

偏差；其他施工过程中的问题（如劲性骨架的安装不准确或斜拉桥的各部分连接不当）可能导致索塔摆动，进而影响索孔的定位；设计时对索孔孔径的预留量不足或调整斜拉索后的位置误差也可能对索孔位置的准确性产生影响。

3. 主梁常见病害

由于各种原因，主梁可能会出现线形变形的情况，如波状起伏、桥面的严重裂缝和合龙段的下凹，这些问题可能源于多种因素。挂篮悬臂浇筑方案是导致主梁出现线形变形的原因之一，当使用这种方案时，挂篮的前端支承平台可能会出现下挠，当下一节段被浇筑时，这种下挠可能会再次出现，随着更多的节段被浇筑，整个桥梁可能会出现波状起伏。施工控制参数与计算模型数据不符也可能导致主梁出现线形变形，如果施工中的反馈信息不及时或不准确，施工荷载可能会出现变化，这进一步导致了线形的变形。其他可能的原因还包括挂篮前端的支承拉索松弛、压重装置的变形松弛或者梁内劲性骨架的刚度不足，合龙段的模板或支承可能因为刚度不足而导致混凝土在浇筑时出现下挠。

另一个常见病害发生在预应力混凝土主梁的锚固区。这个区域是预应力工作的关键部位，其健康状况直接关系到预应力的效果和整个桥梁的稳定性。在某些情况下，主梁底部的预应力混凝土可能会在张拉预应力索后出现裂缝，这些裂缝的产生可能与预应力索的锚头位置和索在梁体内的弯曲形状有关。当这些索在梁体内形成特定的曲线弯曲时，它们在曲线的拐点处会产生向下的分力，这种力可能会导致混凝土受到超过其抗拉强度的拉应力，导致开裂。

4. 斜拉索常见病害

斜拉索中的钢丝可能会出现锈蚀、流淌锈水和断裂等问题。这些问题可能是由套筒式拉索护套内的水泥浆引起的，这种水泥浆可能与铝皮

发生化学反应，导致铝皮迅速腐蚀和破裂。聚乙烯或橡胶护套在拉索安装过程中可能会受到损坏（如被割破或拉裂），如果不及时修复，雨水和大气可能会沿裂口侵入，进一步腐蚀钢丝。由于斜拉索本身承受着很大的拉力，高强度钢丝的应力非常高，在高应力、反复荷载和风振的影响下，钢丝更容易被腐蚀。

除了钢丝的腐蚀问题，锚头的锈蚀也是一个严重的问题。锚头是斜拉索的固定部分，其健康状态对整个斜拉桥的稳定性至关重要。锚头可能会因为外部环境的侵蚀而锈蚀，这主要是因为锚头在安装后没有得到及时的除锈、涂抹黄油或防锈油和防锈涂料的处理。如果锚头的盖板未安装或者盖板的固定螺栓松动，这可能导致盖板脱落或密封不良，使水和大气侵入。锚定板的防护层（如环氧树脂、胶板和涂料膜）也可能因为老化、裂纹和脱落而失效。

5. 桥体裂缝

混凝土斜拉桥的裂缝问题一直是工程领域中的难题。索塔和主梁出现的纵、横向裂缝（尤其是箱形梁和肋板梁上的主拉应力斜裂缝、剪力直缝以及结合梁和混凝土桥面板上的纵、横裂缝和众多不规则裂缝）都是这一问题的体现。

混凝土在凝结硬固的过程中会经历许多自然的物理变化，其中水泥石的干燥收缩和温度变形是导致裂缝的主要原因。水泥石与集料的结合面上可能会产生初始微裂缝。由于混凝土的颗粒结构、水泥石的生成特点以及初始微裂缝的存在，混凝土变成了一种非匀质、非连续的材料。这种材料性质导致混凝土展现出非线性、非弹性和各向异性的力学特征。随着时间的推移，混凝土的强度和变形会发生变化，破坏特征具有明显的脆性。这也意味着混凝土的抗拉强度会降低，从而更容易开裂。

从实际工程来看，混凝土斜拉桥的裂缝与其他混凝土结构上的裂缝存在相似性。这些裂缝主要可以分为变形裂缝和荷载裂缝两类。大约

80%的裂缝是因为结构物受到温度、收缩、膨胀、不均匀沉降等因素引起的变形而造成的变形裂缝。另外20%的裂缝则是由于静荷载、动荷载或其他荷载的作用引起的荷载裂缝。

因此，混凝土斜拉桥的裂缝问题不仅仅是材料问题，还与桥梁的设计、施工和使用环境有关。为了确保桥梁的稳定性和安全性，相关人员需要从多方面进行综合分析和治理。

7.2.3 检查方法

斜拉桥的主要承重部分是通过斜拉索来支撑的。由于斜拉桥的复杂性和对其安全性的高要求，日常维护中的检查是十分必要的。以下是对斜拉桥进行的常见检查内容。

1. 桥面检查

（1）检查桥面沥青或混凝土的裂缝、坑洞等破损情况。

（2）检查桥面排水系统的状况。

（3）检查路面标记和交通标志的清晰度。

2. 斜拉索检查

（1）检查斜拉索的张紧状况和锚固情况。

（2）检查斜拉索的外观损伤，如腐蚀、磨损或断裂。

（3）使用专业设备进行斜拉索的内部检查，查找可能的内部损伤或腐蚀。

3. 主塔和桥墩检查

（1）检查结构表面的裂缝、腐蚀或其他损伤。

（2）检查塔身的垂直度和稳定性。

4. 桥梁扩展装置检查

桥梁扩展装置用于吸收桥梁由于温度变化、交通荷载等原因引起的伸缩。在检查过程中应特别注意以下几点。

（1）检查扩展装置的整体完好性，包括装置的固定状态和各连接部位。

（2）评估装置的运动灵活性，确保其能够自由伸缩，没有卡滞现象。

（3）检查扩展装置的密封性能，防止水和杂质进入，影响其正常工作。

（4）对扩展装置的磨损程度进行评估，特别是橡胶或金属部件的磨损状况。

（5）在必要时需要对扩展装置进行功能性测试，以确保其在实际工作中的响应符合设计要求。

5. 桥梁支座检查

检查支座的工作状况、磨损程度和可能的损伤。

6. 桥梁照明和其他电气设备

检查照明设备的工作状态、线路的完好性以及其他相关的电气设备运行是否正常。

7. 振动和动态测试

（1）使用加速度计和其他仪器对桥梁的振动响应进行监测。

（2）根据需要进行动态载荷测试，以验证桥梁的动态性能。

第7章 大跨径斜拉桥养护技术

8. 荷载测试

某些情况下可能需要对桥梁进行荷载测试，以验证桥梁的承载能力。

9. 结构健康监测系统检查

如果桥梁装有结构健康监测系统，检查人员需要定期检查其工作状态并验证数据的准确性。

10. 其他检查

（1）检查桥下水域的状况以及对桥墩的冲刷。
（2）检查桥梁两侧的护坡和排水系统。
（3）检查任何与桥梁安全相关的其他因素。

这些检查可以帮助检查人员发现和预防潜在的问题，确保斜拉桥的安全和持久性。当然，具体的检查内容可能会根据斜拉桥的设计、地理位置、使用情况等因素进行调整。

7.2.4 试验方法

对斜拉桥进行试验时需要一些具体的方法来评估桥梁的结构和功能的完好性。以下是一些常用的试验方法。

1. 超声波检测

超声波检测用于检测斜拉索内部的缺陷或损伤，如腐蚀、断裂等。超声波设备会发出超声波，当超声波遇到缺陷时会产生回声，工程师通过分析这些回声可以确定缺陷的位置和大小。

2. 动态响应测试

动态响应测试通过在桥上施加已知的动态荷载（如振动或冲击）并测量桥的响应来评估桥梁的动态特性，这些数据可以使用加速度计、应变计等仪器进行测量。

3. 静态荷载试验

静态荷载试验首先在桥面上放置已知的重物或车辆，然后测量桥梁的形变和应力响应，这有助于评估桥的承载能力和结构完整性。

4. 钢筋位置和覆盖厚度检测

该试验方法使用磁场或电磁设备确定混凝土中钢筋的位置和覆盖混凝土的厚度。

5. 半导体应变计

半导体应变计用于测量桥梁结构在荷载下的应变。它们通常固定在关键位置，如桥墩、主塔和斜拉索上。

6. 红外热成像

红外热成像用于检测桥梁结构中的裂缝或其他损伤。当桥梁的某部分受损时，其热特性可能会发生变化，红外热成像可以捕捉到这些变化。

7. 电化学腐蚀监测

该方法通过测量混凝土中的电流和电位来评估钢筋的腐蚀状况。

8. 视觉检查和摄影记录

该方法使用高清摄像机、无人机或其他设备对桥梁结构进行视觉检查。这有助于发现裂缝、腐蚀、剥落等明显的损伤。

9. 地质雷达（GPR）

地质雷达用于检测桥梁下面的地质状况，如土壤的厚度、岩石的位置等。

10. 振动检测

振动检测使用专门的设备测量桥梁在风、交通等外部因素影响下的振动。

以上试验方法可以单独使用，也可以结合使用，以获得对桥梁结构和性能的全面了解。每种方法都有其优缺点，因此在进行检测和试验时工程师需要根据具体情况选择合适的方法。

7.3 技术与适应性评定

7.3.1 斜拉桥技术状况评定标准

斜拉桥的主要部件是索塔、主梁、斜拉索、锚具、桥墩、桥台、基础和支座，其余部件均为次要部件。

斜拉桥总体技术状况评定等级分为五类。

1类：全新状态，功能完好。

2类：有轻微缺损，对桥梁使用功能无影响。

3类：有中等缺损，尚能维持正常使用功能。

4类：主要构件有大的缺损，严重影响桥梁使用功能或影响承载能

力,不能保证正常使用。

5类:主要构件存在严重缺损,不能正常使用,危及桥梁安全,桥梁处于危险状态。

斜拉桥主要部件技术状况评定等级同样分为五类。

1类:全新状态,功能完好。

2类:功能良好,材料有局部轻度缺损或污染。

3类:材料有中等缺损或出现轻度功能性病害,但发展缓慢,尚能维持正常使用功能。

4类:材料有严重缺损或出现中等功能性病害,且发展较快;结构变形小于或等于规范值,功能明显降低。

5类:材料严重缺损,出现严重的功能性病害,且有继续扩展现象;关键部位的部分材料强度达到极限,变形大于规范值,结构的强度、刚度、稳定性不能达到安全通行的要求。

7.3.2 斜拉桥适应性评定

桥梁适应性评定是对桥梁的健康状况和使用寿命的一种全面评估。此评定的核心目的是确保桥梁的安全、稳定和持久使用。该评定过程是基于桥梁的定期和特殊检查资料,进而通过试验和结构受力分析来进行的。

为了确保桥梁的长期使用和安全性,定期评定其实际承载力是非常关键的。实际承载力是指桥梁在特定情况下能够承受的最大荷载,且该荷载不会导致结构损坏或失效。这需要综合考虑桥梁的材料、结构形式、施工质量以及现场环境因素。通过对桥梁的检查资料、试验数据和受力分析进行深入研究,工程师可以确定桥梁的实际承载力是否满足设计要求和使用要求。

同行能力是桥梁在特定交通流量和载荷条件下,能够正常使用和运行的能力。这涉及桥梁的结构形式、材料特性、使用历史以及外部环境

第 7 章 大跨径斜拉桥养护技术

因素。评估桥梁的同行能力可以确定桥梁能否满足交通需求，以及是否需要进行加固或改造以适应更高的交通流量和荷载。

桥梁的抗洪能力是指桥梁在洪水或极端气候条件下，能够正常使用和保持其结构完整性的能力。这要求对桥梁的位置、结构设计、材料选择以及与河流或水域的相互关系进行深入的研究。桥梁的抗洪能力不足可能会导致桥梁受损或失效，从而对交通和人们的生命安全构成威胁。

评定过程不仅要确定桥梁的当前状态，还要提出相应的桥梁维护方案和改造方案。这些方案是为了确保桥梁的长期使用和安全性，并满足未来的交通需求和环境变化。

桥梁适应性评定是一个系统性、综合性的工作，需要结合桥梁的实际情况、检查资料、试验数据和受力分析来进行。为了确保桥梁的长期安全和稳定，评定的周期通常为 3 至 6 年，这样可以确保桥梁得到及时的维护和改造，从而满足交通和社会的发展需求。

7.4 维护与保养的未来发展与技术创新

大跨径斜拉桥作为现代交通建筑的标志性结构，其维护与保养已经成为工程领域的重点研究方向。随着科技的进步和桥梁结构复杂度的提高，未来斜拉桥的维护与保养技术也将迎来一系列的技术创新与发展。

7.4.1 当前技术的局限性

大跨径斜拉桥作为现代交通建设的重要组成部分，其维护与保养技术在保障桥梁安全、稳定运行中起着至关重要的作用。然而，伴随技术进步和应用实践，现有技术在实际应用中的局限性逐渐显现。

1. 设备老化与性能衰减

维护与保养设备在长期使用中，难免会受到各种因素的影响而老

化。具体来说，设备的物理结构可能因为长时间的使用、外部环境的变化以及材料自身的老化特性等因素，出现一定程度的退化。例如，机械部件可能因摩擦、磨损等原因出现精度下降的问题，电子设备可能因环境温度、湿度变化出现电路性能不稳定的情况。这种老化不仅影响设备的正常运行、降低了工作效率，还可能增加故障率和维护成本。不同材料和部件的老化机制和速度不同，但其根本原因都与材料和结构的长期应力应变、环境腐蚀、疲劳损伤和温度变化等有关。

其中，机械部件的老化尤为明显。长时间的运转和摩擦会导致部件表面的磨损，从而影响部件的尺寸和形状，进而影响其工作精度。部件内部的材料也可能因为疲劳、腐蚀等原因逐渐失去原有的物理和化学性质，出现强度、韧性和寿命下降的情况。

电子设备的老化也不容忽视。在复杂的外部环境中，尤其是在温度和湿度经常变化的环境下，电子设备的电路、元器件和连接部位都容易受到损害。这不仅可能导致设备的性能下降，还可能导致设备的故障，甚至影响斜拉桥的正常运行。

设备的老化不仅限于设备表面和内部材料的变化，还可能表现为设备的功能降低、故障率增加、维护成本上升等。这些都直接影响了斜拉桥的运营效率和安全性。更为严重的是，如果对这些老化问题掉以轻心，可能会导致斜拉桥的各种安全隐患，从而威胁到桥梁的稳定性和人们的生命财产安全。

因此，针对设备的老化与性能衰减问题，工程师需要采取一系列的措施，包括但不限于：定期检查、测试和评估设备的性能和状态，及时替换和维修老化的部；采用先进的防腐、抗疲劳和防老化技术，提高设备的使用寿命，降低维护成本，提高斜拉桥的运营效率和安全性；加强对斜拉桥维护与保养技术的研究和创新，以适应不断变化的工程需求和技术发展趋势。

第7章 大跨径斜拉桥养护技术

2. 技术更新滞后

在当今这个日新月异的科技时代，大跨径斜拉桥维护与保养的技术更新缓慢与应用滞后问题，已成为制约桥梁高效、安全运营的重要障碍。尽管全球范围内的科研机构和企业在桥梁维护技术领域投入了大量的研发资源，不断推出了许多创新的技术和方案，但这些新技术在实际的工程应用中并没有得到广泛和及时的推广。

原因繁多，其中资金投入问题是一个关键因素。新技术的研发和推广需要大量的资金支持，包括设备采购、技术验证、人员培训等各个环节。在当前的经济环境下，尤其是对于许多发展中的国家和地区，由于财政预算有限，这些国家和地区难以为维护与保养的技术更新提供足够的资金支持。这导致了许多先进的技术仍然停留在实验室阶段，无法在实际工程中得到广泛应用。

人员培训也是一个亟待解决的问题。新技术的应用往往需要专门的技术人员进行操作和维护。但由于教育和培训体系的滞后，许多工程技术人员对新技术知之甚少，缺乏实际操作经验。这导致了即使有了先进的设备和技术，也无法发挥其应有的效果。

更为重要的是，由于技术更新缓慢，一些国家和地区可能会错过一些更为先进和高效的技术方案。这不仅会导致维护与保养工作效率低下，还可能引发安全隐患。例如，一些传统的维护技术可能无法及时发现桥梁的隐患，而新技术可以通过各种高精度的检测设备对桥梁进行全面、深入的检查，及时发现并处理各种潜在问题。

技术应用滞后也影响了大跨径斜拉桥的长期运营和发展。在当前的经济全球化背景下，各国都在加快基础设施建设的步伐，竞争日趋激烈。我们如果不能及时采纳和应用最新的技术，不仅会影响桥梁的运营效率和安全性，还可能导致在国际竞争中处于劣势。

为了确保大跨径斜拉桥的安全、稳定运行，我们必须加大技术研发

和更新的力度，解决资金投入、人员培训等问题，确保最新、最先进的技术能够得到及时、广泛的应用；还需加强国际交流与合作，借鉴和引进国外的先进技术和经验，提高大跨径斜拉桥维护与保养的技术水平和服务质量。

3.人工依赖性强

在大跨径斜拉桥的维护与保养过程中，人力资源的依赖性已经成为一个不容忽视的问题。当今，尽管科技在快速发展，许多领域都实现了自动化和智能化，但在桥梁的维护领域，人工操作仍然占据着主导地位。

人工操作尽管具有一定的可操作性和灵活性，但其固有的局限性也是显而易见的。例如，在桥梁的检查和修复过程中，人工操作往往需要更长的时间，并且在某些复杂、危险的环境下，人工操作可能会面临很大的安全风险，这不仅增加了维护的难度，还可能影响桥梁的使用寿命和安全性。

人为因素也是导致维护误差的一个重要原因。每个人的技能和经验都有所不同，这意味着即使在相同的条件下，不同的操作者可能会得到不同的维护结果。这种误差在某些情况下可能会被放大，导致桥梁的某些部分得不到及时、准确的维护，从而影响桥梁的整体性能。

劳动力成本的逐年上升也是一个不可忽视的问题。随着社会经济的发展，人们对于生活质量和工作环境的要求越来越高。这意味着维护人员的工资和福利待遇也需要相应提高。如果维护技术仍然过度依赖人工，那么随着劳动力成本的增加，维护成本也会逐渐上升。这不仅会增加桥梁的运营成本，还可能导致某些必要的维护工作因为成本问题而被忽略或延迟。

为了应对这些问题，我们必须寻找一种更加现代化、高效的维护方式，减少对人工操作的依赖。例如，我们可以考虑引入更先进的检测设

第 7 章　大跨径斜拉桥养护技术

备和技术，实现对桥梁的自动化、智能化维护；通过引入机器人、无人机等新技术，可以对桥梁进行更精确、更深入的检查，从而确保桥梁的安全、稳定运行；也可以考虑引入云计算、大数据等先进技术，对桥梁的维护数据进行深入分析，从而为维护决策提供更有价值的参考。这些技术的引入不仅可以提高维护的效率和准确性，还可以降低维护的成本和风险。

大跨径斜拉桥的维护与保养技术必须与时俱进，摒弃那些过时、低效的方法，迎接新技术的挑战，确保桥梁的长期、稳定、安全运行。

4. 环境适应性差

大跨径斜拉桥作为现代工程建筑的杰出代表，其壮观的结构和精湛的工艺无疑都令人赞叹。然而，当这些桥梁面临复杂和多变的环境条件时，它们的维护与保养就成为一个颇具难度的问题。当前的维护技术在面对这些复杂环境时，往往表现出明显的局限性。

桥梁所处的环境条件（如极端的气候变化、较高的盐雾浓度、强烈的紫外线辐射等）对桥梁的结构和材料提出了极高的要求。这些环境因素可能会加速桥梁材料的老化过程，导致其性能逐渐下降。例如，高盐雾的环境可能会导致桥梁的钢结构发生腐蚀，强烈的紫外线辐射则可能会使桥梁的涂层和密封材料老化、开裂。

更为复杂的是，这些环境因素往往是相互作用、相互影响的。例如，极端的气温变化可能会导致桥梁材料的膨胀和收缩，从而增加了材料的疲劳损伤；而当这种疲劳损伤与盐雾腐蚀相结合时，桥梁的结构安全性可能会面临更大的威胁。

面对这些环境因素的局限性，传统的维护方法已经难以满足需求。传统的维护方法往往着重于对桥梁已有损伤的修复，而忽略了对潜在风险的预防。这意味着，当桥梁真正出现问题时，修复的难度和成本都可能大大增加。

因此，未来的桥梁维护技术应该更加重视对环境适应性的研究和创新。这不仅包括对新材料、新工艺进行研发，还包括对现有材料的性能进行改进和优化。例如，研究人员可以研发出更具耐腐蚀、耐紫外线、耐疲劳的材料，以应对恶劣的环境条件。

此外，我们还应该加强对桥梁的监测和预警技术的研究。通过对桥梁进行实时监测，工程师可以及时发现潜在的问题，从而进行早期的干预和修复。这不仅可以降低维护的难度和成本，还可以延长桥梁的使用寿命，提高其运行效率。

环境适应性的挑战是大跨径斜拉桥维护与保养面临的一个重要问题。为了确保桥梁的长期、稳定、安全运行，我们必须对现有的维护技术进行创新和优化，以更好地应对复杂和多变的环境条件。

5. 维护周期长

正如许多现代工程建筑所面临的问题，斜拉桥的维护与保养也是一个长期且极其困难的任务。尤其是在技术局限性的背景下，维护周期的延长已经成为一个不可忽视的问题。

在桥梁工程中，维护的目标是确保桥梁的结构完整性、安全性和功能性。但由于技术的局限性，实际的维护工作往往难以达到这些目标。例如，某些先进的检测技术可能尚未被广泛应用，导致隐患的发现和定位变得困难；某些维护方法可能因为技术、设备或材料的限制，而无法在短时间内完成。

这种技术局限性导致的维护周期延长，无疑给桥梁的运营带来了许多问题：第一，维护的时间成本大大增加，不仅会增加桥梁的运营成本，还可能影响桥梁的经济效益；第二，桥梁在维护期间可能需要进行封闭或限制通行，这会导致交通拥堵，给公众带来不便；第三，如果维护工作不能及时完成，桥梁在某些关键时刻可能无法正常使用，这对于依赖桥梁进行出行的公众来说，无疑是一个巨大的打击。

维护周期的延长还可能导致桥梁的某些隐患无法及时被发现和处理。这种延误可能会使桥梁的小问题逐渐发展成大问题，甚至可能导致桥梁的结构安全性受到威胁。而一旦桥梁发生事故，其经济和社会的损失都是难以估量的。

为了解决维护周期长的问题，我们必须从技术和管理两方面入手。在技术方面，我们应该加强对新技术、新方法和新材料的研究和应用，以提高维护的效率和准确性。例如，我们可以研发更先进的检测设备和方法，以缩短检测的时间并提高其准确性；也可以研究和应用新的维护材料和工艺，以减少维护的时间和成本。

在管理方面，我们应该加强对维护工作的规划和组织，以确保维护任务能够按照计划进行；还应该加强对维护人员的培训和管理，以提高他们的技能和素质，确保维护工作的质量和效率。

7.4.2 未来技术发展趋势

在 21 世纪的科技背景下，大跨径斜拉桥维护与保养的技术趋势正朝更高效、更智能的方向发展。随着科技的快速进步，未来的斜拉桥维护技术不仅将更加高效，还将更加智能，使桥梁的维护和保养更为便捷和精确。

1. 智能化发展

智能化发展是未来斜拉桥维护技术的核心方向。随着人工智能技术的成熟和广泛应用，斜拉桥的维护工作将更加依赖于智能技术。例如，使用 AI 技术进行故障诊断将大大提高故障检测的准确性和效率。传统的故障诊断方法往往需要人工参与，而且受到人的经验和知识的限制，这种方法可能存在误判的风险。而 AI 技术可以通过对大量数据进行分析，自动识别并预测潜在的故障，从而提前进行预防和维护。

除了故障诊断，AI 技术还可以应用于桥梁的健康监测和评估。通

过在桥梁的关键部位安装传感器，AI技术可以实时监测桥梁的运行状态和健康状况。这些数据将被传输到中央处理系统，由AI进行分析和处理，从而得出桥梁的健康评估结果。这种方法不仅可以提供实时的桥梁健康信息，还可以为桥梁的维护和保养提供科学的依据。

随着物联网技术的发展，未来通过物联网技术，我们可以实现对桥梁维护设备的远程控制和管理。例如，我们可以远程控制维护机器人进行桥梁的检测和维护，大大提高工作效率；还可以实现桥梁维护数据的实时上传和分析，为桥梁的维护和保养提供实时的数据支持。

随着5G、云计算等技术的发展，斜拉桥维护技术将更加依赖于大数据技术。通过对大量的维护数据进行分析，我们可以发现桥梁的潜在问题，从而进行预防和处理；还可以根据数据分析结果，对桥梁的维护策略进行优化，使桥梁更加高效和经济。

2. 自动化应用

自动化保养维护不仅能够减少人工干预，从而降低人为错误，提高工作效率，还能够应对一些传统方法难以处理的复杂情况。

自动化设备和机器人技术的引入正在改变斜拉桥维护的传统方式。考虑到桥梁的巨大尺寸和复杂的结构特点，许多维护任务都需要在高空或在困难的工作环境中进行，这对工人来说既危险又困难。然而，机器人和自动化设备能够轻松地在这些环境中工作，它们可以被程序化来执行特定的任务（如检查、清洁或修复特定的部分），从而减少对人工的依赖。

随着传感器技术和数据分析的进步，自动化设备现在可以实时监测桥梁的健康状况，提供关于桥梁结构的详细信息。例如，一些高级的机器人可以检测桥梁的裂缝、锈迹或其他可能的损害，并将这些信息实时传输回中央数据库。这为桥梁的维护团队提供了宝贵的数据，帮助他们更准确地确定桥梁的维护需求。

第7章 大跨径斜拉桥养护技术

自动化技术还可以提供更高的效率。传统的桥梁维护往往需要大量的人力和时间，但通过自动化，许多任务现在可以在更短的时间内完成。例如，一些先进的清洁机器人可以在夜间工作，避免中断桥梁的正常使用，从而大大提高了维护工作的效率。

自动化技术不仅是为了提高效率，在长远的未来，随着技术的进一步发展，自动化和机器人技术可能会成为桥梁维护的标准。这不仅可以保证桥梁的持续、稳定和安全运行，还可以大大减少维护成本。

然而，自动化技术尽管为斜拉桥维护带来了许多好处，但它也存在一些问题。例如，自动化设备和机器人的初期投资成本可能会相对较高，它们也需要经常进行维护和更新，以保持其最佳性能。但考虑到长期的利益，这些投资无疑是值得的。

3. 环境友好技术

在21世纪，环境问题已经成为全球关注的焦点。随着人们对环境保护意识的增强以及对可持续发展理念的深入理解，各行各业都在寻求更加环保、节能的方法。大跨径斜拉桥的维护与保养技术也不例外，它正朝着更加环境友好的方向发展。

环境友好技术的应用首先体现在使用更加环保的材料。在桥梁的维护与保养过程中，传统的材料可能会产生有害的废弃物，也可能在应用过程中释放有毒的化学物质。如今，随着新型环保材料的研发和应用，这些问题得到了有效解决。例如，新型的涂层和防护材料不仅为桥梁提供了持久的保护，还在制造和使用过程中将产生的环境污染大大降低，这些材料往往采用生物基、可生物降解或低挥发性有机化合物（VOC）为基础，旨在减少对环境的影响。

节能技术的应用也为斜拉桥维护带来了环保优势。桥梁的日常运营和维护过程需要大量的能源来支持各种设备和系统的正常运行，应用节能技术（如LED照明、太阳能供电等）可以显著降低桥梁的能源消耗。

新型的节能材料也可以提高桥梁的热效率，从而减少冷热交替时的维护需求。

环境友好技术还强调采用更加绿色、低碳的施工方法。在桥梁的维护与修复过程中，传统的施工方法可能会产生大量的温室气体。而现代的绿色施工技术（如电动设备、无废弃物技术等）可以显著减少这些气体的排放，为桥梁维护团队创造更加健康、安全的工作环境。

除此之外，环境友好技术还倡导对水资源的合理利用。在桥梁的清洁和维护过程中，大量的水资源可能被消耗。水资源回收和再利用技术可以有效减少这种消耗，确保水资源的可持续利用。

环境友好技术为大跨径斜拉桥的维护与保养提供了全新的方向。它不仅考虑到桥梁的长期健康和稳定性，还关注到了桥梁维护活动对环境的影响。在未来，随着这些技术的不断发展和完善，大跨径斜拉桥的维护与保养将更加绿色、高效，真正实现与环境的和谐共生。

4. 实时监控与预测

传统的桥梁维护方法往往基于经验和定期检查，但这种方法在某种程度上是被动的，可能会忽略某些潜在的问题。现代的实时监控与预测技术则提供了一种主动的、及时的解决方案。

物联网技术的崛起为实时监控提供了强大的支撑。通过将传感器安装在桥梁的关键部位，工程师可以实时收集桥梁的各种数据，如温度、应力、振动等。这些数据随后被传输到中央数据库，并通过高级的数据分析技术进行处理。这种实时的数据收集和分析不仅可以帮助工程师及时发现桥梁的异常情况，还可以为维护决策提供有力的数据支撑。

除了实时监控，预测技术在桥梁维护中也发挥着越来越重要的作用。通过对大量的历史数据进行深入的分析，工程师可以建立桥梁健康的预测模型。这种模型可以帮助工程师预测桥梁在未来的某个时间段内可能出现的问题，从而提前采取相应的措施。例如，如果模型预测在接

第7章 大跨径斜拉桥养护技术

下来的雨季，桥梁某一部分可能会出现渗水问题，那么工程师可以提前进行防水处理，避免问题的发生。

实时监控与预测技术可以为桥梁维护节省大量的成本。在传统的维护方法中，工程师往往需要定期进行桥梁检查，这不仅消耗了大量的人力和物力，还可能因为检查而导致桥梁的暂时封闭。而实时监控与预测技术可以大大减低这种定期检查的需要，只在必要的时候进行维护，从而降低了维护的总体成本。

实时监控与预测技术在应用中也面临着一些问题，包括如何确保传感器的稳定性和准确性、如何处理大量的实时数据、如何建立准确的预测模型等。但随着技术的不断进步，这些问题都有望得到解决。实时监控与预测技术将桥梁维护从传统的被动、经验型方法转变为主动、数据驱动的方法。

5. 跨学科整合

探究大跨径斜拉桥维护与保养的未来，一个不可忽视的发展方向便是跨学科整合。随着科技的持续进步，单一学科的知识和技术已不再能满足复杂的工程需求，跨学科的融合与合作成为推动技术创新和解决实际问题的关键。

材料科学在这方面提供了巨大的潜力。随着新材料（如自修复材料、超高性能混凝土和先进的合金）的研发，桥梁维护得以从根本上进行创新。例如，自修复材料能够在微小裂缝出现时自动进行修复，大大延长了桥梁的使用寿命，降低了维护频率；新型的防腐材料和涂层技术可以使桥梁更好地抵抗恶劣环境（如盐雾、酸雨和高温）的侵蚀，从而降低因环境因素导致的维护需求。

结构健康监测则为桥梁维护提供了全新的视角。通过在桥梁上部署各种高精度传感器，工程师能够实时获知桥梁的各种工作状态，如应力、振动和温度。结合先进的数据分析技术，这些信息可以用来预测潜

在的结构问题,提前进行干预,从而避免更大的损害和更高的维护成本。例如,通过持续监测桥梁的振动数据,工程师可以及时发现桥梁的结构问题(如裂缝或腐蚀),从而提前进行维修。

跨学科的整合还可以带来更加综合的解决方案。例如,结合材料科学和结构健康监测,研究人员可以研发出既具有自修复功能,又能实时监测健康状态的智能材料,这种材料不仅能够自我修复,还能在损伤达到一定程度时自动报警,提醒工程师进行维护。

跨学科的合作还可以引入其他领域的先进技术,如人工智能和机器学习。通过这些技术,工程师可以更准确地分析桥梁的健康数据,预测桥梁未来的状态,并为维护提供更加科学的建议。例如,机器学习模型可以通过大量的历史数据训练,从而在新的数据中发现潜在的问题模式,为工程师提供更有针对性的维护建议;通过结合不同学科的知识和技术,工程师可以发掘更多的创新点,为桥梁的长期健康和安全提供更有力的保障。

7.4.3 技术创新的推动力

1. 提高维护效率

发展大跨径斜拉桥的维护与保养技术创新的一个核心目标便是提高维护效率。高效的维护不仅意味着在较短的时间内完成任务,还代表着在维护过程中能够实现更高的质量和更低的成本。随着技术的不断进步,如何运用技术创新来提高维护效率成为行业的热门议题。

桥梁作为交通的关键节点,其停工时间直接关系到交通流的连续性和整体的交通效率。因此,如何在短时间内完成维护任务,确保桥梁的正常运行,是每个维护团队所追求的目标。技术创新在这方面提供了巨大的可能性。例如,引入自动化和机器人技术可以实现对桥梁的自动检测和维护,这不仅大大缩短了维护时间,还提高了维护的准确性和可靠性。

第7章 大跨径斜拉桥养护技术

除了硬件技术，软件和数据分析技术也为提高维护效率提供了支持。通过实时监控和数据分析，维护团队可以及时发现潜在的问题，并提前制订维护计划。这避免了因未及时发现问题而导致的紧急维护，减少了停工时间。通过数据分析，维护团队还可以对维护方法和流程进行优化，实现更高的效率。

技术创新还推动了维护材料的进步。新型的维护材料（如自修复材料和高性能混凝土）不仅提高了维护的效果，还缩短了材料的固化时间，从而减少了停工时间。这些材料还具有更长的使用寿命，减少了维护的频率，从而降低了总体的维护成本。

我们在提高维护效率的同时，还需确保维护的质量。技术创新在这方面也提供了保障。例如，通过高精度的传感器和先进的数据分析技术，维护团队可以确保维护的准确性和可靠性；通过模拟和数字化技术，维护团队可以在实际操作前进行模拟练习，确保每一步操作都是最优的；通过引入先进的技术和方法，维护团队不仅可以在较短的时间内完成任务，还可以确保维护的质量和可靠性。

2. 延长桥梁使用寿命

桥梁的使用寿命不仅关乎其物理结构和功能性，还涉及社会经济的长远发展和公共安全。技术创新在这一方面提供了巨大的潜力，使维护团队能够更好地预防和修复损伤，确保桥梁长久地服务于社会。

斜拉桥由于其独特的结构和受力特点，面临着许多维护和保养的挑战。传统的维护方法可能无法解决这些挑战，而技术创新为桥梁的维护提供了新的思路和方法。例如，通过先进的传感器技术，维护团队可以实时监控桥梁的状态，及时发现并预测潜在的损伤，并在损伤发生之前采取预防措施，避免更大的损害。

除了预防损伤，技术创新还为修复损伤提供了新的方法。例如，新型的材料科学为桥梁的修复提供了更为高效和持久的解决方案；自修复

混凝土、高性能钢材和纳米技术等创新材料可以在损伤发生后迅速修复，确保桥梁的完整性和功能性，这不仅减少了维护的频率和成本，还有效地延长了桥梁的使用寿命。

技术创新还促进了跨学科的整合。结构健康监测、材料科学、信息技术和数据分析等多个领域的技术和方法被引入桥梁的维护与保养中，这种跨学科的整合使维护团队可以从多个角度分析和处理问题，提供更为全面和高效的解决方案。

延长桥梁的使用寿命不仅意味着桥梁可以更长时间地为社会服务，还意味着节省了更换桥梁的巨大成本。这对于社会经济的长远发展具有重要意义。而技术创新作为延长桥梁使用寿命的关键推动力，其重要性不言而喻。无论是预防还是修复损伤，无论是物理方法还是材料科学，技术创新都为桥梁的维护与保养提供了新的思路和方法。

3.减少维护成本

在当今的工程建筑领域，特别是在大跨径斜拉桥的建设与维护中，控制和降低成本始终是一个核心议题。

传统的桥梁维护方法往往涉及大量的人工操作、高昂的材料费用和复杂的工序。这不仅使维护工作变得烦琐和耗时，还可能由于操作失误或材料选择不当导致维护效果不佳，从而需要更频繁地维护，进一步增加了成本。然而，随着新技术的引入，这一局面正在发生改变。

新技术为桥梁维护带来了许多创新性的方法和手段。例如，通过先进的传感器和物联网技术，维护团队可以实时监测桥梁的健康状态，提前预测并预防潜在的问题，从而避免大规模、高成本的应急维修；新型的维护材料（如自修复混凝土和高性能涂料）不仅可以提供更为持久和高效的维护效果，还可以降低材料的使用量和更换频率，进一步降低成本。

自动化和机器人技术的应用也为降低维护成本提供了可能。与人工

第 7 章 大跨径斜拉桥养护技术

操作相比，自动化设备可以在更短的时间内完成更为复杂的任务，且准确率更高，误差更少。机器人则可以替代人工进入桥梁难以到达或环境恶劣的区域进行维护，避免了人员伤害的风险，同时降低了因环境因素导致的维护失败的可能性。

而在长远的视角下，技术创新还可以帮助桥梁管理者更为精确地规划和分配维护资源。通过数据分析和模型预测，管理者可以更为准确地了解桥梁的维护需求，从而进行更为合理的预算和资源分配，避免了不必要的浪费。

新技术在初期的引入和应用可能会带来一定的额外成本，但从长远的角度看，这是一笔非常值得的投资。因为随着技术的深入应用，其在降低维护成本、提高维护效率和确保桥梁安全方面的优势将变得越来越明显。

4. 提高安全性

大跨径斜拉桥由于具有独特的结构和巨大的跨度，其在日常运营中面临着众多的风险。因此，确保桥梁的结构安全和稳定性不仅是技术问题，还是一个涉及数万日常通行者生命安全的重要课题。技术创新在这方面的作用日益显著，为桥梁的安全维护提供了更为先进、高效和可靠的手段。

在过去，桥梁的安全评估和维护往往依赖于人工检查和经验判断。然而，这种方法存在很大的局限性，尤其是在对桥梁结构的微小变化和潜在损伤进行评估时。而随着科技的进步，新的监测和分析技术逐渐应用于桥梁的维护中，使对桥梁的实时监控和安全评估成为可能。

先进的传感技术可以对桥梁的各个关键部位进行实时的监测，获取桥梁的振动、位移、应力等数据。这些数据不仅可以为桥梁的日常运营提供参考，还可以使维护团队通过数据分析和模型预测，及时发现潜在的安全隐患，从而进行及时的维护和修复。

结构健康监测技术也为桥梁的安全评估提供了新的方法。通过对桥梁的材料、结构和工况进行综合分析，维护团队可以更为准确地评估桥梁的健康状态，从而为维护决策提供更为科学的依据。

随着数字化和信息化技术的发展，桥梁的维护也逐渐转向了智能化。例如，利用大数据和人工智能技术，维护团队可以对桥梁的大量监测数据进行深入的分析和挖掘，从而更为精确地预测桥梁的未来发展趋势和潜在风险。

更为重要的是，技术创新不仅提高了桥梁的安全性，还提高了维护的效率和准确性。一些先进的维护设备和方法（如无人机巡检、机器人检测等）不仅可以大大减少维护的时间和成本，还可以降低维护过程中的安全风险。

5. 应对复杂场景

大跨径斜拉桥结构的特殊性意味着桥梁在维护和保养过程中，会面临更为复杂的场景。

大跨径斜拉桥通常位于交通要道和重要节点，它们的正常运行对于确保交通流畅、促进地区经济发展具有至关重要的意义。但在日常运营中，这些桥梁可能会面临多种复杂的自然和人为因素的影响，如极端气候条件、地震、风载、交通荷载、盐雾腐蚀、材料老化等。这些因素可能导致桥梁结构出现不同程度的损伤和变形，进而影响其安全性和使用寿命。

为了确保桥梁的长期稳定和安全运行，维护团队需要对桥梁进行定期的维护和检查。但传统的维护方法往往存在许多局限性，如人工检查效率低、误差大、不能及时发现隐患等。而新技术（如结构健康监测、无人机巡检、机器人技术、大数据分析等）的出现为桥梁维护带来了更为高效和准确的手段。

结构健康监测技术可以通过安装在桥梁上的各种传感器，实时收

第7章 大跨径斜拉桥养护技术

集关于桥梁结构的各种数据，如振动、位移、应力、温度、湿度等。这些数据不仅可以为桥梁的日常运营提供参考，还可以使维护团队通过数据分析，及时发现桥梁的潜在问题和风险，从而为维护决策提供科学的依据。

无人机巡检技术则可以迅速、高效地对桥梁进行全方位的检查，特别是对于那些难以到达的部位，如桥塔顶部、斜拉索锚固点等。机器人技术则可以在不影响桥梁正常运行的情况下进行精确的检查和维修，大大提高了维护的效率和准确性。

大数据和人工智能技术可以对桥梁的大量监测数据进行深入的分析和挖掘，从而更为准确地预测桥梁的未来发展趋势和潜在风险。

7.4.4 与国际最新技术的接轨

在经济全球化的背景下，技术的交流与合作逐渐成为各行各业发展的关键。大跨径斜拉桥的维护与保养作为一个专业化程度高、技术性强的领域，同样不能孤立地发展。随着世界各国在桥梁建设和维护领域的不断探索和研究，许多新技术、新方法和新材料应运而生，为桥梁的长期稳定和安全运行提供了更为高效和可靠的手段。

1. 国际交流与合作

加强与国际同行的交流和合作，不仅能够及时了解和掌握国际上的最新技术和发展动态，还能够为国内的桥梁维护与保养带来新的思路和方法。这种交流和合作不仅包括技术层面，更包括管理经验、人才培养、标准制定等多个方面。

国际上，许多国家（如德国、日本、美国等）在桥梁维护与保养领域都取得了丰硕的成果。例如，德国在桥梁健康监测和预测性维护方面有着领先的技术；日本在桥梁的防震和抗震设计上有着丰富的经验；美国则在桥梁的材料科学和寿命评估上有着独特的见解。与这些国家的交

流和合作可以为国内的大跨径斜拉桥维护与保养带来新的技术和方法。

随着国内经济的发展和国际地位的提高,国内的大跨径斜拉桥维护与保养技术也逐渐走向国际。在国际的各种学术会议和交流活动中,国内的专家和学者不仅可以展示国内的技术和成果,还可以与国际同行进行深入的交流和探讨,共同推动桥梁维护与保养技术的发展。

随着"一带一路"倡议的提出和推进,国内的桥梁建设和维护技术也开始走向世界。在与沿线国家的合作中,国内的技术和经验得到了广泛的应用和推广,同时引入了沿线国家的先进技术和方法,实现了互利共赢。

要实现真正的技术交流和合作,还需要克服一些实际的困难,如技术标准和规范的不同、语言和文化的差异、技术的保护和转让等问题。这需要国内的政府、行业协会和企业共同努力,建立完善的交流和合作机制,促进技术的真正融合和发展。

加强与国际同行的交流和合作,引入先进技术,是大跨径斜拉桥维护与保养技术发展的必由之路。只有不断学习和创新,才能确保国内的桥梁得到更为高效和可靠的维护,为经济社会的发展提供坚实的支撑。

2. 技术标准制定

在当今经济全球化的背景下,技术的进步和交流已成为不可或缺的趋势。然而,仅仅与国际同行交流并吸收先进技术并不足够,更为关键的是如何将这些技术融入国内的实践中。在这方面,技术标准的制定与更新显得尤为关键。

技术标准不仅是技术实践的指导和规范,还是技术进步和创新的基础。随着科技的快速发展,国际上的技术标准也在不断更新和完善。而国内的技术标准如果不能及时跟上国际的步伐,将会导致技术滞后,影响桥梁的维护效果和安全性。因此,基于国际最新技术制定或更新国内技术标准显得尤为迫切。

第7章 大跨径斜拉桥养护技术

但是，制定或更新技术标准并不是简单地复制或翻译国际标准，而需要结合国内的实际情况，进行深入的研究和调研。这涉及多方面的因素，如材料的选择和使用、施工方法和工艺、环境和气候条件等。这些因素都会影响技术标准的内容和要求，需要进行综合考虑和权衡。

技术标准的制定与更新也需要广泛征求行业内外的意见和建议。这不仅可以确保技术标准的科学性和先进性，还可以提高技术标准的接受度和执行力。技术标准的制定与更新也需要与相关的法律法规和政策相结合，确保技术标准的合法性和可实施性。

技术标准的制定与更新是一个持续的过程，不可能一蹴而就。随着科技的进步和实践的积累，技术标准也需要不断地进行修订和完善。这需要建立完善的技术标准制定与更新机制，确保技术标准始终保持与国际最新技术的同步。

基于国际最新技术制定或更新国内技术标准，不仅可以引进和吸收国际的先进技术，还可以推动国内的技术进步和创新。这对于提高大跨径斜拉桥的维护与保养效果，确保桥梁的长期稳定和安全运行具有重要的意义。

3. 人才培养与引进

在当代技术日新月异的背景下，大跨径斜拉桥的维护与保养技术也面临着与国际接轨的挑战。为了确保我国的技术能够紧跟国际的步伐，人才的培养与引进显得尤为关键。毕竟，技术的发展与创新需要一支高素质的技术团队作为支撑。

国际化的人才培养意味着需要培养一批具有国际视野、熟悉国际最新技术并且能够与国际同行进行深入交流与合作的技术人才。这样的人才不仅能够引入国外的先进技术，还可以将国内的技术推向国际，为我国的技术发展赢得更大的话语权。为了实现这一目标，我们可以在教育培训中引入国际化的教育理念和培训方法，如增加国际交流项目、邀请

国外的专家进行授课等；还需要加强与国外的科研合作，为我国的技术人才提供更多的学习和研究机会。

技术人才的引进也是与国际最新技术接轨的重要途径。引进国外的技术精英不仅可以迅速掌握国际的最新技术，还可以为国内的技术发展注入新的活力。但是，技术人才的引进并不是简单的"买来"过程，而是需要有一套完善的机制和策略。例如，如何确保引进的技术人才能够快速融入国内的工作环境、如何激发他们的工作热情和创新能力等都是需要深入研究的问题。

需要强调的是，无论是人才的培养还是引进，都需要有一套完善的评价和激励机制。只有确保技术人才得到应有的回报和发展机会，才能够确保他们为技术的发展与创新做出更大的贡献。而这需要相关部门和机构加强对人才政策的研究与制定，确保人才的合理流动和发展。

只有确保我国拥有一支国际化的高素质技术团队，才能够确保我国的技术紧跟国际的步伐，为大跨径斜拉桥的维护与保养提供坚实的技术支撑。而这需要在人才培养与引进上下足功夫，确保技术的发展与创新始终处于国际的前沿。

4. 技术研发投入

为了确保技术的持续领先和竞争力，技术研发投入显得尤为关键。因为只有持续的、充分的投入，才能确保我国在这一领域的技术始终处于国际先进水平。

加大对于国际技术接轨的研发投入意味着需要在多个层面进行投入，这不仅包括财务资源，还包括人力资源、时间资源以及其他必要的资源。这样的投入可以确保技术研发的持续进行，为技术的进步和创新提供持续的动力。这也意味着需要对现有的技术研发模式进行调整，以适应与国际最新技术接轨的需求。

在财务资源方面，加大研发投入意味着需要为技术研发提供更多的

第7章 大跨径斜拉桥养护技术

资金支持。这可以确保技术研发的项目能够得到充分的资金支持，从而确保其顺利进行。这也可以吸引更多的技术人才加入研发团队中，为技术的发展注入新的活力。

在人力资源方面，加大研发投入意味着需要培养更多的技术人才，并为他们提供更好的工作环境和发展机会。这不仅可以确保技术研发的项目得到足够的人力支持，还可以激发技术人才的工作热情和创新能力，从而促进技术的快速发展。

在时间资源方面，加大研发投入意味着需要为技术研发提供更充足的时间。这可以确保技术研发的项目能够得到足够的时间进行深入研究，从而确保其研发的技术更为先进和成熟。

除了上述的资源投入，技术研发投入还需要加强对技术研发的管理和指导。这意味着需要建立一套完善的技术研发管理体系，确保技术研发的项目能够得到有效的管理和指导。这不仅可以提高技术研发的效率，还可以确保技术研发的方向与国际最新技术保持一致。

加大对与国际技术接轨的研发投入是确保我国在大跨径斜拉桥维护与保养技术领域始终处于国际先进水平的关键。而这需要在多个层面进行投入，确保技术研发得到充分的支持，从而促进技术的持续进步和创新。

5. 实际应用与反馈

在经济全球化的今天，国际技术交流和合作日益频繁，为各国带来了巨大的技术进步机会。对于大跨径斜拉桥维护与保养技术，引入国际最新技术并将其应用于实践是提高我国桥梁维护与保养水平的关键。但单纯的引进并不意味着能够立即取得理想的效果，如何将这些技术与国情相结合、进行实际应用并根据实际情况进行反馈和优化，是确保技术真正落地并发挥其应有作用的关键所在。

国际最新技术的引入往往意味着更先进的理念、更高效的方法和更完善的工艺。但每一个技术的应用都需要考虑具体的环境和实际情况。例如，一个在欧洲得到广泛应用并且效果良好的技术，在我国可能会面临不同的气候、地质、交通和使用条件，这些都可能影响其效果。

在国内大跨径斜拉桥上应用这些国际最新技术时，不能简单地照搬，而是要根据实际情况进行调整和优化。这需要技术团队与实际操作团队进行紧密的合作，共同探索如何将这些技术更好地应用于实际工作中。

在技术应用的过程中，实时的数据收集和反馈机制尤为重要。这不仅可以帮助从业人员了解技术在实际应用中的效果，还可以为技术的进一步优化提供有力的支持。例如，相关人员如果在应用某一技术时发现其效果并不理想，可以及时进行调整，确保其更好地服务于实际工作。

与国际同行的交流和合作也是优化技术应用的重要途径。通过与国际同仁进行交流，我们可以了解他们在应用这些技术时的经验和教训，为我国的技术应用提供有益的参考。这也为我国技术团队提供了一个与国际先进水平接轨的机会，确保我国在大跨径斜拉桥维护与保养技术领域始终处于领先地位。

第 8 章　结论与展望

8.1　结　论

8.1.1　研究重点回顾

1. 桥梁的核心理解和国内发展

第 1 章概述了大跨径斜拉桥的核心定义、技术特点以及在国内的发展状况。斜拉桥不仅是工程技术的结晶,还是城市发展和交通网络中不可或缺的一部分。

大跨径斜拉桥是一种跨越宽广水域或其他障碍物的桥梁,以其特有的拉索结构而著称。这种桥梁的独特性不仅体现在其宏伟的外观上,还在于其背后所涉及的精密技术和科学原理。

从定义上讲,大跨径斜拉桥主要利用桥塔上的斜拉索来支撑桥面,形成了一种动态平衡的结构体系。这种设计不仅可以承受巨大的荷载,还能有效地抵御各种自然环境因素,如风、雨、雪和地震。由于其结构的简洁与稳固,大跨径斜拉桥成为许多国家和地区桥梁建设的首选。

技术特点上,大跨径斜拉桥的建设涉及众多的技术领域,包括结构工程、材料科学、地质学和气象学等。这些技术的融合和创新,使斜拉桥不仅能够在复杂的地质条件下稳固地建立,还能确保其在长时间的使用过程中保持稳定和安全。例如,通过对索力进行精确调整,工程师可以确保桥面在各种荷载条件下保持水平;而在材料选择上,现代的斜拉桥往往会使用高强度的钢材和混凝土,以提高桥梁的承载能力和耐久性。

在国内的发展状况上,随着我国经济的快速发展和基础设施建设的持续推进,大跨径斜拉桥的建设也取得了长足的进展。从早期的南京长江大桥到近年来的齐河黄河大桥,都是我国桥梁建设技术的代表作。这些桥梁不仅缩短了人们的出行时间、提高了交通效率,还成为各个城市的标志性建筑,吸引了大量的游客前来参观。

但是,由于大跨径斜拉桥结构的复杂性,斜拉桥的设计和建设对工程师的技术水平和经验都有很高的要求。尤其是在桥梁的体系与结构组成方面,如何确保各个部分之间的协调和整体的稳定性,是每一个桥梁工程师都必须面对的挑战。为了解决这些问题,我国在桥梁建设领域进行了大量的技术研究和创新,形成了一套完整的设计和施工标准。这些标准为桥梁工程师提供了明确的指导,确保了斜拉桥建设的顺利进行。

2. 结构复杂性与施工

从结构分析的角度来看,大跨径斜拉桥的设计需要考虑众多的因素,索力调整是其中的关键环节。斜拉索作为桥梁的主要承重部分,其内部的索力直接影响桥梁的稳定性和使用寿命。过大或过小的索力都可能导致桥梁的过早损坏或者失稳。因此,如何精确地调整和控制索力,确保其在一个合适的范围内,是桥梁设计的重要内容。

大跨径斜拉桥的平面与空间分析也是不可或缺的,这不仅是为了确保桥梁的结构稳固,还需要考虑桥梁在不同的使用环境和条件(如大

第 8 章 结论与展望

风、地震等自然灾害）中的表现。桥梁的平面设计需要考虑桥梁的荷载分布、行车载荷、风荷载等多种因素的综合作用，而空间分析更多地关注桥梁的三维结构和其在空间中的稳定性。

除了结构分析，施工技术也是大跨径斜拉桥建设中的关键环节。从桥梁的基础施工开始，工程师就需要面对众多的技术挑战。如何在复杂的地质条件下确保桥基的稳固，如何在有限的时间内完成主梁的施工，如何确保拉索施工的精确性，这些都是施工过程中需要解决的问题。而桥面系的施工更考验工程师的技术和经验，因为这直接关系到桥梁的使用功能和安全性。

施工控制是施工技术中的另一个重要环节。在施工过程中，如何确保各个环节的顺利进行，如何应对突发的施工问题，如何确保施工质量和进度，这些都需要工程师进行精准的控制。这不仅是为了确保桥梁的质量和安全，还是为了确保施工过程的高效和顺利。

3. 实际应用与技术标准

第 4 章通过对几个典型的大跨径斜拉桥实例进行深入分析，探讨了理论与实际应用之间的紧密结合以及这些桥梁在实际工程中所面临的挑战和解决方案。第 5 章则为桥梁的设计、施工和维护提供了明确的技术标准和要求。

实际工程中的大跨径斜拉桥是结构工程与土木工程理论知识相结合的完美体现，它们不仅是技术与艺术的融合，还是人类智慧与创新能力的结晶。每一座桥梁背后都有其独特的设计理念和工程故事。南京长江第二大桥在设计时就充分考虑了长江的特殊水文、地理条件以及桥梁所在位置的交通需求和城市规划。这些因素都决定了桥梁的设计、选材、施工方法等。在施工过程中，工程师和施工队伍面临的不仅是技术难题，还有各种不可预测的外部因素，如恶劣的天气、复杂的地质条件等。但正是这些挑战，推动了工程团队不断创新、不断超越，最终完成

了这座雄伟的桥梁。

　　武汉白沙洲长江公路大桥和夷陵长江大桥等实例也展示了我国斜拉桥技术的快速发展和成果。这些桥梁在设计和施工中都采用了许多前沿技术和创新方法（如新型的斜拉索材料、先进的桥面系施工技术等），这些都为桥梁的建设和运营提供了有力的技术支持。

　　除了实际的工程实例，本书还从技术层面为斜拉桥的设计和施工提供了一系列的基本技术要求。这些要求涵盖了桥梁的各个方面，如荷载、限界、结构整体刚度等。这不仅为工程师提供了明确的技术指导，还为斜拉桥的安全、稳定和使用寿命提供了有力的保障。

4. 维护理念与未来技术创新

　　第6章展示了大跨径斜拉桥长期运营的重要性以及如何通过不同的养护模式来保障桥梁的使用寿命和安全。第7章则进一步介绍了各种检查方法、技术评定等内容，强调了维护工作的细致和全面，对未来的技术创新和发展趋势提供了一系列的研究和探讨，为斜拉桥的长远发展提供了方向和思路。

　　维护与养护对于任何工程结构的长期稳定性和使用寿命都是至关重要的，尤其是对于大跨径斜拉桥这样的巨型结构。随着时间的推移，各种自然因素和人为因素都可能对桥梁产生不利影响，有效的养护制度和科学的维护理念则可以最大限度地减少这些影响。

　　在第6章中，本书首先介绍了大跨径斜拉桥的养护制度，明确了桥梁在不同阶段的养护需求和方法，这些需求和方法从传统的养护模式到现代的管养一体化模式，都体现了科技进步和管理理念的更新。接着，本书详细描述了如何在实际中应用管养一体化模式以及这种模式所带来的效益。

　　而在第7章中，本书更是从养护工作的技术层面进行了深入探讨。无论是土建结构还是机电结构，这些都需要定期进行各种检查（如初始

第 8 章 结论与展望

检查、日常检查、经常检查、定期检查和特殊检查），以确保桥梁的各个部分都处于良好状态。通过技术状况评定和适应性评定，工程师可以对桥梁的整体状态进行评估，为后续的维护工作提供依据。

随着科技的发展和社会的进步，桥梁的养护技术和理念也会不断创新和完善。本书的最后部分对未来的技术创新和发展趋势进行了深入的研究和探讨。无论是新型材料的应用，还是先进的检测技术，这些都为斜拉桥的养护工作带来了新的机遇和挑战。随着信息技术和大数据的应用，智能化、自动化的养护将成为未来的主流。

8.1.2 技术应用成果

1. 实际施工与效果

对于大跨径斜拉桥，技术的理论研究固然重要，但更为关键的是这些技术能否在实际施工中得到应用，并产生预期的效果。经过多年的研究和实践，本书中介绍的技术已经在多个工程项目中得到了应用，并取得了显著的效果。

从施工准备阶段开始，新技术在土地勘探、设计评审和施工计划制订等方面都发挥了关键作用。通过先进的地质雷达和地面穿透雷达技术，工程师可以更准确地了解地下的土壤结构和水文条件，从而为桥梁基础的设计和施工提供有力的支持。通过三维建模和模拟技术，工程师可以在计算机上模拟整个施工过程，及时发现并解决可能出现的问题，确保施工的顺利进行。使用无人机进行高空作业，不仅可以提高施工效率，还可以大大降低工人的安全风险。通过实时监测和数据分析技术，工程师可以对施工过程进行实时监控，确保施工质量和进度都达到预期标准。当遇到复杂的施工环境和突发情况时，先进的机器人和自动化设备也能够迅速介入，为施工提供有力的技术支持。

当然，技术的应用不仅限于施工过程。在桥梁竣工后，相关人员

也需要对桥梁进行长期的维护和管理。通过本书介绍的智能监测和维护技术，工程师可以对桥梁的使用状态进行实时监控，及时发现并处理各种潜在的安全隐患。通过数据分析和机器学习技术，工程师还可以对桥梁的使用寿命和维护需求进行预测，为后续的养护工作提供有力的技术支撑。

从多个实际工程项目的应用情况来看，本书介绍的技术已经取得了显著的效果，无论是施工效率、施工质量，还是后期维护，都得到了大幅度的提升，这不仅为工程师和管理者提供了有力的技术支持，还为桥梁的长期稳定和安全提供了有力的保障。可以说，技术的实际应用成果已经充分证明了技术在大跨径斜拉桥施工中的重要价值和意义。

2. 养护制度的改进

随着技术的迅速发展，传统的大跨径斜拉桥养护制度面临着越来越多的挑战。为了满足桥梁长期、稳定、安全的使用需求，养护制度必须与时俱进，充分利用现代技术，进行系统性的改进和优化。

传统的养护制度往往依赖于人工检查和经验判断，这不仅效率低下，还可能存在遗漏或误判。而现在，通过安装各种传感器和监测设备，工程师可以实时、精确地收集桥梁的各种运行数据，如温度、湿度、索力、振动等。这些数据可以通过云计算和大数据技术进行深入分析，为养护决策提供科学依据，从而实现预测性养护，降低养护成本，提高养护效果。

无人机和机器人技术也为养护制度的改进带来了新的形态。在传统的养护制度中，一些高空或难以到达的部位往往难以进行有效的检查。而现在，无人机可以轻松地对这些部位进行拍摄和检查，提供高清晰度的图像和视频资料，大大提高了检查的全面性和准确性。机器人可以进行一些复杂或高危的养护工作（如焊接、清洁、涂装等），从而提高养护效率，降低养护风险。

第8章 结论与展望

在材料科学领域,一系列新型养护材料也被应用于斜拉桥中。例如,高性能混凝土和特种钢材可以提高桥梁的耐腐蚀性和抗老化性;一些智能材料(如自修复材料、纳米材料等)也为桥梁的养护提供了新的可能性。

当然,养护制度的改进不仅仅是技术的应用,更重要的是如何将这些技术与实际应用相结合,形成完整的养护体系。这需要工程师对现有的养护制度进行全面的审视和评估,找出其中的不足,然后根据技术的发展和实际需求进行调整和优化,如制订更加详细和科学的养护标准和流程、加强养护人员的培训和考核、提高养护的专业性和系统性等。

通过技术创新,斜拉桥施工工作已经取得了显著的成果,无论是养护效率、安全性还是经济性,都得到了大幅度的提升。随着科技的不断进步,我们有理由相信,未来斜拉桥养护工作将更加科学、高效和绿色,为桥梁的长期稳定和安全使用提供更加坚实的保障。

8.1.3 本书中的局限性与不足

1. 研究范围与深度

本书尝试全面地探讨斜拉桥的各个方面,但由于时间、资源和技术的限制,研究的范围和深度仍然存在一些不足。

从研究的范围来看,本书主要集中在国内的大跨径斜拉桥上,而对国外的斜拉桥和其他类型的桥梁涉及较少,这意味着本书忽略了一些国外的先进技术和经验以及其他类型桥梁的相关研究成果。本书主要关注斜拉桥的技术和工程方面,而对桥梁的经济、社会、环境等其他方面的研究较少,这可能导致研究结果缺乏综合性和前瞻性。

从研究的深度来看,由于篇幅和资源的限制,本书在某些方面可能只是进行了初步的探讨和分析,而没有深入具体的技术细节和实际应用中。例如,在结构分析和施工技术方面,本书只是简单地描述了一些

基本原理和方法,而没有进行深入的试验和验证;在养护技术和制度方面,本书只是列举了一些常见的方法和模式,而没有对其有效性和适用性进行深入的研究和比较。

由于斜拉桥是一个复杂的工程系统,涉及多个学科和领域,本书可能没有充分地考虑到这些学科和领域之间的交叉和互动,这可能导致研究结果在某些方面缺乏系统性和全局性。例如,材料科学、机械工程、计算机科学等领域可能存在一些先进的技术和方法,可以为斜拉桥的设计、施工和养护提供更好的支持和解决方案,但本书可能没有充分地利用和整合这些资源。

本书虽然在大跨径斜拉桥的研究中取得了一些成果和进展,但其范围和深度仍然存在一些局限性。未来的研究需要更加开放和包容,引入更多的学科和领域,扩大研究的范围和深度,以期获得更加科学、全面和深入的研究结果;还需要与其他研究机构和专家进行更加紧密的合作和交流,共同推进大跨径斜拉桥的研究和发展。

2. 数据收集与分析不足

数据收集是一个相对复杂且耗时的过程,尤其是对于大型的斜拉桥项目,其涉及的数据量巨大、数据的类型多样,从基础结构数据、施工数据到养护数据,每一部分都需要细致的记录和整理。但在实际的收集过程中,由于个人精力有限,所收集的数据总是存在数据缺失、数据不准确或数据不完整的问题。例如,某些早期的斜拉桥项目可能由于记录问题,所收集的数据并不够精确或完善。

即使是数据收集相对完整的项目,数据的质量也会成为一个难以绕过的问题。斜拉桥的实际运营和养护过程中可能存在一些偶发事件或特殊情况,这些因素可能会对数据产生影响,从而导致数据的偏差。例如,由于自然灾害、人为破坏或其他不可控因素,某些数据可能与实际情况有所偏离。

第8章 结论与展望

数据分析是基于数据收集的基础上进行的。如果数据收集存在问题，那么数据分析的结果也可能受到影响。即使数据收集相对完整和准确，数据分析本身也是一个技术密集型的过程，需要专业的知识和技能。实际的分析过程可能由于方法、技术或工具的限制，导致分析结果存在偏差或误差。例如，某些数据分析方法可能对于某些特定的数据类型或情况不够敏感，从而导致分析结果的不准确。

数据的解读和应用也是一个值得关注的问题。由于斜拉桥涉及多个学科和领域，数据的解读和应用需要跨学科的知识和经验，实际的研究可能由于个人的背景、经验或偏见，导致数据的解读存在偏颇或片面。例如，对于某些复杂的结构数据或动力数据，如果没有足够的背景知识和实践经验，可能很难得出正确和科学的结论。

8.2 展 望

8.2.1 大跨径斜拉桥的未来研究方向

随着城市化的加速和交通需求的不断增长，大跨径斜拉桥作为连接城市和地区的重要建筑，其未来的研究将向着更加多元化的方向发展。

结构优化是未来研究的主要方向之一。传统的斜拉桥设计方法可能需要考虑新的地理、气候和交通负荷条件，以适应不断变化的环境和社会需求。因此，结构优化可能需要研究新的结构形式、支撑系统和连接技术，以提高桥梁的安全性、稳定性和耐用性。结构优化的发展需要建立在材料创新的基础之上。在现有的混凝土-钢制材料体系下，可以进行的结构优化是非常有限的。受制于材料自重、强度、维护成本等问题，对结构优化的研究好比"戴着脚镣跳舞"。轻质高强度的新型材料可以从根本上解决这些问题。这些新型材料不仅需要满足传统的机械性能要求，还需要具有更好的耐候性、耐腐蚀性和可回收性。因此，研究

人员可能需要开发新的合成方法、处理技术和性能测试方法。

施工技术的革新也不容忽视。随着新材料和新结构形式的引入，传统的施工方法可能不再适用。因此，研究人员可能需要研究新的施工策略、工具和设备，以确保斜拉桥的快速、高效和高质量的建造。新的施工技术可能包括新的成型、浇筑和固化方法以及新的监控技术。

随着数字化和智能技术的发展，如何将这些技术应用于桥梁设计、施工和养护也逐渐成为研究的焦点。例如，集成先进的传感器、通信和计算机技术可以实现桥梁的实时监测和智能分析，这不仅可以提高桥梁的操作和维护效率，还可以延长桥梁的使用寿命并降低其生命周期成本。

8.2.2 技术创新与发展的趋势

相关领域的技术创新是驱动大跨径斜拉桥行业前进的动力之一。随着 AI 算法、3D 打印等领域的快速发展，技术红利也蔓延到了工程领域。

1. 无人机与机器人技术

无人机和机器人技术在斜拉桥的检查与维护中的应用已经不再是一个新概念。随着技术的持续进步和应用领域的不断扩展，无人机和机器人技术逐渐成为斜拉桥施工与维护的重要工具。

对于斜拉桥这种大型复杂结构，传统的检查与维护方法往往需要大量的人力、物力和时间，而无人机技术为桥梁的检查与维护带来了前所未有的便利。通过搭载高分辨率相机和各种传感器，无人机可以对桥梁进行全方位、多角度的拍摄，获取高清、详细的图像和数据。这不仅大大提高了检查的效率和准确性，还降低了人工检查带来的安全风险。

未来无人机技术的应用不仅限于视觉检查。随着各种传感器技术的发展，无人机可以进行更为复杂的任务，如温度、湿度、气体浓度等参数的监测以及结构应力、振动、声学等性能的测试。这为桥梁的健康监

第 8 章 结论与展望

测和故障预警提供了更为丰富和精确的数据支持。

机器人技术也在桥梁维护领域崭露头角。与无人机不同，机器人更多地被应用于桥梁的近距离操作和物理干预。目前，已经有一些专门为桥梁维护设计的机器人问世，它们具有强大的机械臂、精确的定位系统和多功能的工具套件。这些机器人可以在桥梁表面自由移动，执行各种任务，如清洁、打磨、焊接、涂装等。

无人机和机器人技术的应用不仅限于桥梁的检查与维护，在斜拉桥的施工过程中，这些技术同样有着重要的作用。例如，无人机可以对施工现场进行实时监测，确保工程的顺利进行和人员的安全；而机器人可以参与到施工的具体操作中，如混凝土浇筑、钢筋绑扎、索缆安装等。

2. 数字双胞胎技术

数字双胞胎技术是近年来在工业领域中快速崛起的一个概念，其核心理念是通过高度精确的数字模型来模拟和预测真实物体的状态和行为。

大跨径斜拉桥作为一种大型、高度复杂的交通设施，其设计、施工和维护都涉及大量的数据和信息。传统的方法往往需要依赖纸质图纸、手工计算和实物试验，这不仅效率低下，还难以应对各种突发情况和变更需求。数字双胞胎技术则为工程师提供了一个全新的工具，可以在数字空间中进行各种分析、模拟和优化。

数字双胞胎技术可以为斜拉桥的设计提供强大支持。通过构建桥梁的数字模型，工程师可以对桥梁进行各种模拟试验，如受力分析、振动模拟、气候影响测试等。这不仅可以确保桥梁的设计满足各种技术和安全标准，还可以对桥梁进行优化，提高其性能。

在施工阶段，施工现场往往环境复杂、条件变化无法预测，工程师需要对各种情况做出迅速反应。数字双胞胎技术则可以为工程师提供实时的数据和信息，如材料状态、施工进度、设备状况等。这不仅可以帮

助工程师及时发现和解决问题,还可以提高施工的效率和质量。

在斜拉桥的运营和维护阶段,数字双胞胎技术可以通过持续收集桥梁的各种数据(如交通流量、结构应力、环境参数等)为工程师提供一个实时、全面的桥梁健康状况报告。基于此,工程师可以进行各种分析和预测,如疲劳分析、寿命预测、故障预警等。这不仅可以大大提高桥梁的安全性和可靠性,还可以为桥梁的维护和保养提供有力支持,降低其生命周期成本。

3.3D 打印与增材制造

3D 打印技术及增材制造近年来在多个领域中都取得了显著的进展,在大跨径斜拉桥领域也具有独特优势。

3D 打印技术为斜拉桥的维护提供了新的可能性。在过去,当桥梁出现裂缝、磨损或其他小型损伤时,传统的维修方法可能需要大量的人工、材料和时间。而现在,通过 3D 打印技术,工程师可以直接在损伤位置进行修复,无须拆除或更换整个部件。这不仅大大简化了维修流程,还可以降低维修成本和时间。

3D 打印技术还允许工程师进行定制化的维修。传统的维修方法往往需要使用标准化的材料和零部件,这些材料和零部件可能与原始结构不完全匹配,导致维修后的性能和寿命下降。而 3D 打印技术可以根据损伤的具体情况,为损伤部位打印出完美匹配的材料和形状,确保维修后的桥梁达到最佳状态。

增材制造技术也为斜拉桥的施工带来了新的机遇。桥梁的设计和施工往往需要大量的特殊零部件,如连接件、支撑结构、装饰元素等。传统的制造方法可能需要复杂的模具、机床和工序,而增材制造技术可以直接按照数字模型进行生产,无须任何额外的工具和设备。这不仅大大简化了生产流程,还可以提高生产的灵活性和速度,工程师也可以随时修改和优化设计,而不需要重新制造模具或调整生产线。增材制造技术还可以生产出更加复杂、轻质和高性能的零部件，为斜拉桥的设计和施工提供更多的可能性。

但是3D打印与增材制造技术在斜拉桥领域的应用仍然存在一些问题，如如何确保打印材料的质量和性能、如何提高打印的速度和效率、如何实现大规模的生产和应用等。只有克服这些挑战，这些技术才能真正为斜拉桥的建设与养护带来实质性的价值。

8.2.3 行业面临的新挑战与机遇

随着全球环境的持续变化，技术、经济、社会等多个方面的变化都给大跨径斜拉桥的建设与维护带来了新的挑战与机遇。

面对全球气候变化和环境恶化的现实，行业越来越受到各种环境法规和社会压力的约束。这要求工程师、设计师和施工者在桥梁的设计、施工和运营中更加注重环境保护和可持续发展。传统的建筑方法和材料可能不再适用，需要寻找新的、更加绿色、低碳和循环的解决方案。例如，如何使用可再生和回收的材料、如何减少施工过程中的能源消耗和排放、如何提高桥梁的使用效率和寿命等，这些都成为行业亟待解决的问题。

随着国际合作和交流的增加，桥梁项目逐渐跨越国界，涉及多个国家和地区。这不仅为行业开辟了新的市场和资源，还为技术和经验的交流创造了条件。但这也意味着行业需要面对更加复杂和多样的文化、法规和管理环境。如何在这样的背景下进行有效的项目管理、如何满足不同国家和地区的技术和安全标准、如何与各方合作伙伴建立和维护良好的关系等成为行业的新挑战。

技术的快速发展也给大跨径斜拉桥行业带来很大的冲击。一方面，新的技术和方法（如数字化、物联网、人工智能等）为桥梁的设计、施工和运营提供了更加先进、高效和智能的工具。这不仅可以提高桥梁的性能，还可以为其维护和保养提供更好的支持。另一方面，技术的发展也要求行业不断地更新知识和技能，加强研发和培训，以适应技术的发

展和市场的需求。

8.2.4 对未来大跨径斜拉桥建设与养护的建议与期望

斜拉桥作为城市和乡村、地区与地区之间的重要连接,其建设与养护直接关系到交通的便利性、安全性和效率。对于未来的桥梁建设与养护,本书有以下几点建议与期望。

1. 持续学习和技术交流

桥梁技术在全球范围内都在快速发展,各国和地区都有其独特的经验和技术,值得行业进行学习和交流。各企业和机构应加强与国际同行的合作与交流,定期组织技术研讨会、培训班和考察团,确保国内的技术水平和国际接轨。

2. 采纳国际最佳实践

许多国家在桥梁建设与养护方面都有其成功的经验和实践,值得我国学习和借鉴。行业应对国际最佳实践进行系统的研究和总结,并结合国内的实际情况,制定适合我国的技术指南和管理制度。

3. 创新研究和技术开发

面对未来的挑战和机遇,行业应加大创新研究和技术开发的力度,鼓励企业和研究机构进行前沿技术的研究(如数字化、智能化、绿色建筑等),开发更加先进、高效和环保的施工和养护技术。

4. 加强新技术的推广和培训

新技术的研发和应用需要一定的时间和过程,特别是在技术人员的培训和推广上。政府和行业组织应加强对新技术和方法的推广和培训,组织各种形式的技术培训和演示活动,确保行业人员能够跟上技术的发展步伐。

5. 重视环境和社会责任

在追求经济效益的同时,行业也应更加重视环境和社会责任。企业应在桥梁建设与养护中采用绿色、低碳和循环的方法和材料,减少对环境的影响,并加强与社区的沟通和合作,确保桥梁项目的顺利进行,使社区的利益得到保障。

桥梁行业是一个古老的行业,从人类第一次搭建木排渡河开始,桥梁搭建几乎伴随了整个人类文明史。大跨径斜拉桥作为现代桥梁建设领域的明珠,是建立在整个人类社会科技文明大发展之上的。技术革新带来发展,行业的发展也依赖于技术的创新以及与时俱进的态度与魄力。

参考文献

[1] 刘世明，李晓克. 独塔部分斜拉桥设计实例分析 [M]. 北京：中国电力出版社，2016.

[2] 刘士林，梁智涛，侯金龙，等. 斜拉桥 [M]. 北京：人民交通出版社，2002.

[3] 徐国平，张喜刚，刘玉擎，等. 混合梁斜拉桥 [M]. 北京：人民交通出版社，2013.

[4] 林元培. 斜拉桥 [M]. 北京：人民交通出版社，2004.

[5] 姚超，郭友谊. 斜拉桥斜拉索系统检查与维护 [M]. 北京：人民交通出版社股份有限公司，2014.

[6] 唐双林，张成平. 矮塔斜拉桥施工关键技术 [M]. 北京：北京理工大学出版社，2019.

[7] 艾国柱. 斜拉桥通鉴 [M]. 成都：西南交通大学出版社，2011.

[8] 薛东焱，刘玉擎. 双层公路斜拉桥复合桁架梁关键构造研究 [M]. 上海：同济大学出版社，2017.

[9] 吴栋材. 大型斜拉桥施工测量 [M]. 北京：测绘出版社，1996.

[10] 王成，宁宏翔. 矮塔斜拉桥施工技术 [M]. 成都：西南交通大学出版社，2018.

[11] 李艳凤，王福春. 单索面PC折塔斜拉桥关键部位力学特性研究 [M]. 北京：化学工业出版社，2019.

[12] 周孟波. 斜拉桥手册 [M]. 北京：人民交通出版社，2004.

[13] 谭冬梅，杨万庆. 斜拉桥三维覆冰拉索驰振特性研究 [M]. 武汉：武汉理工大学出版社，2018.

[14] 王建平. 复合材料斜拉桥设计理论研究 [M]. 成都：电子科技大学出版社，2007.

[15] 李艳凤，于玲，孙宝芸，等. 单索面预应力混凝土斜拉桥箱形梁剪力滞研究 [M]. 沈阳：东北大学出版社，2018.

[16] 李毅佳，陈志华. 新型斜拉桥与摩天轮复合结构体系 [M]. 北京：科学出版社，2016.

[17] 张自荣，薛进，李超. 斜拉桥施工监理技术 [M]. 北京：人民交通出版社，2011.

[18] 王伯惠. 斜拉桥结构发展和中国经验 [M]. 北京：人民交通出版社，2003.

[19] 薛东焱，刘玉擎. 双层公路斜拉桥复合桁架梁关键构造研究 [M]. 上海：同济大学出版社，2017.

[20] 王文涛. 斜拉桥换索工程 [M]. 2版. 北京：人民交通出版社，2006.

[21] 戴祖生，周游. 异形索塔超宽幅预应力混凝土箱梁斜拉桥施工关键技术 [M]. 北京：人民交通出版社股份有限公司，2018.

[22] 周毅. 斜拉桥运营环境作用的影响分析：基于结构健康监测大数据 [M]. 北京：人民交通出版社股份有限公司，2018.

[23] 陈明宪. 斜拉桥建造技术 [M]. 北京：人民交通出版社，2003.

[24] 王建林. 运营期斜拉桥病害系统性检测与养护管理技术应用研究 [J]. 交通科技与管理，2023，4（19）：167-169.

[25] 焦北辰. 独塔单索面钢管混凝土斜拉桥设计 [J]. 交通世界，2023（27）：94-96.

[26] 马婷婷，张世首. 千米级钢 -UHPC 组合桥面板开口断面组合梁斜拉桥力学性能研究 [J]. 重庆交通大学学报（自然科学版），2023，42（9）：11-17，35.

[27] 曹勃，许又文.钢箱梁斜拉桥桥型方案比选研究[J].工程机械与维修，2023（5）：178-181.

[28] 翟晓春.基于BP神经网络的斜拉桥车桥耦合振动响应预测[J].西部交通科技，2023（8）：147-150.

[29] 李佳伟，赵培翔，李敏.竹皮纸斜拉桥模型杆件力学性能试验与制作[J].福建建材，2023（8）：15-18.

[30] 唐涛.大跨度混合梁斜拉桥施工期结构力学行为研究[J].北方交通，2023（8）：18-21，25.

[31] 胡庆伟，邹敏石，贺雁.基于优化支持向量机的大跨度斜拉桥拉索损伤识别研究[J].黑龙江交通科技，2023，46（8）：68-70.

[32] 张士红.大跨径斜拉桥主梁选型及分析[J].城市道桥与防洪，2023（8）：10，61-66.

[33] 王伟臣.深汕特别合作区望鹏大桥斜拉桥抗震性能分析[J].城市道桥与防洪，2023（8）：14，108-110.

[34] 胡健.双线大跨度钢桁梁特大斜拉桥施工组织方案优化研究[J].建筑机械，2023（8）：26-29.

[35] 袁西贵，袁波，张凯.自复位复合阻尼器对斜拉桥的横向减震性能影响研究[J].工程抗震与加固改造，2023，45（4）：75-82.

[36] 沈大为，梁亦登，高盼雄.风浪流耦合作用下跨海斜拉桥减振措施[J].科学技术与工程，2023，23（11）：4826-4833.

[37] 白洪涛，矣志勇，张皓.高烈度地区高塔斜拉桥抗震设计研究[J].工程抗震与加固改造，2023，45（3）：135-142.

[38] 赵康，方正.转体斜拉桥索力的确定研究[J].运输经理世界，2023（10）：121-123.

[39] 赵盼龙.独塔钢混组合梁斜拉桥施工控制探讨[J].交通世界，2023（15）：162-164.

[40] 黄小明，高志玉.基于无应力状态法的斜拉桥施工控制仿真分析方法[J].

中国港湾建设，2023，43（6）：78-83.

[41] 陈立忠，龙振.单索面异型拱塔斜拉桥张拉顺序分析[J].安徽建筑，2023，30（5）：153-154.

[42] 魏拓.独塔单索面转体施工斜拉桥承载能力评估研究[J].北方交通，2023（5）：9-12.

[43] 董鹏.斜拉桥结构体系及参数分析[J].工程技术研究，2023，8（9）：32-34.

[44] 荣海生.斜拉桥异形钢锚梁原位拼装施工技术研究[J].城市建设理论研究（电子版），2023（13）：116-118.

[45] 艾义，麻永生.斜拉桥结构体系研究及参数分析[J].交通科技与管理，2023，4（2）：86-88.

[46] 石野.大跨度斜拉桥施工过程中索力控制方法研究[J].城市建筑空间，2022，29（S2）：547-548.

[47] 王心洁.大跨度斜拉桥拉索损伤条件下桥梁力学特性研究[D].北京：北方工业大学，2023.

[48] 陈婉其.基于模糊多态贝叶斯网络的斜拉桥状态评估方法研究[D].广州：广州大学，2023.

[49] 杨炳华.基于LSTM深度神经网络的斜拉桥风振位移预测[D].广州：广州大学，2023.

[50] 曹梦雲.大跨度非对称高铁独塔部分斜拉桥设计及索道管精准定位研究[D].烟台：烟台大学，2023.

[51] 郑家昌.非对称钢管砼索塔斜拉桥索力优化及动力行为研究[D].北京：北京建筑大学，2023.

[52] 薛亢亢.超大跨径斜拉桥钢-混组合结构索塔锚固区受力性能及传力机理研究[D].济南：山东交通学院，2023.

[53] 王璐.基于能量分析的近断层高铁斜拉桥减隔震控制研究[D].扬州：扬州大学，2023.

[54] 翟文强. 基于监测数据的独塔斜拉桥结构温度效应研究 [D]. 北京：北京建筑大学，2023.

[55] 杨正鹏. 基于 BIM 的斜拉桥参数化设计及二次开发应用研究 [D]. 太原：太原科技大学，2023.

[56] 江睿. 矮塔斜拉桥在近断层脉冲型地震作用下响应分析 [D]. 合肥：安徽建筑大学，2023.

[57] 房恩哲. 基于桥梁监测系统的凤台县 H 斜拉桥安全状况评估研究 [D]. 合肥：安徽建筑大学，2022.

[58] 王垲. 考虑拉索松弛和支座脱空的独塔大跨度斜拉桥地震反应分析 [D]. 兰州：兰州交通大学，2022.

[59] 邹堤. 大跨斜拉桥的耦合动力学：理论建模和数值方法 [D]. 长沙：湖南大学，2022.

[60] 付远芳. 基于克朗子结构的斜拉桥有限元模型修正 [D]. 大连：大连理工大学，2022.

[61] 张博. 基础约束对大型跨海斜拉桥动力效应的影响 [D]. 大连：大连理工大学，2022.

[62] 秦旭哲. 大跨径公路斜拉桥风致破坏风险分析 [D]. 大连：大连海事大学，2022.

[63] 李小双. 基于 EPA 的大跨度斜拉桥地震波峰值调整方法研究 [D]. 大连：大连海事大学，2022.

[64] 王哲尧. 风 – 浪联合作用下大跨度斜拉桥动力响应研究 [D]. 重庆：重庆大学，2022.

[65] 李镛. 人行斜拉桥舒适度分析及减振设计 [D]. 成都：西南交通大学，2022.

[66] 梁仪. 考虑静力几何非线性的铁路斜拉桥随机地震响应分析 [D]. 北京：北京交通大学，2022.